Deutsche Reichsgesetzgebung.
Text-Ausgaben mit Anmerkungen.

---

# Reichs-Gewerbe-Ordnung

## in ihrer neuen Fassung

nebst den

## für das Reich erlassenen Ausführungsbestimmungen.

Text-Ausgabe mit Anmerkungen und Sachregister

von

**T. Ph. Berger,**
Regierungs-Rath.

**Fünfte Auflage.**

Berlin und Leipzig
Verlag von J. Guttentag (D. Collin).
1883.

Ges. v. 8 Dec. 1884, wegen Ergänzg des §. 100 e des Ges., btr. die Abänd. der Gewerbeordg v. 18 Juli 1881.

# Inhalt.

# Abkürzungen.

G.O. = Gewerbeordnung.
R.V. = Verfassung des Deutschen Reiches.
Stf.G. = Strafgesetzbuch für das Deutsche Reich.
H.G.B. = Deutsches Handelsgesetzbuch.
R.T.B. = Stenographische Berichte des Reichstags.
R.T.D. = Drucksachen des Reichtags.
B.G.B. = Bundes-Gesetzblatt.
R.G.B. = Reichs-Gesetzblatt.
G.B.E.L. = Gesetzblatt für Elsaß-Lothringen.
C.B. = Centralblatt für das Deutsche Reich.
R.G. = Erkenntniß des Reichsgerichts.
O.H.G. = Erkenntniß des Reichs-Ober-Handelsgerichts.
O.T. = Erkenntniß des Preußischen Ober-Tribunals.
O.V. = Erkenntniß des Preußischen Oberverwaltungsgerichts.
Pr., Sächs., Hess. u. s. w. Anw. = Anweisung zur Ausführung der Gewerbeordnung für Preußen, Sachsen, Hessen u. s. w.
Pr., Bayer. u. s. w. Min. = Verfügung der Preußischen, Bayerischen u. s. w. Ressortministerien.
Motive = Motive zu dem Entwurfe der Gewerbeordnung oder des betreffenden Gesetzes.
Kommiss. Ber. = Bericht der Kommission des Reichstags über den Gesetzentwurf.
Jahreszahlen sind in den letzten Ziffern angegeben. Sonstige Zahlen weisen die Seiten, hinter R.T.D. die Stücknummer nach.
Die Erkenntnisse des Preuß. Ober-Tribunals und der Preuß. Ministerien finden sich in den betreffenden Jahrgängen des Justizministerialblattes und des Ministerialblattes für die innere Verwaltung, die Erkenntnisse des Reichsgerichts und Preuß. Oberverwaltungsgerichts in den Sammlungen der Entscheidungen.

# Zur Geschichte der Gewerbeordnung.

1.

Die Verfassung des Deutschen Reiches (B.G.B. 71. 63) verordnet im Art. 3:

Für ganz Deutschland besteht ein gemeinsames Indigenat mit der Wirkung, daß der Angehörige (Unterthan, Staatsbürger) eines jeden Bundesstaates in jedem anderen Bundesstaate als Inländer zu behandeln und demgemäß . . . zum Gewerbebetriebe, . . . unter denselben Voraussetzungen wie der Einheimische zuzulassen, . . . ist.

Kein Deutscher darf in der Ausübung dieser Befugnisse durch die Obrigkeit seiner Heimath oder durch die Obrigkeit eines anderen Bundesstaates beschränkt werden.

Weiterhin verordnet sie im Art. 4:

Der Beaufsichtigung Seitens des Reichs und der Gesetzgebung desselben unterliegen die nachstehenden Angelegenheiten:

1) Die Bestimmungen . . . über den Gewerbebetrieb, einschließlich des Versicherungswesens, soweit diese Gegenstände nicht schon durch den Art. 3 dieser Verfassung erledigt sind . . .

Gleichartige Vorschriften hatte bereits die Verfassung des Norddeutschen Bundes (B.G.B. 67. 1) enthalten. Von ihnen ging die Reform der deutschen Gewerbegesetzgebung aus.

Schon in der zweiten Session des Bundesrathes und des Reichstags des Norddeutschen Bundes wurde der Erlaß von Vorschriften angeregt, welche, wenn auch nur in gewissen Beziehungen, die Berechtigung zum Gewerbebetriebe in einer den Bestimmungen der Verfassung entsprechenden Weise regeln sollten. Der Gedanke, einzelne Punkte außerhalb des Zusammenhanges mit dem Ganzen der Gewerbegesetzgebung zu regeln, gelangte indeß nicht zur Anerkennung. Dagegen wurde am 21. Okt. 67 Namens der Bundesregierungen die Erklärung im Reichstag abgegeben,

> der Bundeskanzler werde bei dem Bundespräsidium die Ermächtigung nachsuchen, in der nächsten Session des Bundesrathes eine auf der Grundlage der Gewerbefreiheit beruhende Gewerbeordnung für den Norddeutschen Bund vorzulegen.

In derselben Sitzung beschloß der Reichstag:

> den Bundeskanzler aufzufordern, dem nächsten Reichstage eine allgemeine auf dem Prinzipe der Gewerbefreiheit beruhende Gewerbeordnung vorzulegen. (R.T.V. 531.)

Schon vorher war für Preußen eine Reform der Gewerbegesetzgebung in die Hand genommen, deren Weiterführung sich nun erübrigte. Unter Benutzung der dafür gesammelten Materialien wurde der Entwurf einer Gewerbeordnung für den Norddeutschen Bund vom Bundeskanzler aufgestellt, im Bundesrathe nach mehrfachen Abänderungen angenommen und am 7. April 68 dem Reichstage vorgelegt (R.T.D. 43). Aber in der zu seiner Vorprüfung berufenen Kommission stieß dieser Entwurf auf erhebliche Bedenken. Man brach deshalb die Kommissionsberathungen ab, als aus der Mitte des Reichstags der Entwurf eines Gesetzes vorgelegt wurde, durch welches vorläufig, unter Vertagung einer erschöpfenden Gesetzgebung, nur einige hervorragende Grundsätze der Gewerbefreiheit in das Bundesrecht aufgenommen werden sollten (R.T.D. 118). Der Entwurf erfuhr in den auf Grund von Kommissionsberathungen ohne schriftlichen Bericht vor sich gegangenen Verhandlungen zwar einige Einschränkungen (R.T.V. 525), wurde aber demnächst angenommen, fand die Zustimmung des Bundesrathes und ist als Gesetz betr. den Betrieb der stehenden Gewerbe unter dem 8. Juli 68 publizirt (B.G.B. 406).

Das Gesetz — das sogenannte Nothgewerbegesetz — hatte den provisorischen Charakter eines Nothgesetzes. Die Weiterführung der begonnenen Reform sollte dadurch nur bis zur nächsten Session vertagt werden. Der Bundeskanzler legte denn auch bereits unter dem 4. März 69 einen anderweiten, von dem früheren mehrfach abweichenden Entwurf einer Gewerbeordnung dem Reichstage vor (R.T.D. 13). Auch dieser Entwurf erfuhr in den Verhandlungen des Reichstags — denen nur für den dritten und achten Titel Kommissionsberathungen vorausgingen, ein schriftlicher Kommissionsbericht aber überhaupt nicht zu Grunde lag — noch weitgehende Umgestaltungen, fand indeß in der so geschaffenen Form die Zustimmung des Bundesraths und ist als Gewerbeordnung für den Norddeutschen Bund unter dem 21. Juni 69 publizirt (B.G.B. 245). Mit dem 1. Januar 70 traten die Bestimmungen des dritten

Titels des Gesetzes, schon mit dem 1. Oktober 69 dagegen dessen übrige Bestimmungen in Kraft; mit letzterem Zeitpunkt verlor zugleich das Gesetz vom 8. Juli 68 seine Anwendung (G.O. §. 156).

2.

Die Geltung der Gewerbeordnung erstreckte sich von vorn herein auf das ganze Gebiet des Norddeutschen Bundes. Als der Zutritt Badens und der südlichen Provinzen des Großherzogthums Hessen zu dem Bunde erfolgte und damit der Deutsche Bund gegründet wurde (Vereinb. zwischen dem Nordd. Bunde, Baden und Hessen 15. Nov. 70 B.G.B. 650), nahm sie den Charakter eines Deutschen Bundesgesetzes an und wurde gleichzeitig auf die südlichen Provinzen von Hessen ausgedehnt; sie trat dort mit dem 1. Jan. 71, dem Tage der Wirksamkeit der für den neuen Bund angenommenen Verfassung, in Anwendung (Verf.-Urk. d. D. Bundes Art. 80 B.G.B. 70. 627). Die Ausdehnung ihrer Geltung auf Baden blieb, ohne ausdrücklichen Vorbehalt, der künftigen Bundesgesetzgebung überlassen. Aehnlich verhielt man sich bei der Aufnahme Württembergs in den Bund (Vertrag mit Württemberg 25. Nov. 70 Art. 2. 6 B.G.B. 656). Bei dem Zutritte Bayerns zum Bunde wurde die Erklärung der Gewerbeordnung zum Bundesgesetze für das Königreich Bayern der Bundesgesetzgebung ausdrücklich vorbehalten (Vertrag mit Bayern 23. Nov. 70 III., 8 B.G.B. 71, 9). Bei Erlaß der Verfassung des Deutschen Reiches ist der

Bereich ihrer Geltung nicht erweitert worden; dagegen wurde sie förmlich zum Reichsgesetz erklärt (Ges., betr. die Verf. d. D. Reichs 26. April 71 §. 2 B.G.B. 63).

Schon unter dem 1. Nov. 71 legte der Reichskanzler auf den Antrag Württembergs, dem sich Baden unverweilt angeschlossen hatte, dem Reichstag einen Gesetzentwurf vor, welcher die Ausdehnung der Gewerbeordnung auf Württemberg und Baden aussprach (R.T.D. 37). Er fand mit unerheblichen Aenderungen die Zustimmung des Reichstags (R.T.V. 163) und ist unter dem 10. Nov. 71 als Gesetz, betr. die Einführung der Gewerbeordnung des Norddeutschen Bundes vom 21. Juni 69 in Württemberg und Baden, publizirt worden (R.G.B. 392). Das Gesetz führt die Gewerbeordnung vom 1. Jan. 72 an in die genannten Staaten ein. Unter dem 30. Mai 72 wurde dem Reichstage auf Veranlassung Bayerns ein Gesetzentwurf vorgelegt, welcher die Einführung der Gewerbeordnung in Bayern bezweckte (R.T.D. 118). Mit einer unwesentlichen Abänderung nahm der Reichstag ihn an (R.T.V. 749. 769). Als Gesetz, betr. die Einführung der Gewerbeordnung des Norddeutschen Bundes vom 21. Juni 69 in Bayern und die Abänderung einiger Strafbestimmungen der Gewerbeordnung, ist er unter dem 12. Juni 72 publizirt worden (R.G.B. 170). Das Gesetz führte einige Vorschriften — §§. 29. 147,$_3$ — bereits vom 1. Juli 72 ab, den übrigen Inhalt der Gewerbeordnung vom 1. Jan. 73 ab in Bayern ein; indessen erfuhren gleichzeitig einzelne Bestimmungen eine, besondere bayerische Verhältnisse berücksichtigende, Abänderung.

Mit Ausnahme von Elsaß-Lothringen bildet die Gewerbeordnung sonach seit dem 1. Jan. 73 im ganzen Reiche geltendes Recht. Dagegen sind ihre Bestimmungen für Elsaß-Lothringen bis jetzt erst theilweise in Geltung getreten. Zunächst geschah dies in Ansehung der Bestimmungen über Aerzte und Apotheker durch das, noch ohne Mitwirkung des Reichstags erlassene, Gesetz, betr. die Einführung des §. 29 der Gewerbeordnung in Elsaß-Lothringen, vom 15. Juli 72 (R.G.B. 350). Sodann sind die Grundsätze des §. 44 über den Verkehr der Handlungsreisenden und der §§ 55 ff. über den Gewerbebetrieb im Umherziehen durch das Gesetz, betr. das Aufsuchen von Waarenbestellungen u. s. w. vom 14. Mai 77 (G.B.E.L. 15), sowie die Vorschrift des §. 33 über den Kleinhandel mit Branntwein durch das Gesetz, betr. den Kleinhandel u. s. w. vom 16. Mai 77 (G.B.E.L. 20), in der Gestalt, wie die Gewerbeordnung diese Vorschriften damals enthielt, wesentlich unverändert, wenngleich in Form besonderer Gesetze daselbst zur gesetzlichen Anerkennung gelangt. Die Entwürfe beider Gesetze waren unter dem 29. März 77 dem Reichstag vorgelegt und von diesem unverändert angenommen.

3.

Der Inhalt der Gewerbeordnung ist mehrfach der Revision im Wege der Gesetzgebung unterzogen worden.

Schon bei Einführung derselben in Bayern wurde die Gelegenheit benutzt, um mittelst des Einführungsgesetzes vom 12. Juni 72 die Ausdrucksweise in den Strafbestimmungen mit derjenigen des inzwischen in Kraft getretenen Strafgesetzbuchs für das Deutsche Reich in Einklang zu bringen. Es folgten mehrere kleinere Ergänzungen: zunächst das — unter dem 13. Febr. 74 dem Reichstag vorgelegte, von diesem unverändert genehmigte — Gesetz, betr. die einer besonderen Genehmigung bedürfenden gewerblichen Anlagen vom 2. März 74 (R.G.B. 15), welches §. 16 der Gewerbeordnung ergänzte; sodann das — unter dem 29. Okt. 74 vorgelegte und von dem Reichstag unverändert angenommene — Gesetz, betr. die Aufhebung der Art. 11 und 12 Buch III. Tit. 12 des revidirten Lübischen Rechts sowie der Art. 14 und 16 Theil III. Tit. 12 des Rostocker Stadtrechts vom 4. Nov. 74 (R.G.B. 128), welches einige die Wirksamkeit der §§. 16 f. der Gewerbeordnung beschränkende landesrechtliche Bestimmungen beseitigte, ohne den Wortlaut der Gewerbeordnung selbst zu berühren; endlich behufs Erweiterung des §. 31 der Gewerbeordnung das Gesetz, betr. den Gewerbebetrieb der Maschinisten auf Seedampfschiffen, welches unter dem 5. April 78 dem Reichstag vorgelegt, von diesem unverändert genehmigt und unter dem 11. Juni 78 (R.G.B. 109) publizirt wurde.

Der erste Schritt zu einer umfassenderen Revision geschah im Jahre 75. Unter dem 27. Okt. 75 wurde der Entwurf eines Gesetzes, welches die Beziehungen der Gewerbetreibenden zu den gewerblichen Unterstützungskassen abschließend und unabhängig von dem Landesrecht regeln sollte, sowie der Entwurf eines Gesetzes über die Einrichtung und Verwaltung der Hülfskassen dem Reichstag vorgelegt. Auf Grund schriftlicher Kommissionsberichte vom 22. Jan. 76 über den ersten Entwurf und vom 15. Jan. 76 über den zweiten Entwurf fanden, nicht ohne erhebliche Abänderungen, beide Entwürfe die Zustimmung des Reichstags und wurden der zweite als Gesetz über die eingeschriebenen Hülfskassen unter dem 7. April 76 (R.G.B. 125), der erste als Gesetz, betr. die Abänderung des Tit. VIII. der Gewerbeordnung, unter dem 8. April 76 (RGB. 134) publizirt.

Eine noch weitergehende Umgestaltung hat die Gewerbeordnung im Jahre 78 erfahren. Unter dem 23. Febr. 78 wurden dem Reichstag der Entwurf eines Gesetzes, betr. die Abänderung der Gewerbeordnung, und der Entwurf eines Gesetzes, betr. die Gewerbegerichte, vorgelegt, durch welche im Sinne einer strengeren Ordnung der Arbeiterverhältnisse der Tit. VII. der Gewerbeordnung ganz neu gestaltet, aber auch der Tit. X. und die Schlußbestimmungen abgeändert werden sollten. Der zweite Entwurf scheiterte, der erste erhielt dagegen auf Grund eines schriftlichen Kommissionsberichtes unter mehrfachen Aenderungen die Zustimmung des Reichstags und wurde unter dem 17. Juli 78 als Gesetz publizirt (R.G.B. 199).

Die beiden nächsten Jahre brachten kleinere Ergänzungen, durch welche die Bestimmungen der Gewerbeordnung über die persönlichen Konzessionen erweitert und verschärft worden sind. Zunächst wurde dem Reichstag unter dem 3. Mai 79 der Entwurf eines Gesetzes, betr. die Abänderung einiger Bestimmungen der Gewerbeordnung vorgelegt, welcher das Gewerbe der Gast- und Schankwirthe sowie der Pfandleiher strenger regelte. Der Entwurf wurde auf Grund mündlichen Kommissionsberichtes unverändert angenommen und unter dem 23. Juli 79 (R.G.B. 267) als Gesetz publizirt. Unter dem Einflusse vielfacher, auf eine eingreifendere Revision des Gesetzes im Sinne einer Verschärfung seiner Bestimmungen gerichteten Bestrebungen, welche in einem Antrage der Abgeordneten von Seydewitz und Genossen ihren Ausdruck erhalten hatten, einigte sich der Reichstag in seiner nächsten Session auf Grund eines mündlichen Kommissionsberichtes über die Annahme des Entwurfes eines Gesetzes, betr. die Abänderung des §. 32 der Gewerbeordnung; derselbe erhielt die Zustimmung des Bundesrathes und erschien unter dem 15. Juli 80 (R.G.B. 179) als Gesetz.

4.

Der Antrag der Abgeordneten von Seydewitz und Genossen wurde der Ausgangspunkt für eine, zum Theil grundsätzliche Umgestaltung des Gesetzes. Schon unter dem 11. März 81 nahmen die verbündeten Regierungen daraus den Anlaß, dem Reichstage den Entwurf eines Gesetzes, betr. die Abänderung der Gewerbeordnung, vorzulegen, welcher die Verhältnisse des Innungswesens umzugestalten bezweckte. Der Reichstag stimmte, auf Grund schriftlichen Kommissionsberichtes, mit einigen erheblichen Aenderungen dem Entwurfe zu und dieser wurde unter dem 18. Juli 81 (R.G.B. 233) als Gesetz veröffentlicht.

Ein zweiter Entwurf eines Gesetzes, betr. Abänderung der Gewerbeordnung, durch welchen die persönliche Zulassung zu dem Betrieb gewisser Gewerbe eingeschränkt werden sollte, war dem Reichstag unter dem 19. April 81 zugegangen. Er kam jedoch nicht zur Erledigung und an seiner Stelle legten demnächst, unter dem 27. April 82, die verbündeten Regierungen einen viel umfassenderen Entwurf eines Gesetzes, betr. Abänderung der Gewerbeordnung, vor, welcher nach eingehenden Verhandlungen und auf Grund schriftlichen Kommissionsberichtes die Zustimmung des Reichstags erhielt und unter dem 1. Juli 83 (R.G.B. 159) als Gesetz veröffentlicht worden ist. Den Kern des Gesetzes bildet eine neue Ordnung des Gewerbebetriebes im Umherziehen im Sinne einer Einschränkung und schärferer Ueberwachung dieser Betriebsweise. Daran schließen sich in Ansehung zahlreicher anderer Bestimmungen Abänderungen, welche theils eine strengere Regelung einzelner Arten des stehenden Gewerbebetriebes, theils nur eine Klarstellung und Ergänzung des Gesetzes zum Zwecke haben.

Inzwischen war aus anderem Anlaß unter dem 29. April 82 von Seiten der verbündeten Regierungen dem Reichstag der Entwurf eines Gesetzes, betr. die

Krankenversicherung der Arbeiter, vorgelegt worden, welcher, ohne mit der Gewerbeordnung unmittelbar in Verbindung zu stehen, gleichwohl diese selbst wie auch die damit in Verbindung stehende Gesetzgebung des Jahres 76 erheblich berührte. Der Entwurf fand, nach eingreifenden Aenderungen, auf Grund schriftlichen Kommissionsberichtes die Zustimmung des Reichstags und ist unter dem 15. Juni 83 (R.G.B. 73) als Gesetz veröffentlicht. Durch dies Gesetz werden, unter Aufhebung des Gesetzes, betr. die Abänderung des Tit. VIII der Gewerbeordnung vom 8. April 76, die Bestimmungen der Gewerbeordnung über das Hülfskassenwesen so gut wie beseitigt und durch eine andere Regelung der Arbeiter-Krankenversicherung dem Gesetz über die eingeschriebenen Hülfskassen vom 7. April 76 die Grenzen der Wirksamkeit sehr verengt.

## 5.

Das Ges. betr. die Verfassung des Deutschen Reichs v. 16. April 71 (R.G.B. 63) bestimmt im Art. 2:

Die Bestimmungen in Art. 80 der ... Verfassung des Deutschen Bundes (B.G.B. 70. 647), unter III., 8 des Vertrages mit Bayern vom 23. Nov. 70 (B.G.B. 71. 21), in Art. 2,6 des Vertrages mit Württemberg vom 25. Nov. 70 (B.G.B. 70. 656), über die Einführung der im Norddeutschen Bunde ergangenen Gesetze in diesen Staaten bleiben in Kraft.

Die dort bezeichneten Gesetze sind Reichsgesetze. Wo in denselben von dem Norddeutschen Bunde, dessen Verfassung, Gebiet, Mitgliedern oder Staaten, Indigenat, verfassungsmäßigen Organen, Angehörigen, Beamten, Flagge u. s. w. die Rede ist, sind das Deutsche Reich und dessen entsprechende Beziehungen zu verstehen.

Dasselbe gilt von denjenigen im Norddeutschen Bunde ergangenen Gesetzen, welche in der Folge in einem der genannten Staaten eingeführt werden.

Die Gewerbeordnung gehört zu den hier bezeichneten Gesetzen. Obwohl Reichsgesetz, ist doch ihre auf den vormaligen Nordbund berechnete Redaktion bis auf die neueste Zeit nicht berichtigt worden. Erst das Gesetz, betr. Abänderung der Gewerbeordnung, vom 1. Juli 83 (R.G.B. 159) hat zu einer neuen Redaktion geführt. Art. 16 desselben bestimmt:

Der Reichskanzler wird ermächtigt, den Text der Gewerbeordnung, wie er sich aus den Aenderungen ergiebt, welche in diesem Gesetze und den Gesetzen vom

| | | |
|---|---|---|
| 12. Juni 1872, | Reichs-Gesetzblatt Seite | 170, |
| 2. März 1874, | | 19, |
| 8. April 1876, | | 134, |
| 17. Juli 1878, | | 199, |
| 23. Juli 1879, | | 267, |
| 15. Juli 1880, | | 179, |

und vom

| | | |
|---|---|---|
| 18. Juli 1881, | ,, ,, | 233, |

sowie durch die am 26. Juli 1881 und 21. April 1883 bekannt gemachten, vom Reichstage genehmigten Beschlüsse des Bundesraths (Reichs-Gesetzblatt des Jahres 1882 Seite 10 und des Jahres 1883 Seite 33) festgestellt sind, durch das Reichs-Gesetzblatt bekannt zu machen.

Dabei sind an Stelle der Ausdrücke: Norddeutscher Bund, Bundesgebiet, Bundesangehörige, die dem Deutschen Reich entsprechenden Bezeichnungen anzuwenden, die Thalerwährung in Reichswährung zu verändern . . .

Eine entsprechende Bekanntmachung des Reichskanzlers ist unter dem 1. Juli 83 (R.G.B. 177) ergangen; sie gibt den vollständigen Text der Gewerbeordnung unter Weglassung der Eingangs- und Schlußformel wieder. Durch diese Redaktion wird aber die fortdauernde Geltung der darin berücksichtigten Gesetze nicht berührt und soweit die letzteren Bestimmungen enthalten, welche neben der Gewerbeordnung gelten, sind solche Bestimmungen auch ferner in der Form jener Gesetze zur Anwendung zu bringen. Die neue Redaktion hat ferner diejenigen Aenderungen nicht berücksichtigt, welche auf Grund des Gesetzes betr. die Krankenversicherung der Arbeiter vom 15. Juni 83 in dem Texte der Gewerbeordnung eintreten. Sie hat endlich nicht der besonderen Stellung der Reichslande Rechnung getragen, wo ungeachtet der nunmehr überall das Reich in seinem ganzen Umfang bezeichnenden Fassung auch fernerhin nur einzelne Vorschriften der Gewerbeordnung zur Anwendung gelangen.

Der frühere Titel des Gesetzes als „Gewerbeordnung für den Norddeutschen Bund" ist durch die Bekanntmachung des Reichskanzlers ebenfalls beseitigt. Die gesetzmäßige Bezeichnung ist jetzt „Gewerbeordnung für das Deutsche Reich."

6.

In ihrer jetzigen Gestalt beruht die Gewerbeordnung auf folgenden Materialien:

1. Gewerbeordnung für den Norddeutschen Bund vom 21. Juni 69. B.G.B. 245. Entwurf nebst Motiven in II. Session des Reichs-

tags 69. R.T.D. 13. Verhandlungen R.T.V. 114 ff. in erster Berathung, 236 ff. 605 ff. 672 ff. in zweiter Berathung, 1054 ff. in dritter Berathung.

2. Gesetz, betreffend die Abänderung einiger Strafbestimmungen der Gewerbeordnung vom 12. Juni 72. R.G.B. 170. Entwurf nebst Motiven in II. Session des Reichstags 72 R.T.D. 118. Verhandlungen R.T.V. 749. 769.

3. Gesetz, betreffend die einer besonderen Genehmigung bedürfenden gewerblichen Anlagen vom 2. März 74. R.G.B. 15. Entwurf nebst Motiven in I. Session des Reichstags 74. R.T.D. 26. Verhandlungen R.T.V. 147 ff. 172.

4. Gesetz, betreffend die Abänderung des Titels VIII der Gewerbeordnung vom 8. April 76. R.G.B. 135. Entwurf nebst Motiven in III. Session des Reichstags 75. R.T.D. 15. Kommiss.-Ber. R.T.D. 103. 161. Verhandlungen R.T.V. 74 ff. in erster Berathung, 1049 ff. in zweiter Berathung, 1264 ff. in dritter Berathung.

5. Gesetz, betreffend den Gewerbebetrieb der Maschinisten auf Seedampfschiffen vom 11. Juni 78. R.G.B. 109. Entwurf nebst Motiven in II. Session des Reichstags 78. R.T.D. 148. Verhandlungen R.T.V. 783 in erster Berathung, 945 in zweiter Berathung, 1436 in dritter Berathung.

6. Gesetz, betreffend die Abänderung der Gewerbeordnung vom 17. Juli 78. R.G.B. 199. Entwurf nebst Motiven in II. Session des Reichstags 78. R.T.D. 41. Kommiss.-Ber. R.T.D. 177. Verhandlungen R.T.V. 286 in erster Berathung, 1031 ff. in zweiter Berathung, 1383 ff. 1491 f. in dritter Berathung.

7. Gesetz, betreffend die Abänderung einiger Bestimmungen der Gewerbeordnung vom 23. Juli 79. R.G.B. 267. Entwurf nebst Motiven in II. Session des Reichstags 79. R.T.D. 156. Verhandlungen R.T.V. 1558 ff. in erster Berathung, 2126 ff. in zweiter Berathung, 2267 f. in dritter Berathung.

8. Gesetz, betreffend die Abänderung des §. 32 der Gewerbeordnung vom 15. Juli 80. R.G.B. 179. Entwurf in III. Session des Reichstags 80 in dem Kommiss.-Ber. R.T.D. 97. Verhandlungen R.T.V. 919 ff. 1109 ff.

9. Gesetz, betreffend die Abänderung der Gewerbeordnung vom 18. Juli 81. R.G.B. 233. Entwurf nebst Motiven in IV. Session des Reichstags 81. R.T.D. 49. Kommiss.-Ber. R.T.D. 128. Verhandlungen R.T.B. 522 ff. in erster Berathung, 1120 ff. in zweiter Berathung, 1559 ff. in dritter Berathung.

10. Gesetz, betreffend die Krankenversicherung der Arbeiter vom 15. Juni 83. R.G.B. 73. Entwurf nebst Motiven in II. Session des Reichstags 82 R.T.D. 14. Kommiss.-Ber. R.T.D. 211. Verhandlungen R.T.B. 199 ff. in erster Berathung, 1966 ff. in zweiter Berathung, 2466 ff. 2637 ff. in dritter Berathung.

11. Gesetz, betreffend Abänderung der Gewerbeordnung vom 1. Juli 83. R.G.B. 125. Entwurf nebst Motiven in II. Session des Reichstags 82. R.T.D. 5. Kommiss.-Ber. R.T.D. 206. Verhandlungen R.T.B. 15 ff. in erster Berathung, 1663 ff. 2275 ff. 2423 ff. in zweiter Berathung, 2581 ff. in dritter Berathung.

12. Bekanntmachungen, betreffend eine Abänderung des Verzeichnisses der gewerblichen Anlagen, welche einer besonderen Genehmigung bedürfen, vom 31. Jan. 82 und 21. April 83, R.G.B. 83. 10. 33. Entwurf nebst Motiven in II. Session des Reichstags 82. R.T.D. 55 und 83 R.T.D. 118. Verhandlungen R.T.B. 559. 1619.

I.

# Gewerbeordnung.

Gegeben Berlin den 21. Juni 1869.

Gesetzeskraft im ganzen Reiche, ausgenommen Elsaß-Lothringen, seit 1. Jan. 73, in der jetzigen Fassung vom 1. Januar 84 ab.

Die mit * bezeichneten §§ sind später abgeändert oder eingeschaltet.

---

## Titel I.

### Allgemeine Bestimmungen.

1. Der Betrieb eines Gewerbes ist Jedermann gestattet, soweit nicht durch dieses Gesetz Ausnahmen oder Beschränkungen vorgeschrieben oder zugelassen sind.

Wer gegenwärtig zum Betriebe eines Gewerbes berechtigt ist, kann von demselben nicht deshalb ausgeschlossen werden, weil er den Erfordernissen dieses Gesetzes nicht genügt.

Vgl. das jetzt im ganzen Reiche geltende Ges. über die Freizügigkeit 1. Nov. 67 B.G.B. 55.

§. 1 findet auch auf die Angehörigen von Elsaß-Lothringen Anwendung (R.V. Art. 3), ebenso auf Ausländer, soweit nicht durch Staatsvertrag oder durch die G.O. selbst (§§. 12. 44a. 56d. 64) Ausnahmen vorbehalten sind. In den Voraussetzungen, unter welchen Ausländer im Inlande verweilen dürfen, ist dadurch nichts geändert. Eine neue gesetzliche Beschränkung der Ausländer in dem Ges. betr. die Küstenfrachtfahrt 22. Mai 81 R.G.B. 97.

§. 1 beseitigt nur solche Beschränkungen, die der Zulassung zum Gewerbebetrieb entgegenstehen, nicht aber Vorschriften, die die Ausübung der Gewerbe regeln, namentlich die Beachtung der im Interesse der öffentlichen Ordnung und Sitte gestellten Anforderungen verlangen. Die landesrechtlichen Vorschriften über die Zulassung zu den Gewerben sind daher, soweit nicht ausdrücklich aufrecht erhalten (§§. 33. 33c. 34. 39. 42a. 56b. 59), weggefallen; gleiche Vorschriften über die Ausübung der Gewerbe sind dagegen, soweit nicht ausdrücklich ausgeschlossen (§§. 64—69. 71 f. 80), bestehen geblieben. Vgl. G.O. §. 144. Stf.G. §. 367, 5. O.T. 4. u. 24. Nov. 70, 18. Jan. 71. Pr. Anw. Eingang. Württemb. Min. 14. Dez. 71 §. 1.

§. 1 beseitigt auch nicht vertragsmäßige Beschränkungen; O.H.G. 5. Dez. 73. O.T. 9. Juli 77.

Erfindungspatente begründen nicht Beschränkungen im Betrieb eines Gewerbes. Vgl. Patentgesetz 25. Mai 77 (R.G.B. 501).

**2.** Die Unterscheidung zwischen Stadt und Land in Bezug auf den Gewerbebetrieb und die Ausdehnung desselben hört auf.

Entnommen aus dem Ges., betr. den Betr. der steh. Gewerbe 8. Juli 68 B.G.B. 406.

**3.** Der gleichzeitige Betrieb verschiedener Gewerbe, sowie desselben Gewerbes in mehreren Betriebs- oder Verkaufsstätten ist gestattet. Eine Beschränkung der Handwerker auf den Verkauf der selbstverfertigten Waaren findet nicht statt.

Entnommen wie vorher.

**4.** Den Zünften und kaufmännischen Korporationen steht ein Recht, Andere von dem Betriebe eines Gewerbes auszuschließen, nicht zu.

Entnommen wie vorher.

**5.** In den Beschränkungen des Betriebes einzelner Gewerbe, welche auf den Zoll-, Steuer- und Postgesetzen beruhen, wird durch das gegenwärtige Gesetz nichts geändert.

In Betreff der die Ausübung des Betriebes einschränkenden Vorschriften gilt der Satz schon nach §. 1 und nicht nur für Zoll-, Steuer- und Postgesetze; in Betreff der die Zulassung zum Betrieb einschränkenden Vorschriften hat er Bedeutung auch für die Landessteuergesetze. Für die Reichs-, Zoll- und Postgesetze, welche später als die G.O. ergangen sind, ist der Satz selbstverständlich. Die Reichsgesetzgebung hat inzwischen auch auf anderen Gebieten manche Beschränkungen begründet, welche die Zulassung zu einzelnen Betrieben treffen.

Hinsichtlich der Besteuerung ist der Landesgesetzgebung eine gewisse Beschränkung auferlegt durch das Ges. wegen Beseitigung der Doppelbesteuerung 13. Mai 70 B.G.B. 119, ausgedehnt auf Südhessen und Baden durch die Vereinb. 15. Nov. 70 B.G.B. 650, auf Württemberg durch den Vertrag 25. Nov. 70 B.G.B. 650, auf Bayern durch das Ges. 22. April 71 B.G.B. 87, auf Elsaß-Lothringen durch das Ges. 14. Jan. 72 G.B.E.L. 61.

***6.** Das gegenwärtige Gesetz findet keine Anwendung auf die Fischerei, die Errichtung und Verlegung von Apotheken, die Erziehung von Kindern gegen Entgeld, das Unterrichtswesen, die advokatorische und Notariats-Praxis, den Gewerbebetrieb der Auswanderungsunternehmer und Auswanderungsagenten, der Versicherungsunternehmer und der Eisenbahnunternehmungen, die Befugniß zum Halten öffentlicher Fähren und die Rechtsverhältnisse der Schiffsmannschaften auf den Seeschiffen. — Auf das Bergwesen, die Ausübung der Heilkunde, den Verkauf von Arzneimitteln, den Vertrieb von Lotterieloosen und die Viehzucht findet das gegenwärtige Gesetz nur insoweit Anwendung, als dasselbe ausdrückliche Bestimmungen darüber enthält.

Durch Kaiserliche Verordnung wird bestimmt, welche Apothekerwaaren dem freien Verkehr zu überlassen sind.

Fassung beruht auf dem Ges. betr. Abänderung der G.O. 1. Juli 83 R.G.B. 159, nachdem schon das Ges. betr. die Abänderung einiger Bestimmungen der G.O. 23. Juli 79 Art. 1. R.G.B. 267 geändert hatte.

§. 6 bezweckt nicht, den Begriff des Gewerbes abzugrenzen; eine solche Begriffsbestimmung enthält die G.O. überhaupt nicht; vgl. Motive zu §. 6. Daher fällt nicht alles, was §. 6 nicht erwähnt, schon deshalb unter den Begriff des Gewerbes und unter die G.O. So gehören namentlich Ackerbau, Forstwirthschaft, Garten- und Weinbau zweifellos nicht darunter, ebensowenig Ausübung literarischer Thätigkeit oder der schönen Künste; vgl. Sächs. Anw. §. 5. Dem entsprechend ist auch im §. 1 Ges. über die Freizügigkeit 1. Nov. 67 B.G.B. 55 und in Art. 3 R.V. der Begriff des Gewerbes nicht nach Maßgabe des §. 6 der G.O. zu beschränken.

Bestimmungen über das Bergwesen in §. 154, über die Heilkunde in §§. 29 f. 40. 53. 56 a. 80. 144, über Arzneimittel in §§. 56. 80, über Lotterieloose in §§. 56. 56 c, über die Viehzucht in §. 56 b. Außerdem erscheinen anwendbar auf die Ausübung der Heilkunde §. 147, 1. 3, auf das Apothekergewerbe §. 148, 8.

Auf die Preßgewerbe findet die G.O. Anwendung, und zwar neben den sonstigen dafür geltenden Bestimmungen der Reichsgesetzgebung; Ges. über die Presse 7. Mai 74 §. 4 R.G.B. 65; vgl. unten §§. 14. 43.

Der Gewerbebetrieb der Versicherungs-Agenten unterliegt der G.O. und gehört mit Ausnahme der Feuerversicherungs-Agenten (§. 14) zu den freien Gewerben; vgl. Motive zu §. 6.

In Betreff der Rechtsverhältnisse der Schiffsmannschaften vgl. Seemannsordnung 27. Dez. 72 R.G.B. 409.

Der Verkehr mit Apothekerwaaren ist neu geregelt durch die Verordnung, betr. den Verkehr mit Arzneimitteln 4. Jan. 75 R.G.B. 75 und die ergänzende Verordnung, betr. den Verkehr mit künstlichen Mineralwässern 9. Febr. 80 R.G.B. 13, sowie betr. den Verkehr mit Honigpräparaten 3. Jan. 83 R.G.B. 1. Ersterer Verordnung sind angeschlossen: ein Verzeichniß A von Zubereitungen als Heilmittel und ein Verzeichniß B von Droguen und chemischen Präparaten, deren Feilhalten und Verkauf nur in Apotheken gestattet ist. Die in der Verordnung enthaltenen Beschränkungen treffen nach ausdrücklicher Bestimmung nicht den Großhandel. Vgl. Strafvorschrift: Stf.G. §. 367,3.

7. Vom 1. Januar 1873 ab sind, soweit die Landesgesetze solches nicht früher verfügen, aufgehoben:

1) die noch bestehenden ausschließlichen Gewerbeberechtigungen, d. h. die mit dem Gewerbebetriebe verbundenen Berechtigungen, Anderen den Betrieb eines Gewerbes, sei es im allgemeinen oder hinsichtlich der Benutzung eines gewissen Betriebsmaterials, zu untersagen oder sie darin zu beschränken;

2) die mit den ausschließlichen Gewerbeberechtigungen verbundenen Zwangs- und Bannrechte, mit Ausnahme der Abdeckereiberechtigungen;

3) alle Zwangs- und Bannrechte, deren Aufhebung nach dem Inhalte der Verleihungsurkunde ohne Entschädigung zulässig ist;

4) sofern die Aufhebung nicht schon in Folge dieser Bestimmungen eintritt, oder sofern sie nicht auf

einem Vertrage zwischen Berechtigten und Verpflichteten beruhen:

a) das mit dem Besitze einer Mühle, einer Brennerei oder Brenngerechtigkeit, einer Brauerei oder Braugerechtigkeit oder einer Schankstätte verbundene Recht, die Konsumenten zu zwingen, daß sie bei den Berechtigten ihren Bedarf mahlen oder schroten lassen, oder das Getränk ausschließlich von denselben beziehen (der Mahlzwang, der Branntweinzwang oder der Brauzwang);

b) das städtischen Bäckern oder Fleischern zustehende Recht, die Einwohner der Stadt, der Vorstädte oder der sogenannten Bannmeile zu zwingen, daß sie ihren Bedarf an Gebäck oder Fleisch ganz oder theilweise von jenen ausschließlich entnehmen;

5) die Berechtigungen, Konzessionen zu gewerblichen Anlagen oder zum Betriebe von Gewerben zu ertheilen, die dem Fiskus, Korporationen, Instituten oder einzelnen Berechtigten zustehen;

6) vorbehaltlich der an den Staat und die Gemeinde zu entrichtenden Gewerbesteuern, alle Abgaben, welche für den Betrieb eines Gewerbes entrichtet werden, sowie die Berechtigung, dergleichen Abgaben aufzuerlegen.

Ob und in welcher Weise den Berechtigten für die vorstehend aufgehobenen ausschließlichen Gewerbeberechtigungen, Zwangs- und Bannrechte u. s. w. Entschädigung zu leisten ist, bestimmen die Landesgesetze.

Es sind durch §. 7 diejenigen gewerblichen Privilegien beseitigt, welche einen privatrechtlichen Charakter haben. Vorrechte des Staates, welche aus Regalien und Monopolen fließen, und die Beschränkungen polizeilicher Natur werden dadurch nicht berührt.

Nr. 1 läßt die Real-Gewerberechte bestehen, auch dort, wo sie mit einem ausschließlichen Rechte verbunden sind; vgl. §§. 10. 48.

Nr. 5 berührt die polizeilichen Konzessionen nicht.

Umfang und Natur der Abgaben unter Nr. 6 ist erschöpfend nicht zu bestimmen; vertragsmäßige Zinsen für den Verkauf oder die Verpachtung eines Rechts fallen jedenfalls nicht darunter, ebenso nicht Konzessionsabgaben, die von allen Gewerbetreibenden gleicher Art an den Staat zu entrichten sind. Nähere Gesichtspunkte darüber in O.T. Plenarbeschl. 15. Febr. 47. Vgl. auch Pr. Min. 30. Nov. 76 u. 23. Dez. 80.

Dem §. 7 liegen wesentlich die Preuß. Gesetze zu Grunde; vgl. G.O. 17. Jan. 45, Ges. v. 31. Mai 58 für die älteren, Ges. v. 17. März 68 für die neueren Provinzen, endlich Ges. v. 17. Dez. 72 für den Gesammtumfang des Staates. In einigen Punkten räumt die G.O. weiter auf, als die Preußischen Gesetze thun; eine landesgesetzliche Ergänzung gemäß dem Schlußabsatz ist in Preußen nicht erfolgt.

8. Von dem gleichen Zeitpunkte (§. 7) ab unterliegen, soweit solches nicht von der Landesgesetzgebung schon früher verfügt ist, der Ablösung:

1) diejenigen Zwangs- und Bannrechte, welche durch die Bestimmungen des §. 7 nicht aufgehoben sind, sofern die Verpflichtung auf Grundbesitz haftet, die Mitglieder einer Korporation als solche betrifft, oder Bewohnern eines Ortes oder Distriktes vermöge ihres Wohnsitzes obliegt;
2) das Recht, den Inhaber einer Schankstätte zu

zwingen, daß er für seinen Wirthschaftsbedarf das Getränk aus einer bestimmten Fabrikationsstätte entnehme.

Das Nähere über die Ablösung dieser Rechte bestimmen die Landesgesetze.

Der Ablösung unterliegen nicht die auf Vertrag beruhenden Zwangs- und Bannrechte; ein Theil davon ist aufgehoben (§. 7, 2), ein Theil aber von der Aufhebung ausdrücklich ausgeschlossen (§. 7, 4).

Die Ablösung ist in den einzelnen Staaten meistens zugleich mit der Aufhebung der Gewerbsprivilegien geregelt; für Preußen durch Ges. 17. Jan. 45 und die zu §. 7 bezeichneten Gesetze.

**9.** Streitigkeiten darüber, ob eine Berechtigung zu den durch die §§. 7 und 8 aufgehobenen oder für ablösbar erklärten gehört, sind im Rechtswege zu entscheiden.

Jedoch bleibt den Landesgesetzen vorbehalten, zu bestimmen, von welchen Behörden und in welchem Verfahren die Frage zu entscheiden ist, ob oder wie weit eine auf einem Grundstücke haftende Abgabe eine Grundabgabe ist, oder für den Betrieb eines Gewerbes entrichtet werden muß.

Abs. 2 entnommen aus der Preuß. Gesetzgebung, G. 11. März 50 §. 2 u. 17. März 69 §. 50.

**10.** Ausschließliche Gewerbeberechtigungen oder Zwangs- und Bannrechte, welche durch Gesetz aufgehoben oder für ablösbar erklärt worden sind, können fortan nicht mehr erworben werden.

Realgewerbeberechtigungen dürfen fortan nicht mehr begründet werden.

Nach Abs. 1 ist die Begründung neuer Privilegien durch Vertrag und Verjährung sowohl, als durch Verleihung ausgeschlossen, auch selbst die Begründung auf bestimmte Zeit: R.T.B. 1058. Dagegen sind die bestehenden vertragsmäßigen Rechte nicht alle beseitigt; vgl. zu §. 8. Ebenso ist deren Uebertragung an Andere nicht untersagt. Ueber die Zulässigkeit der vertragsmäßigen Begründung von Beschränkungen vgl. O.H.G. 5. Nov. 72 u. zu §. 1.

Auch die bestehenden Realrechte sind nicht beseitigt; vgl. § 48 sowie zu §. 7. Sie haben indeß nur noch für solche Gewerbe Bedeutung, welche im Konzessionswege Beschränkungen ausgesetzt sind; vgl. namentlich §. 33.

**11.** Das Geschlecht begründet in Beziehung auf die Befugniß zum selbständigen Betriebe eines Gewerbes keinen Unterschied.

Frauen, welche selbständig ein Gewerbe betreiben, können in Angelegenheiten ihres Gewerbes selbständig Rechtsgeschäfte abschließen und vor Gericht auftreten, gleichviel, ob sie verheirathet oder unverheirathet sind. Sie können sich in Betreff der Geschäfte aus ihrem Gewerbebetriebe auf die in den einzelnen Bundesstaaten bestehenden Rechtswohlthaten der Frauen nicht berufen. Es macht hierbei keinen Unterschied, ob sie das Gewerbe allein oder in Gemeinschaft mit anderen Personen, ob sie dasselbe in eigener Person oder durch einen Stellvertreter betreiben.

An das Alter und die Verfügungsfähigkeit knüpfen sich keine Bedingungen für die polizeiliche Zulässigkeit des Gewerbebetriebes im Allgemeinen; Ausnahmen in §§. 57a. 60b. 62. Ob die von einem Gewerbetreibenden eingegangenen Verbindlichkeiten rechtsgiltig sind, ist unabhängig davon nach den Landesgesetzen zu beurtheilen; R.T.B. 253.

Auch die Befugniß der Ehefrauen zum Gewerbebetrieb ist in polizeilicher Beziehung keine andere, als die der übrigen Frauen.

Vgl. über den Gewerbebetrieb der Frauen H.G.B. Art. 6—9, B.G.B. 69. 379.

**12.** Hinsichtlich des Gewerbebetriebes der juristischen Personen des Auslandes bewendet es bei den Landesgesetzen.

Diejenigen Beschränkungen, welche in Betreff des Gewerbebetriebes für Personen des Soldaten- und Beamtenstandes, sowie deren Angehörige bestehen, werden durch das gegenwärtige Gesetz nicht berührt.

Unter Ausland ist hier das dem Reiche gegenüber stehende Ausland gemeint; vgl. §. 10 im ersten Entw. der G.O. Doch müssen Theile des Reichs, in welchen die G.O. nicht gilt (Elsaß-Lothringen) ebenfalls als Ausland gelten; vgl. §. 1 u. Ges., betr. die Verf. d. D. Reichs 16. April 71 §. 2 B.G.B. 63. Dagegen Württemb. Min. 14. Dez. 71 §. 5, Bad. Ges. 21. Dez. 71 §. 2, worin die erwähnte Beschränkung nicht gemacht ist.

Zu den juristischen Personen sind im Sinne des Gesetzes insbesondere Aktiengesellschaften zu rechnen.

Zu Abs. 2 vgl. in Betreff der Reichsbeamten Ges., betr. die Rechtsverhältnisse der Reichsbeamten 31. März 73 §. 16 R.G.B. 61, beschränkt durch Patentges. 25. Mai 77 §. 16 R.G.B. 501. Für Preußen ist aufrecht erhalten G.O. 17. Jan. 45 §. 19 u. für die neuen Landestheile Verordn. 23. Sept. 67 § 1, 5; vgl. auch Ges., betr. die Betheiligung der Staatsbeamten bei der Gründung und Verwaltung u. s. w. 10. Juni 74.

**13.** Von dem Besitze des Bürgerrechts soll die Zulassung zum Gewerbebetriebe in keiner Gemeinde und bei keinem Gewerbe abhängig sei.

Nach dem begonnenen Gewerbebetriebe ist, soweit dies in der bestehenden Gemeindeverfassung begründet ist, der Gewerbetreibende auf Verlangen der Gemeindebehörde nach Ablauf von drei Jahren verpflichtet, das Bürgerrecht zu erwerben. Es darf jedoch in diesem Falle von ihm das sonst vorgeschriebene oder übliche Bürgerrechtsgeld nicht gefordert und ebenso nicht verlangt werden, daß er sein anderweit erworbenes Bürgerrecht aufgebe.

Die Exekution auf Erfüllung dieser Verpflichtung darf nicht bis zur Untersagung des Gewerbebetriebes ausgedehnt werden; Motive zu §. 12.

Nur wenn das Bürgerrechtsgeld von dem Gewerbetreibenden als solchem, nicht wenn es von ihm, wie von anderen Bürgern, auf Grund der allgemeinen Besteuerungsnormen gefordert wird, gilt der letzte Satz. Derselbe will den Gewerbetreibenden ein Vorrecht nicht gewähren.

# Titel II.

## Stehender Gewerbebetrieb.

### I. Allgemeine Erfordernisse.

**14.** Wer den selbständigen Betrieb eines stehenden Gewerbes anfängt, muß der für den Ort, wo solches geschieht, nach den Landesgesetzen zuständigen Behörde gleichzeitig Anzeige davon machen. Diese Anzeige liegt auch demjenigen ob, welcher zum Betriebe eines Gewerbes im Umherziehen (Titel III) befugt ist.

Außerdem hat, wer Versicherungen für eine Mobiliar- oder Immobiliar-Feuerversicherungs-Anstalt als Agent oder Unteragent vermitteln will, bei Uebernahme der Agentur, und derjenige, welcher dieses Geschäft wieder aufgiebt, oder welchem die Versicherungsanstalt den Auftrag wieder entzieht, innerhalb der nächsten acht Tage der zuständigen Behörde seines Wohnortes davon Anzeige zu machen. Buch- und Steindrucker, Buch- und Kunsthändler, Antiquare, Leihbibliothekare, Inhaber von Lesekabinetten, Verkäufer von Druckschriften, Zeitungen und Bildern haben bei der Eröffnung ihres Gewerbebetriebes das Lokal desselben, sowie jeden späteren Wechsel des letzteren spätestens am Tage seines Eintritts der zuständigen Behörde ihres Wohnortes anzugeben.

Der Begriff des stehenden Gewerbebetriebes ist gesetzlich nicht bestimmt; es fallen darunter alle Betriebsformen, die nicht ausdrücklich als Gewerbebetrieb im Umherziehen qualifizirt sind (§. 55); vgl. Motive zu §. 14 u. O.T. 2. März 71. Auch bestimmt das Gesetz nicht, welche Beschäftigungen als gewerbliche anzusehen sind; die Landesgesetzgebungen haben eine feste Grenze ebensowenig aufgestellt; vgl. zu §. 6.

Eintritt in einen vorhandenen Betrieb gilt als Anfang des Betriebes; O.T. 27. Jan. 75.

Die vorgeschriebene Anzeige muß die Art des Gewerbebetriebes erhalten; sie ist, wenn die Betriebsart geändert wird, zu wiederholen; sie ist immer zu machen, auch wenn es zu gewissen Gewerben noch einer besonderen Genehmigung (§§. 16. 24. 29. 33. 34. 36. 37. 39) oder Anzeige (§. 35) bedarf; insbesondere auch — und mehr soll Satz 2 in Abs. 1 nicht sagen — dann, wenn derjenige, welcher den Legitimationsschein nach §. 55 besitzt, einen stehenden Betrieb nebenbei anfangen will. Auch ist die Schlußbestimmung durch das Ges. über die Presse 7. Mai 74 R.G.B. 65 unberührt geblieben; vgl. oben zu §. 6.

Die Strafe unterlassener Anzeige in §. 148, 1. 2. 3.

***15.** Die Behörde bescheinigt innerhalb dreier Tage den Empfang der Anzeige.

Die Fortsetzung des Betriebes kann polizeilich verhindert werden, wenn ein Gewerbe, zu dessen Beginn eine besondere Genehmigung erforderlich ist, ohne diese Genehmigung begonnen wird.

Der frühere Abs. 3 ist gemäß Art. 16 des Ges. betr. Abänderung der G.O. 1. Juli 83 R.G.B. 159 bei der neuen Feststellung des Textes der G.O. beseitigt.

Die Fortsetzung des Betriebes kann nicht verhindert werden lediglich wegen unterlassener Anzeige; Pr. Anw. 2. Ueber die Art des Zwanges O.B. 9. April 79. Gegen die polizeiliche Verfügung ist gewöhnliche Beschwerde zulässig; Motive zu Art. 9 und Kom.-Bericht zu Art. 14 des Entwurfes des Ges. betr. Abänderung der G.O. 1. Juli 83.

Abs. 2 in der Anwendung auf den Kleinhandel mit Branntwein oder Spiritus gilt auch für Elsaß-Lothringen in der besonderen Fassung des Ges., betr. den Kleinhandel mit Branntwein oder mit Spiritus 16. Mai 77 §. 2 G.B.E.L. 20.

## II. Erforderniß besonderer Genehmigung.

### 1. Anlagen, welche einer besonderen Genehmigung bedürfen.

*16. Zur Errichtung von Anlagen, welche durch die örtliche Lage oder die Beschaffenheit der Betriebsstätte für die Besitzer oder Bewohner der benachbarten Grundstücke oder für das Publikum überhaupt erhebliche Nachtheile, Gefahren oder Belästigungen herbeiführen können, ist die Genehmigung der nach den Landesgesetzen zuständigen Behörde erforderlich.

Es gehören dahin:

Schießpulverfabriken, Anlagen zur Feuerwerkerei und zur Bereitung von Zündstoffen aller Art,

Gasbereitungs- und Gasbewahrungsanstalten, Anstalten zur Destillation von Erdöl, Anlagen zur Bereitung von Braunkohlentheer, Steinkohlentheer und Koaks, sofern sie außerhalb der Gewinnungsorte des Materials errichtet werden, Glas- und Rußhütten, Kalk-, Ziegel- und Gypsöfen, Anlagen zur Gewinnung roher Metalle, Röstöfen, Metallgießereien, sofern sie nicht bloße Tiegelgießereien sind, Hammerwerke, chemische Fabriken aller Art, Schnellbleichen, Firnißsiedereien, Stärkefabriken, mit Ausnahme der Fabriken zur Bereitung von Kartoffelstärke, Stärkesyrupsfabriken, Wachstuch-, Darmsaiten-, Dachpappen- und Dachfilzfabriken, Leim-, Thran- und Seifensiedereien, Knochenbrennereien, Knochendarren, Knochenkochereien und Knochenbleichen, Zubereitungsanstalten für Thierhaare, Talgschmelzen, Schlächtereien, Gerbereien, Abdeckereien, Poudretten- und Düngpulverfabriken, Stauanlagen für Wassertriebwerke (§. 23), Hopfen-Schwefeldörren, Asphaltkochereien und Pechsiedereien, sofern sie außerhalb der Gewinnungsorte des Materials errichtet werden, Strohpapierstofffabriken, Darmzubereitungsanstalten, Fabriken, in welchen Dampfkessel und andere Blechgefäße durch Vernieten hergestellt werden, Kalifabriken, Anstalten zum Imprägniren von Holz mit erhitzten Theerölen, Kunstwollefabriken, Anlagen zur Herstellung von Celluloid, Dégrasfabriken.

Das vorstehende Verzeichniß kann, je nach Eintritt oder Wegfall der im Eingang gedachten Voraussetzung, durch Beschluß des Bundesraths, vorbehaltlich der Genehmigung des nächstfolgenden Reichstags, abgeändert werden.

Das Verzeichniß ist durch Beschluß des Bundesrathes unter Genehmigung des Reichstages mehrfach erweitert nach Bekanntmachung des Reichskanzlers 20. Juli 73 R.G.B. 299 (genehmigt durch Gesetz, betr. die einer besonderen Genehmigung bedürfenden gewerblichen Anlagen 2. März 74 R.G.B. 19), 26. Juli 81 R.G.B. 251 (genehmigt durch Beschluß des Reichstages nach Bekanntmachung des Reichskanzlers 31. Jan. 82 R.G.B. 10), 12. Juli 82 R.G.B. 123 und 23. Dez. 82 R.G.B. 141 (genehmigt durch Beschluß des Reichstags nach Bekanntmachung des Reichskanzlers 21. April 83 R.G.B. 33), und danach neu gefaßt auf Grund des Ges. betr. Abänderung der G.O. 1. Juli 83 Art. 16 R.G.B. 159; hier ist von den drei letzten Ergänzungen die erste nach ihrer ersten, die zweite u. dritte nach ihrer zweiten Bekanntmachung citirt.

Die G.O. enthält, abgesehen von §. 120, nur Bestimmungen über die Zulässigkeit gewerblicher Anlagen, nicht über ihren Betrieb. Dieser unterliegt auch bei konzessionirten Anlagen der polizeilichen Einwirkung nach Maßgabe der Landesgesetze; vgl. zu §. 1.

Inwieweit die Lagerung von Fellen und solche gewerbliche Anlagen, die durch Abgänge fließenden Gewässern verderblich werden, aus polizeilichen Rücksichten zu beschränken sind, ist laut Beschluß des Bundesrathes nicht nach der G.O. zu beurtheilen. Bad. Min. 26. Juli 73. Niederlagen gewerblicher Produkte gehören überhaupt im Sinne des Gesetzes nicht zu den gewerblichen Anlagen; vgl. Stf.G. § 367, 5, 6.

Das Verzeichniß der Anlagen enthält nur allgemeine Kategorien und ist nicht streng nach dem Wortlaut zu interpretiren. So sind im Allgemeinen die Farb- und Lackfabriken — sobald darin die Darstellung chemischer Präparate erfolgt — zu den chemischen Fabriken, die Walz- und Stampfwerke zu den Hammerwerken zu zählen; R.T.B. 271. Zu den Hammerwerken gehören nach der in Preußen praktischen Auslegung solche nicht, die nur durch Menschenkraft bewegt werden; zu den Metallgießereien auch Kupolöfen; zu den Schnellbleichen nicht die Schnellbleicherei-Einrichtungen der Papierfabriken; zu den chemischen Fabriken nicht die Anstalten für künstliche Mineralwässer und die Färbereien; zu den Ziegelöfen nicht die Feldbrände. Unter „Schlächtereien" sollen nach einem Beschlusse des Bundesrathes nur die mit baulichen Einrichtungen versehenen, in regelmäßiger Wiederkehr gewerbsmäßig benutzten Schlachtanstalten, ohne Rücksicht, ob sie öffentliche sind oder nicht, oder ob sie ein oder mehrere Metzger benutzen, fallen. Bad. Min. 26. Juli 73. Die sonstigen Schlächtereien sind danach der polizeilichen Einwirkung unbeschränkt unterworfen Unter den Stauanlagen für Wassertriebwerke sind nach preußischer Praxis nur solche für gewerbliche Zwecke, nicht die für landwirthschaftliche Zwecke (Ent- und Bewässerung) bestimmten zu verstehen: dagegen allerdings Württemb. Verordn. 14. Dez. 41. Genehmigung für die Stauanlage schon vor Errichtung des Triebwerkes nöthig, R.G. 19. Nov. 79.

Anlagen, die keinen gewerblichen Charakter haben, werden in Baden nicht unter das Gesetz gebracht; Bad. Min. 15. Sept. 70.

Vgl. Strafvorschrift in §. 147, 2.

**17.** Dem Antrage auf die Genehmigung einer solchen Anlage müssen die zur Erläuterung erforderlichen Zeichnungen und Beschreibungen beigefügt werden.

Ist gegen die Vollständigkeit dieser Vorlagen nichts zu erinnern, so wird das Unternehmen mittelst einmaliger Einrückung in das zu den amtlichen Bekanntmachungen der Behörde (§. 16) bestimmte Blatt zur öffentlichen Kenntniß gebracht, mit der Aufforderung, etwaige Einwendungen gegen die neue Anlage binnen vierzehn Tagen anzubringen. Die Frist nimmt ihren Anfang mit Ablauf des Tages, an welchem das die Bekanntmachung enthaltende Blatt ausgegeben worden, und ist für alle Einwendungen, welche nicht auf privatrechtlichen Titeln beruhen, präklusivisch.

Vgl. Ges. betr. die Aufhebung der Art. 11 u. 12 Buch III. Tit. 12 des revidirten Lübischen Rechts sowie der Art. 14 u. 16 Theil III. Tit. 12 des Rostocker Stadtrechts 4. Nov. 74 R.G.B. 128. Diese Bestimmungen gaben den Nachbarn weitergehende Widerspruchsrechte gegen gewisse Gewerbebetriebe.

18. Werden keine Einwendungen angebracht, so hat die Behörde zu prüfen, ob die Anlage erhebliche Gefahren, Nachtheile oder Belästigungen für das Publikum herbeiführen könne. Auf Grund dieser Prüfung, welche sich zugleich auf die Beachtung der bestehenden bau-, feuer- und gesundheitspolizeilichen Vorschriften erstreckt, ist die Genehmigung zu versagen, oder, unter Festsetzung der sich als nöthig ergebenden Bedingungen, zu ertheilen. Zu den letzteren gehören auch diejenigen Anordnungen, welche zum Schutze der Arbeiter gegen Gefahr für Gesundheit und Leben nothwendig sind. Der Bescheid ist schriftlich auszufertigen und muß die festgesetzten Bedingungen enthalten; er muß mit Gründen versehen sein, wenn die Genehmigung versagt oder nur unter Bedingungen ertheilt wird.

Anordnungen zum Schutze der Arbeiter können auch später während des Betriebes getroffen werden; vgl. §. 120.

19. Einwendungen, welche auf besonderen privatrechtlichen Titeln beruhen, sind zur richterlichen Entscheidung zu verweisen, ohne daß von der Erledigung derselben die Genehmigung der Anlage abhängig gemacht wird.

Andere Einwendungen dagegen sind mit den Parteien vollständig zu erörtern. Nach Abschluß dieser Erörterung erfolgt die Prüfung und Entscheidung nach den im §. 18 enthaltenen Vorschriften. Der Bescheid ist sowohl dem Unternehmer, als dem Widersprechenden zu eröffnen.

Einreden, die sich nicht auf besondere privatrechtliche Titel gründen, sind nach der Fassung des Gesetzes zu erörtern, jedoch ohne Präjudiz für die gerichtliche Verfolgung; vgl. Pr. Anw. 38.

**20.** Gegen den Bescheid ist Rekurs an die nächstvorgesetzte Behörde zulässig, welcher bei Verlust desselben binnen vierzehn Tagen, vom Tage der Eröffnung des Bescheides an gerechnet, gerechtfertigt werden muß.

Der Rekursbescheid ist den Parteien schriftlich zu eröffnen und muß mit Gründen versehen sein.

Der erste wie der Rekurs-Bescheid bilden noch nicht die durch §. 16 erforderte Genehmigung, sondern gehen dieser voraus.

Der Landesgesetzgebung ist es nicht verwehrt, noch eine zweite Beschwerdeinstanz einzurichten; O.V. 30. Mai 76.

***21.** Die näheren Bestimmungen über die Behörden und das Verfahren, sowohl in der ersten als in der Rekurs-Instanz, bleiben den Landesgesetzen vorbehalten. Es sind jedoch folgende Grundsätze einzuhalten:

1) In erster oder in zweiter Instanz muß die Entscheidung durch eine kollegiale Behörde erfolgen. Diese Behörde ist befugt, Untersuchungen an Ort und Stelle zu veranlassen, Zeugen und Sachverständige zu laden und eidlich zu vernehmen,

überhaupt den angetretenen Beweis in vollem Umfange zu erheben.

2) Bildet die kollegiale Behörde die erste Instanz, so ertheilt sie ihre Entscheidung in öffentlicher Sitzung, nach erfolgter Ladung und Anhörung der Parteien, auch in dem Falle, wenn zwar Einwendungen nicht angebracht sind, die Behörde aber nicht ohne weiteres die Genehmigung ertheilen will und der Antragsteller innerhalb vierzehn Tagen nach Empfang des, die Genehmigung versagenden oder nur unter Bedingungen ertheilenden Bescheides der Behörde auf mündliche Verhandlung anträgt.

3) Bildet die kollegiale Behörde die zweite Instanz, so ertheilt sie stets ihre Entscheidung in öffentlicher Sitzung, nach erfolgter Ladung und Anhörung der Parteien.

4) Als Parteien sind der Unternehmer (Antragsteller), sowie diejenigen Personen zu betrachten, welche Einwendungen erhoben haben.

5) Die Oeffentlichkeit der Sitzungen kann unter entsprechender Anwendung der §§. 173 bis 176 des Gerichtsverfassungsgesetzes ausgeschlossen oder beschränkt werden.

Die Nr. 5 beruht auf Ges. betr. Abänderung der G.O. 1. Juli 83 Art. 2 R.G.B. 159.

Die Bestimmungen des Gerichtsverfassungsgesetzes lauten:

§. 173. In allen Sachen kann durch das Gericht für die Verhandlung oder für einen Theil derselben die Oeffentlichkeit ausgeschlossen werden, wenn sie eine Gefährdung der öffentlichen Ordnung oder der Sittlichkeit besorgen läßt. §. 174. Die Verkündung des Urtheils erfolgt in jedem Falle öffentlich. §. 175. Ueber die Ausschließung der Oeffentlichkeit wird in nicht öffentlicher Sitzung verhandelt. Der Beschluß, welcher die Oeffentlichkeit ausschließt, muß öffentlich verkündet werden. §. 176. Der Zutritt zu öffentlichen Verhandlungen kann unerwachsenen und solchen Personen versagt werden, welche sich nicht im Besitze der bürgerlichen Ehrenrechte befinden, oder welche in einer der Würde des Gerichts nicht entsprechenden Weise erscheinen. Zu nicht öffentlichen Verhandlungen kann der Zutritt einzelnen Personen von dem Vorsitzenden gestattet werden.

Die den Landesgesetzen vorbehaltene Regelung des Verfahrens ist theils im Wege der Gesetzgebung, theils im Verwaltungswege erfolgt; vgl. §. 155. In letzterem Wege in Preußen Pr. Anw. 28.

Ist die erste Instanz kollegialisch eingerichtet, so muß nach Nr. 2 immer kollegialisch verhandelt werden, wenn Einwendungen angebracht sind. Sind keine Einwendungen angebracht, so wird zunächst nicht kollegialisch verhandelt; es hängt von dem Antrag des Unternehmers ab, ob die kollegialische Verhandlung noch nachträglich eintreten soll. Ob in dem Rekursverfahren auch neue Thatsachen und Einwendungen vorgebracht werden können, bestimmt die G.O. nicht. Pr. Anw. 47 schließt sie aus.

**22.** Die durch unbegründete Einwendungen erwachsenden Kosten fallen dem Widersprechenden, alle übrigen Kosten, welche durch das Verfahren entstehen, dem Unternehmer zur Last.

In den Bescheiden über die Zulässigkeit der neuen Anlage wird zugleich die Vertheilung der Kosten festgesetzt.

Den Landesgesetzen ist unbenommen, Gebühren für das Verfahren und die Entscheidung einzuführen.

**23.** Bei den Stauanlagen für Wassertriebwerke sind außer den Bestimmungen der §§. 17 bis 22 die dafür bestehenden landesgesetzlichen Vorschriften anzuwenden.

Der Landesgesetzgebung bleibt vorbehalten, für solche Orte, in welchen öffentliche Schlachthäuser in genügendem Umfange vorhanden sind oder errichtet werden, die fernere Benutzung bestehender und die Anlage neuer Privat-Schlächtereien zu untersagen.

Der Landesgesetzgebung bleibt ferner vorbehalten, zu verfügen, in wie weit durch Ortsstatuten darüber Bestimmung getroffen werden kann, daß einzelne Ortstheile vorzugsweise zu Anlagen der in §. 16 erwähnten Art zu bestimmen, in anderen Ortstheilen aber dergleichen Anlagen entweder gar nicht oder nur unter besonderen Beschränkungen zuzulassen sind.

Abs. 1 hat nach den Motiven die wegen Normirung des zulässigen Wasserstandes und ähnliche im Interesse der Vorfluth bestehende Vorschriften im Auge, greift nach der Fassung aber materiell weiter.

Zu Abs. 3 vgl. Sächs. Ges. v. 23. Juni 68. Der Abs. ist in Sachsen auch auf Dampfkessel-Anlagen angewendet, obwohl §. 16 dieser nicht erwähnt. Sächs. Verordn. 6. Juli 71 §. 30.

***24.** Zur Anlegung von Dampfkesseln, dieselben mögen zum Maschinentriebe bestimmt sein oder nicht, ist die Genehmigung der nach den Landesgesetzen zuständigen Behörde erforderlich. Dem Gesuche sind die zur Erläuterung erforderlichen Zeichnungen und Beschreibungen beizufügen.

Die Behörde hat die Zulässigkeit der Anlage nach den bestehenden bau-, feuer- und gesundheitspolizeilichen Vorschriften, sowie nach denjenigen allgemeinen polizeilichen Bestimmungen zu prüfen, welche von dem Bundesrathe über die Anlegung von Dampfkesseln erlassen werden. Sie hat nach dem Befunde die Genehmigung entweder zu versagen, oder unbedingt zu ertheilen, oder endlich bei Ertheilung derselben die erforderlichen Vorkehrungen und Einrichtungen vorzuschreiben.

Bevor der Kessel in Betrieb genommen wird, ist zu untersuchen, ob die Ausführung den Bestimmungen der ertheilten Genehmigung entspricht. Wer vor dem Empfange der hierüber auszufertigenden Bescheinigung den Betrieb beginnt, hat die im §. 147 angedrohte Strafe verwirkt.

Die vorstehenden Bestimmungen gelten auch für bewegliche Dampfkessel.

Für den Rekurs und das Verfahren über denselben gelten die Vorschriften der §§. 20 und 21.

Ein früherer Abs. 3 ist beseitigt gemäß Art. 16 des Ges. betr. Abänderung der G.O. 1. Juli 83 R.G.B. 159 bei der neuen Feststellung des Textes der G.O.

Die dem Bundesrath vorbehaltenen Bestimmungen in der Bekanntmachung des Reichskanzlers betr. die allgemeinen polizeilichen Bestimmungen über die Anlegung von Dampfkesseln v. 29. Mai 71 R.G.B. 122.

Unter welchen Voraussetzungen ein dampferzeugender Apparat als Dampfkessel anzusehen ist, bestimmt die G.O. nicht. Die Bekanntmachung v. 29. Mai 71 §. 18 schließt für gewisse Apparate die Anwendung ihrer Vorschriften aus, betrachtet sie demgemäß nicht als Dampfkessel. Vgl. für Bayern den Versuch einer Definition: Bayer. Verordn. 21. Jan. 72 § 1.

Dampfkessel auf den der deutschen Rhederei angehörenden Schiffen bedürfen der Genehmigung nach §. 24, soweit sie innerhalb Deutschen Gebietes betrieben werden.

Bewegliche Dampfkessel (Lokomobilen u. Lokomotiven) werden nicht für einen bestimmten Gebrauch oder Aufstellungsort konzessionirt. In diesen Beziehungen unterliegen sie auch nach der Genehmigung der polizeilichen Einwirkung, nach Maßgabe der Landesgesetze. Doch darf dann der Gebrauch oder die lokale Aufstellung nicht noch von einer vorgängigen Genehmigung abhängig gemacht werden; vgl. Pr. Anw. 4. Es ist danach zulässig, die in einem Bundesstaate genehmigten beweglichen Kessel in einem anderen Bundesstaate in Betrieb zu setzen. Die in Abs. 3 vorgeschriebene Untersuchung der beweglichen Kessel findet immer nur vor der ersten Inbetriebsetzung statt; vgl. Motive zu §. 24. In Betreff der Revision der Lokomotivkessel vgl. Bahnpolizei-Reglement für die Eisenbahnen Deutschlands §. 8 C.B. 75. 57 und Bahnordnung für deutsche Eisenbahnen untergeordneter Bedeutung §. 10 C.B. 80. 341.

Nach der Fassung des Abs. 3 hat nur die Entscheidung in der Rekursinstanz in einem formellen Verfahren zu erfolgen. In der Ausführung hat man indeß die §§. 20, 21 auf beide Instanzen angewendet; so namentlich Pr. Anw. 51.

Strafvorschrift in §. 147, 2.

**25.** Die Genehmigung zu einer der in den §§. 16 und 24 bezeichneten Anlagen bleibt so lange in Kraft, als keine Aenderung in der Lage oder Beschaffenheit der Betriebsstätte vorgenommen wird, und bedarf unter dieser Voraussetzung auch dann, wenn die Anlage an einen neuen Erwerber übergeht, einer Erneuerung nicht. Sobald aber eine Veränderung der Betriebsstätte vorgenommen wird, ist dazu die Genehmigung der zuständigen Behörde nach Maßgabe der §§. 17 bis 23 einschließlich, beziehungsweise des §. 24 nothwendig. Eine gleiche Genehmigung ist erforderlich bei wesentlichen Veränderungen in dem Betriebe einer der im §. 16 genannten Anlagen. Die zuständige Behörde kann jedoch auf Antrag des Unternehmers von der Bekanntmachung (§. 17) Abstand nehmen, wenn sie die Ueberzeugung gewinnt, daß die beabsichtigte Veränderung für die Besitzer oder Bewohner benachbarter Grundstücke oder das Publikum überhaupt neue oder größere Nachtheile, Gefahren oder Belästigungen, als mit der vorhandenen Anlage verbunden sind, nicht herbeiführen werde.

Diese Bestimmungen finden auch auf gewerbliche Anlagen (§§. 16 und 24) Anwendung, welche bereits vor Erlaß dieses Gesetzes bestanden haben.

Strafvorschriften in §. 147, 2, die jedoch in der Fassung nicht genau entsprechen; §. 25 wird aus §. 147, 2 einschränkend zu interpretiren sein.

Der Betrieb der Dampfkessel unterliegt fast allerwärts noch landesgesetzlichen Einschränkungen; vgl. Preuß. Ges. 3. Mai 72 und Ausführungsverordn. 24. Juni 72, Bayer. Verordn. 21. Jan. 72, Sächs. Verordn. 6. Juli 71. Der Betrieb der Lokomotivkessel unterliegt auch reichsrechtlich Beschränkungen; vgl. Bahnpolizei-Reglement für die Eisenbahnen Deutschlands C.B. 75. 57 und Bahnordnung für deutsche Eisenbahnen untergeordneter Bedeutung C.B. 80. 341.

**26.** Soweit die bestehenden Rechte zur Abwehr benachtheiligender Einwirkungen, welche von einem Grundstücke aus auf ein benachbartes Grundstück geübt werden, dem Eigenthümer oder Besitzer des letzteren eine Privatklage gewähren, kann diese Klage einer mit obrigkeitlicher Genehmigung errichteten gewerblichen Anlage gegenüber niemals auf Einstellung des Gewerbebetriebes, sondern nur auf Herstellung von Einrichtungen, welche die benachtheiligende Einwirkung ausschließen, oder, wo solche Einrichtungen unthunlich oder mit einem gehörigen Betriebe des Gewerbes unvereinbar sind, auf Schadloshaltung gerichtet werden.

Vgl. O.T. 7. Juni 52. §. 26 muß auch für die nach früherer Landesgesetzgebung mit obrigkeitlicher Genehmigung errichteten Anlagen Platz greifen, hat also in den einzelnen Staaten vorläufig eine verschiedene Tragweite. Auf die in §. 27 erwähnten Anlagen findet er nicht Anwendung.

**27.** Die Errichtung oder Verlegung solcher Anlagen, deren Betrieb mit ungewöhnlichem Geräusch verbunden ist, muß, sofern sie nicht schon nach den Vorschriften der §§. 16 bis 25 der Genehmigung bedarf, der Ortspolizeibehörde angezeigt werden. Letztere hat, wenn in der Nähe der gewählten Betriebsstätte Kirchen, Schulen oder andere öffentliche Gebäude, Krankenhäuser oder Heilanstalten vorhanden sind, deren bestimmungsmäßige Benutzung durch den Gewerbebetrieb auf dieser Stelle eine erhebliche Störung erleiden würde, die Entscheidung der höheren Verwaltungsbehörde darüber einzuholen, ob die Ausübung des Gewerbes an der gewählten Betriebsstätte zu untersagen oder nur unter Bedingungen zu gestatten sei.

Die Krankenhäuser oder Heilanstalten brauchen nicht öffentlich zu sein. Die Entscheidung ist nicht an das §§. 20. 21 vorgeschriebene Verfahren gebunden und kann in dem landesgesetzlich für Beschwerden bestehenden Instanzenzuge angefochten werden. Ein besonderes Verfahren vorgeschrieben in Bayer. Verordn. 4. Dez. 72 §. 6.

Die Untersagung ist eine einfache Verfügung, an irgend welche Formen dieses Gesetzes nicht gebunden.

Nichtbeachtung der Untersagung ist nicht unter Strafe gestellt, polizeiliche Exekution gegen den Unternehmer zulässig.

**28.** Die höheren Verwaltungsbehörden sind befugt,

über die Entfernung, welche bei Errichtung von durch Wind bewegten Triebwerken von benachbarten fremden Grundstücken und von öffentlichen Wegen inne zu halten ist, durch Polizeiverordnungen Bestimmung zu treffen.

### 2. Gewerbetreibende, welche einer besonderen Genehmigung bedürfen.

*29. Einer Approbation, welche auf Grund eines Nachweises der Befähigung ertheilt wird, bedürfen Apotheker und diejenigen Personen, welche sich als Aerzte (Wundärzte, Augenärzte, Geburtshelfer, Zahnärzte und Thierärzte) oder mit gleichbedeutenden Titeln bezeichnen oder seitens des Staates oder einer Gemeinde als solche anerkannt oder mit amtlichen Funktionen betraut werden sollen. Es darf die Approbation jedoch von der vorherigen akademischen Doktorpromotion nicht abhängig gemacht werden.

Der Bundesrath bezeichnet, mit Rücksicht auf das vorhandene Bedürfniß, in verschiedenen Theilen des Reichs die Behörden, welche für das ganze Reich gültige Approbationen zu ertheilen befugt sind, und erläßt die Vorschriften über den Nachweis der Befähigung. Die Namen der Approbirten werden von der Behörde, welche die Approbation ertheilt, in den vom Bundesrathe zu bestimmenden amtlichen Blättern veröffentlicht.

Personen, welche eine solche Approbation erlangt haben, sind innerhalb des Reichs in der Wahl des Ortes, wo sie ihr Gewerbe betreiben wollen, vorbehaltlich der Bestimmungen über die Errichtung und Verlegung von Apotheken (§. 6), nicht beschränkt.

Dem Bundesrathe bleibt vorbehalten, zu bestimmen, unter welchen Voraussetzungen Personen wegen wissenschaftlich erprobter Leistungen von der vorgeschriebenen Prüfung ausnahmsweise zu entbinden sind.

Personen, welche vor Verkündigung dieses Gesetzes in einem Bundesstaate die Berechtigung zum Gewerbebetriebe als Aerzte, Wundärzte, Zahnärzte, Geburtshelfer, Apotheker oder Thierärzte bereits erlangt haben, gelten als für das ganze Reich approbirt.

Fassung beruht auf Ges. betr. Abänderung der G.O. 1. Juli 83 Art. 16 R.G.B. 159. §. 29 gilt auch in Elsaß-Lothringen; Ges. betr. die Einführung des §. 29 der G.O. in Elsaß-Lothringen 15. Juli 72 R.G.B. 350.

Vgl. wegen des Verfahrens bei Ertheilung oder Entziehung der Approbation §§. 40. 53 f. Wer die Thätigkeit eines Arztes ausübt, ohne sich Arzt zu nennen, bedarf keiner Approbation; eine reichsgesetzliche Beschränkung im Impfgesetz 8. April 74 §. 8 R.G.B. 31. Reichsgesetzliche Funktionen der Thierärzte und Beschränkungen in der Heilpraxis für solche, welche nicht Thierärzte sind, vgl. in Instr. 26. Mai 69 und 9. Juni 73 zu dem Ges. Maßregeln gegen die Rinderpest betr. 7. April 69 B.G.B. 69, 149 und 73, 147, ferner in Ges. betr. die Abwehr und Unterdrückung von Viehseuchen 23. Juni 80 §§. 32. 52 R.G.B. 153.

„Geburtshelfer" begreift nicht Hebammen. O.H.G. 24. April 74. Als „gleichbedeutende Titel" im Sinne des Gesetzes erscheint auch „Homöopath". O.T. 19. Okt. 71.

Ausländer haben die Approbation ebensowohl wie Inländer zu beanspruchen; aber nur auf Grund deutscher Zeugnisse. Pr. Min. 20. Dez. 72. Eine Ausnahme gilt in einigen Grenzgebieten; Uebereinkunft mit Belgien 7. Febr. 73 R.G.B. 55, mit den Niederlanden 11. Dez. 73 R.G.B. 74,99, mit Oesterreich 30. Sept. 82 R.G.B. 83, 39

— sämmtlich nachträglich durch Beschluß des Reichstags 4. April 83 genehmigt, R.T.B. 1619. Die jenseitigen Aerzte und Wundärzte, für Belgien und Oesterreich auch Thierärzte, sind danach ohne Weiteres als solche in den diesseitigen Grenzgemeinden aufzutreten befugt. Ueber die Zulassung ausländischer Apothekergehülfen vgl. Pr. Min. 18. Jan. 77.

Die im Abs. 2 dem Bundesrath vorbehaltenen Bestimmungen in der Bekanntmachung des Bundeskanzlers betr. die Prüfung der Aerzte, Zahnärzte, Thierärzte u. Apotheker 25. Sept. 69 B.G B. 635. Soweit diese Bekanntmachung die Prüfung der Apotheker regelte, ist sie beseitigt durch Bekanntmachung des Reichskanzlers betr. die Prüfung der Apotheker 5. März 75 C.B. 167 und über die Prüfung der Apothekergehülfen 13. Nov. 75 C.B. 761; dazu die Aenderungen in den Bekanntmachungen vom 4. Febr. u. 25. Dez. 79 C.B. 91. 850. In Ansehung der Thierärzte ist sie beseitigt durch Bekanntmachung des Reichskanzlers betr. die Prüfung der Thierärzte 27. März 78 C.B. 160. In Ansehung der Aerzte endlich durch Bekanntmachung des Reichskanzlers betr. die ärztliche Prüfung 2. Juni 83 C.B. 191 sowie betr. die ärztliche Vorprüfung 2. Juni 83 C.B. 198. Nur für Zahnärzte ist es bei den älteren Vorschriften geblieben.

Die im Abs. 4 vorbehaltenen Bestimmungen enthält die Bekanntmachung des Bundeskanzlers betr. die Entbindung von den in §. 29 der G.O. vorgeschriebenen ärztlichen Prüfungen 9. Dez. 69 B.G.B. 687.

Die am Schluß von Abs. 2 vorgeschriebene Bekanntmachung erfolgt nach Beschluß des Bundesraths durch den deutschen Reichsanzeiger und die Centralorgane für die amtlichen Bekanntmachungen der zur Ertheilung der Approbation in einzelnen Bundesstaaten befugten Ministerien.

Der in Abs. 5 gebrauchte Ausdruck „Berechtigung" ist gleichbedeutend mit Approbation. O.T. 12. Okt. 70.

Die G.O. schließt nicht aus, daß landesrechtlich auch von anderen als den von ihr genannten Medizinalpersonen Approbation gefordert werde, sie hat die Heilkunde nur für gewisse Medizinalpersonen höherer Art frei gegeben. R.G. 8. Mai 82; vgl. Strf.G. §§. 277 ff.

Wer vor Erlaß der G.O. in Preußen als Wundarzt I. Kl. approbirt und zur ärztlichen Praxis bedingt zugelassen ist, darf sich jetzt praktischer Arzt nennen und die volle ärztliche Praxis ausüben; Pr. Min. 24. Febr. 72. O.T. 30. Nov. 70. Die frühere landesrechtliche Befugniß, sich beliebig Thierarzt zu nennen, rechtfertigt dagegen die Fortführung dieses Titels nicht. O.T. 12. Okt. 70. Die in Elsaß-Lothringen früher übliche Ertheilung von Certifikaten an Herboristen ist beseitigt; Ges. betr. die Einführung des §. 29 der G.O. in Elsaß-Lothringen 15. Juli 72 §. 5 R.G.B. 350.

Strafbestimmung in §. 147, 1. 3. Wegen der Verpflichtung zur ärztlichen Hülfe vgl. §. 144 Abs. 2. Stf.G. § 367, 3. 5 bezieht sich auf den Betrieb des Gewerbes.

***30.** Unternehmer von Privat-Kranken-, Privat-Entbindungs- und Privat-Irrenanstalten bedürfen einer Konzession der höheren Verwaltungsbehörde. Die Konzession ist nur dann zu versagen:

a) wenn Thatsachen vorliegen, welche die Unzuverlässigkeit des Unternehmers in Beziehung auf die Leitung oder Verwaltung der Anstalt darthun,

b) wenn nach den von dem Unternehmer einzureichenden Beschreibungen und Plänen die baulichen und die sonstigen technischen Einrichtungen der Anstalt den gesundheitspolizeilichen Anforderungen nicht entsprechen.

Hebammen bedürfen eines Prüfungszeugnisses der nach den Landesgesetzen zuständigen Behörde.

Fassung des Abs. 1 beruht auf dem Ges. betr. die Abänderung einiger Bestimmungen der G.O. 23. Juli 79 Art. 2 R.G.B. 267. Vgl. wegen des Verfahrens bei Ertheilung oder Entziehung der Konzessionen §§. 40. 53 f. Gegen ein ohne Konzession betriebenes Gewerbe des Abs. 1 kann nach §. 15 eingeschritten werden, außerdem ist die Strafe des §. 147, 1 anwendbar. Soll auch auf das

Gewerbe des Abs. 3 anwendbar sein: O.T. 9. Jan. 71. O.V. 24. April 78. Vgl. Pr. Anw. 26.

Die Konzession nach Abs. 1 berechtigt die Inhaber nur zum Betrieb der einzelnen Anstalt, für welche sie bei der Konzessionirung als „Unternehmer" aufgetreten sind. Vgl. Allgemeine Motive zu Tit. II, 2.

„Unzuverlässigkeit" begreift auch den Mangel solcher Eigenschaften, von welchen eine sachgemäße Leitung und Verwaltung der Anstalten abhängt, also auch den Mangel gewisser Eigenschaften des Charakters; O.V. 12. Mai 80.

Unter welchen Bedingungen Hebammen auf das Prüfungs-Zeugniß Anspruch haben, wird durch die Landesgesetze bestimmt. Das Zeugniß hat, ebenso wie die nach Abs. 1 ertheilte Konzession, nur in dem Bezirke Geltung, für welchen es ausgestellt ist; die im §. 29 statuirte Freizügigkeit ist für den §. 30 nicht ausgesprochen. So Bad. Verordn. 26. Dez. 71 §. 12; entgegengesetzt indeß Pr. Min. 2. Juni 70 §. 1, wo dem in einem Staate ausgestellten Zeugniß für das ganze Gebiet der G.O. Gültigkeit beigelegt wird.

Hebammen, die in belgischen, niederländischen oder österreichischen Grenzgemeinden wohnen, dürfen in deutschen Grenzgemeinden ohne Zeugniß ihren Beruf üben auf Grund der auch für Aerzte abgeschlossenen Vereinbarungen; vgl. zu § 29.

Durch die amtliche Bestellung von Hebammen für gewisse Bezirke wird den übrigen die Freizügigkeit nicht beschränkt.

***30a.** Der Betrieb des Hufbeschlaggewerbes kann durch die Landesgesetzgebung von der Beibringung eines Prüfungszeugnisses abhängig gemacht werden. Das ertheilte Prüfungszeugniß gilt für den ganzen Umfang des Reichs.

Beruht auf Art. 3 des Ges. betr. Abänderung der G.O. 1. Juli 83 R.G.B. 159. Wo landesgesetzliche Bestimmungen nicht bestehn, ist das Gewerbe frei; nach dem Schlußsatz gelten Prüfungszeugnisse des einen Bundesstaates auch in solchen anderen Bundesstaaten, in welchen noch strengere Prüfungsanforderungen bestehen.

***31**. Seeschiffer, Seesteuerleute, Maschinisten der Seedampfschiffe und Lootsen müssen sich über den Besitz der erforderlichen Kenntnisse durch ein Befähigungszeugniß der zuständigen Verwaltungsbehörde ausweisen.

Der Bundesrath erläßt die Vorschriften über den Nachweis der Befähigung. Die auf Grund dieses Nachweises ertheilten Zeugnisse gelten für das ganze Reich bei Lootsen für das im Zeugniß angeführte Fahrwasser.

Soweit in Betreff der Schiffer und Lootsen auf Strömen in Folge von Staatsverträgen besondere Anordnungen getroffen sind, behält es dabei sein Bewenden.

Abs. 1 hat gemäß Art. 16 des Ges. betr. Abänderung der G.O. 1. Juli 83 R.G.B. 159 bei der neuen Feststellung des Textes der G.O. die jetzige, Schiffsmaschinisten mitbegreifende Fassung erhalten. Dadurch ist das Ges. betr. den Gewerbebetrieb der Maschinisten auf Seedampfschiffen 11. Juni 78 R.G.B. 109, soweit es auf die G.O. Bezug nimmt, gegenstandlos geworden.

Die dem Bundesrath vorbehaltenen Vorschriften sind enthalten in den beiden Bekanntmachungen des Bundeskanzlers betr. die Prüfung der Seeschiffer und Seesteuerleute auf deutschen Kauffahrteischiffen 25. Sept. 69 B.G.B. 660 und 30. Mai 70 B.G.B. 314, sowie in der Bekanntmachung des Reichskanzlers betr. die Prüfung der Maschinisten auf Seedampfschiffen der deutschen Handelsflotte 30. Juni 79 C.B. 427. Dazu die Bekanntmachung des Reichskanzlers betr. die Zulassung ehemaliger Offiziere 2c. der Kaiserlichen Marine als Seeschiffer und Seesteuerleute auf deutschen Kauffahrteischiffen 21. Dez. 74 C.B. 75. 51. In Betreff der Lootsen hat der Bundesrath bisher nichts verordnet; daher bewendet es für sie vorläufig bei den Landesgesetzen; Pr. Anw. 7.

Vertragsmäßige Normen über das Schiffer- und Lootsenwesen enthalten für den Rhein und dessen Nebenflüsse Rev. Rhein-Schifffahrts=Akte 17. Okt. 68 Art. 15. 16—21. 26; dazu vgl. Pr. Ausführ. Ges. v. 17. März 70 §§. 1—3. 5. 8. 9; für die Weser Weser=Schiff=fahrts=Akte 10. Sept. 23 §. 4 Additional=Akte dazu 3. Juli 57 Art. III. VI. VII.; für die Elbe Addit.=Akte zur Elbschifffahrts=Akte 13. April 44 §§. 9. 12—17; für die Donau Donau=Schifffahrts=Akte 7. Nov. 57 Art. 16, 35; für den Bodensee Schifffahrtsordnung 22. Sept. 67 Art. 10. Schiffer auf nicht konventionellen Strömen unterliegen keiner Prüfung oder Konzessionirung; in Betreff der Lootsen §. 34.

Die G.O. enthält für den Gewerbebetrieb der Schiffer, Steuerleute und Lootsen ohne Befähigungszeugniß und entgegen der polizeilichen Untersagung keine Strafbestimmungen; vgl. §§. 147, 1. 148, 4. Den Landesgesetzen ist die Ausfüllung dieser Lücke überlassen. Ertheilung und Entziehung des Befähigungszeugnisses sind durch die G.O. ebenfalls nicht geregelt; vgl. §§. 40. 53 und Pr. Anw. 26. Durch Spruch des Seeamtes kann die Befugniß zur Ausübung des Gewerbes den Schiffern und Steuerleuten entzogen werden, Ges. betr. die Untersuchung von Seeunfällen 27. Juli 77 R.G.B. 549. Nach Jahresfrist kann die Befugniß zurückgegeben werden: ebenda §. 34. Gleiches gilt, nach dem erwähnten Ges. 11. Juni 78, für Maschinisten auf Seedampfschiffen.

***32.** Schauspielunternehmer bedürfen zum Betriebe ihres Gewerbes der Erlaubniß. Dieselbe ist zu versagen, wenn die Behörde auf Grund von Thatsachen die Ueberzeugung gewinnt, daß der Nachsuchende die zu dem beabsichtigten Gewerbebetriebe erforderliche Zuverlässigkeit, insbesondere in sittlicher, artistischer und finanzieller Hinsicht nicht besitzt.

Fassung beruht auf dem Ges. betr. die Abänderung des §. 32 der G.O. 15. Juli 80 R.G.B. 179. Die Bestimmung der Behörde, welche die Erlaubniß zu ertheilen hat, ist Sache des Landesrechts.

Die Erlaubniß ist persönlicher Natur und nicht bedingt durch die Beschaffenheit der projektirten Anlage (§. 53), sie berechtigt nur zum Gewerbebetrieb im Bezirk der ertheilenden Behörde; vgl. die

Motive zu Tit. II. 2, ferner die §§. 30, 49, auch Sächs. Anw. §. 20. Dagegen Bad. Verordn. 26. Dez. 71 §. 13. Vgl. Pr. Min. 24. Nov. 71.

Auch der Mangel ausreichender Mittel kann die Versagung rechtfertigen. Ebenso kann der Betrieb auf bestimmte Arten theatralischer Darstellungen beschränkt werden. Vgl. noch §§. 33a. 33b.

Strafvorschrift in §. 147, 2. Wegen des Verfahrens bei Ertheilung oder Entziehung der Erlaubniß §§. 40. 53 f.

*33. Wer Gastwirthschaft, Schankwirthschaft oder Kleinhandel mit Branntwein oder Spiritus betreiben will, bedarf dazu der Erlaubniß.

Diese Erlaubniß ist nur dann zu versagen:

1. wenn gegen den Nachsuchenden Thatsachen vorliegen, welche die Annahme rechtfertigen, daß er das Gewerbe zur Förderung der Völlerei, des verbotenen Spiels, der Hehlerei oder der Unsittlichkeit mißbrauchen werde;
2. wenn das zum Betriebe des Gewerbes bestimmte Lokal wegen seiner Beschaffenheit oder Lage den polizeilichen Anforderungen nicht genügt.

Die Landesregierungen sind befugt, außerdem zu bestimmen, daß

a) die Erlaubniß zum Ausschänken von Branntwein oder zum Kleinhandel mit Branntwein oder Spiritus allgemein,
b) die Erlaubniß zum Betriebe der Gastwirthschaft oder zum Ausschänken von Wein, Bier oder anderen, nicht unter a fallenden, geistigen Getränken in Ortschaften mit weniger als 15 000 Einwohnern, sowie in solchen Ortschaften mit einer größeren Einwohnerzahl, für welche dies durch

Ortsstatut (§. 142) festgesetzt wird, von dem Nachweis eines vorhandenen Bedürfnisses abhängig sein solle.

Vor Ertheilung der Erlaubniß ist die Ortspolizei- und die Gemeindebehörde gutachtlich zu hören.

Fassung des Abs. 3 beruht auf dem Ges. betr. die Abänderung einiger Bestimmungen der G.O. 23. Juli 79 Art. 3 R.G.B. 267.

In Elsaß-Lothringen eingeführt, soweit auf den Kleinhandel mit Branntwein oder Spiritus bezüglich, durch Ges. betr. den Kleinhandel mit Branntwein oder Spiritus 16. Mai 77 §. 1 G.B.E.L. 20. Jedoch ist, in Abänderung des §. 33 Abs. 3, der Nachweis des Bedürfnisses gesetzlich verlangt. Im Uebrigen bedürfen in Elsaß-Lothringen nach Landesgesetz — Dekret 29. Dez. 51 — Schankwirthschaften jeder Art einer Erlaubniß, die nur nach Maßgabe des Bedürfnisses ertheilt wird; vgl. Motive zu dem Entwurf des Ges. 16. Mai 77 R.T.D. 83.

Für Bayern gilt eine Ausnahme. Der Ausschank der selbst erzeugten Getränke ist dort, soweit dies früher der Fall war, auch ferner von polizeilicher Erlaubniß nicht abhängig. Ges. betr. die Einführung der G.O. u. s. w. 12. Juni 72 §. 1 R.G.B. 170 und Ges. betr. die Abänderung einiger Bestimmungen der G.O. 23. Juli 79 Art. 3 R.G.B. 267. Die Vorschrift ist durch das Ges. betr. Abänderung der G.O. 1. Juli 83. R.G.B. 159 nicht berührt; Kommiss. Ber.

Die Erlaubniß kann auf einzelne Getränke beschränkt werden. O.B. 27. März 78.

Unter die Schankwirthschaft fällt auch das Verabreichen von Kaffee, Thee, Mineralwasser u. dgl., überhaupt das Verabreichen jeder Art von geistigen oder nicht geistigen Getränken. O.B. 4. Juli 77.

Was unter Gastwirthschaft zu verstehen, bestimmt die G.O. nicht; bloße Speisewirthschaften (Garküchen) sind nicht darunter begriffen; Pr. Anw. 12. Näheres in Bad. Verordn. 26. Dez. 71 §. 17.

Auch der Begriff des Kleinhandels ist nicht gesetzlich, aber für einzelne Staaten im Verwaltungswege bestimmt; so Pr. Min. 20. Nov. 81. In Elsaß-Lothringen ist er gesetzlich definirt; Ges. betr. den Kleinhandel 16. Mai 77 §. 1 G.B.E.L. 20.

„Branntwein" begreift auch Liköre und ähnliche spiritushaltige Getränke; der Schank und Kleinhandel ist auch in Apotheken, Konditoreien und sonstigen Verkaufsgeschäften von der Erlaubniß abhängig; vgl. Motive zu dem Ges. betr. die Abänderung einiger Bestimmungen der G.O. 23. Juli 79.

Strafvorschrift in §. 147, 1. In Betreff des Verfahrens bei Ertheilung und Entziehung der Erlaubniß §§. 40, 53 f. Unter gewissen Voraussetzungen kann der Betrieb untersagt werden. Ges. gegen die gemeingefährlichen Bestrebungen der Sozialdemokratie 21. Okt. 78 §. 23 R.G.B. 351.

Ueber „Landesregierung" vgl. zu §. 155. Die Erlaubniß wird durch die nach Landesrecht zuständige Behörde ertheilt; Abs. 3 setzt voraus, daß dies nicht die Gemeinde- oder Ortspolizeibehörde ist.

Der Betrieb der Wirthschaft unterliegt der polizeilichen Regelung. Daher ist zulässig die Beschränkung durch Polizeistunde, vgl. Stf.G. §. 365 O.V. 21. März 77. Vgl. auch §§. 33a—33c.

***33a.** Wer gewerbsmäßig Singspiele, Gesangs- und deklamatorische Vorträge, Schaustellungen von Personen oder theatralische Vorstellungen, ohne daß ein höheres Interesse der Kunst oder Wissenschaft dabei obwaltet, in seinen Wirthschafts- oder sonstigen Räumen öffentlich veranstalten oder zu deren öffentlicher Veranstaltung seine Räume benutzen lassen will, bedarf zum Betriebe dieses Gewerbes der Erlaubniß ohne Rücksicht auf die etwa bereits erwirkte Erlaubniß zum Betriebe des Gewerbes als Schauspielunternehmer.

Die Erlaubniß ist nur dann zu versagen:

1. wenn gegen den Nachsuchenden Thatsachen vorliegen, welche die Annahme rechtfertigen, daß die

beabsichtigten Veranstaltungen den Gesetzen oder guten Sitten zuwiderlaufen werden;

2. wenn das zum Betriebe des Gewerbes bestimmte Lokal wegen seiner Beschaffenheit oder Lage den polizeilichen Anforderungen nicht genügt;
3. wenn der den Verhältnissen des Gemeindebezirks entsprechenden Anzahl von Personen die Erlaubniß bereits ertheilt ist.

Aus den unter Ziffer 1 angeführten Gründen kann die Erlaubniß zurückgenommen und Personen, welche vor dem Inkrafttreten dieses Gesetzes den Gewerbebetrieb begonnen haben, derselbe untersagt werden.

Beruht auf dem Ges. betr. Abänderung des G.O. 1. Juli 83. R.G.B. 159.

Richtet sich insbesondere gegen die Tingeltangel. Gelegentliche Gestattung einer Musikaufführung u. s. w. seitens eines Gastwirths u. s. w. unterliegt der Bestimmung nach den Motiven nicht. Die Bezeichnung der Behörde, welche die Erlaubniß ertheilt, ist Sache des Landesrechts. Die Erlaubniß darf nicht auf Zeit, auch nicht unter Bedingungen ertheilt werden; vgl. §. 40 Abs. 1 und Kommiss. Ber.

Ebenso wenig wie die Erlaubniß zu Schauspielunternehmungen (§. 32) genügt die zum Wirthschaftsbetrieb (§. 33) für dies Gewerbe. Vorstellungen eines Schauspielunternehmers in einer Wirthschaft setzen somit vier Konzessionen voraus.

Strafvorschrift in §. 147, 1. In Betreff des Verfahrens bei Ertheilung und Entziehung der Erlaubniß oder bei der Untersagung §§. 40. 53 f.

***33 b.** Wer gewerbsmäßig Musikaufführungen, Schaustellungen, theatralische Vorstellungen oder sonstige Lustbarkeiten, ohne daß ein höheres Interesse der Kunst oder Wissenschaft dabei obwaltet, von Haus zu Haus oder auf öffentlichen Wegen, Straßen, Plätzen darbieten will, bedarf der vorgängigen Erlaubniß der Ortspolizeibehörde.

Beruht auf dem Ges. betr. Abänderung der G.O. 1. Juli 83. R.G.B. 159, war indeß, abgesehen von der näheren Bestimmung der zuständigen Behörde, schon nach §§. 42. 59 der früheren Fassung des Gesetzes geltendes Recht.

Ueber den entsprechenden Gewerbebetrieb im Umherziehen vgl. §§. 55, 4. 60 a.

Strafvorschrift in §. 148, 5. Inwieweit die Entschließung der Ortspolizeibehörde an ein bestimmtes Verfahren gebunden oder anfechtbar ist, bestimmt sich nach dem Landesrecht; vgl. Kommiss. Ber.

***33 c.** Die Abhaltung von Tanzlustbarkeiten richtet sich nach den landesrechtlichen Bestimmungen.

Beruht auf dem Ges. betr. Abänderung der G.O. 1. Juli 83. R.G.B. 159. Die Bestimmung soll nur sagen, daß die Tanzlustbarkeiten nicht unter die Lustbarkeiten des § 33 b fallen; vgl. Kommiss. Ber.

***34.** Wer das Geschäft eines Pfandleihers betreiben will, bedarf dazu der Erlaubniß. Diese ist zu versagen, wenn Thatsachen vorliegen, welche die Unzuverlässigkeit des Nachsuchenden in Bezug auf den beabsichtigten Gewerbebetrieb darthun. Die Landesregierungen sind befugt, außerdem zu bestimmen, daß in Ortschaften, für welche dies durch Ortsstatut (§. 142) festgesetzt wird, die Erlaubniß von dem Nachweis eines vorhandenen Bedürfnisses abhängig sein solle.

Als Pfandleihgewerbe gilt auch der gewerbsmäßige Ankauf beweglicher Sachen mit Gewährung des Rückkaufsrechts.

Die Landesgesetze können vorschreiben, daß zum Handel mit Giften und zum Betriebe des Lootsen=

gewerbes besondere Genehmigung erforderlich ist, imgleichen, daß das Gewerbe der Markscheider nur von Personen betrieben werden darf, welche als solche geprüft und konzessionirt sind.

Fassung beruht auf dem Ges. betr. die Abänderung einiger Bestimmungen der G.O. 23. Juli 79 Art. 4 R.G.B. 267. Der Betrieb selbst der in Abs. 1 und 2 bezeichneten Gewerbe ist geregelt durch §. 38 Abs. 1. Eine spätere Ergänzung in §. 53 Abs. 3.

Strafvorschrift für Abs. 1 u. 2 in §. 147, 1. In Betreff des Verfahrens bei Ertheilung und Entziehung der Erlaubniß §§. 40. 53 f. Für Abs. 3 gelten, wo die besondere Genehmigung besteht, die gleichen Bestimmungen: vgl. außerdem Stf.G. §. 367, 3.

Ueber „Landesregierung" vgl. §. 155. Die Erlaubniß und besondere Genehmigung werden durch die nach Landesrecht zuständigen Behörden ertheilt.

In Betreff der Markscheider vgl. das fast allerwärts übernommene Pr. Allgem. Berggesetz 24. Juni 65 §. 190, wonach es für diese der Konzession auf Grund vorangegangener Prüfung bedarf.

In Betreff der Lootsen vgl. §. 31.

***35.** Die Ertheilung von Tanz-, Turn- und Schwimmunterricht als Gewerbe, sowie der Betrieb von Badeanstalten ist zu untersagen, wenn Thatsachen vorliegen, welche die Unzuverlässigkeit des Gewerbetreibenden in Bezug auf diesen Gewerbebetrieb darthun.

Unter derselben Voraussetzung sind zu untersagen: der Trödelhandel (Handel mit gebrauchten Kleidern, gebrauchten Betten oder gebrauchter Wäsche, Kleinhandel mit altem Metallgeräth, mit Metallbruch oder dergleichen), sowie der Kleinhandel mit Garnabfällen oder Dräumen von Seide, Wolle, Baumwolle oder Leinen, und der Handel mit Dynamit oder anderen Sprengstoffen.

Dasselbe gilt von der gewerbsmäßigen Besorgung fremder Rechtsangelegenheiten und bei Behörden wahrzunehmender Geschäfte, insbesondere der Abfassung der darauf bezüglichen schriftlichen Aufsätze, von dem Geschäfte der gewerbsmäßigen Vermittelungsagenten für Immobiliarverträge, Darlehen und Heirathen, von dem Geschäfte eines Gesindevermiethers und eines Stellenvermittlers, sowie vom Geschäfte eines Auktionators. Denjenigen, welche gewerbsmäßig das Geschäft eines Auktionators betreiben, ist es verboten, Immobilien zu versteigern, wenn sie nicht von den dazu befugten Staats- oder Kommunalbehörden oder Korporationen als solche angestellt sind (§. 36).

Personen, welche die in diesem Paragraphen bezeichneten Gewerbe beginnen, haben bei Eröffnung ihres Gewerbebetriebes der zuständigen Behörde hiervon Anzeige zu machen.

Beruht auf dem Ges. betr. Abänderung der G.O. 1. Juli 83 R.G.B. 159, nachdem schon das Ges. betr. die Abänderung einiger Bestimmungen der G.O. 23. Juli 79 Art. 4 R.G.B. 267 geändert hatte.

Schießpulver fällt nach den Motiven nicht unter die Sprengstoffe des Abs. 2.

Unter Abs. 3 fallen auch die Patentagenten, nicht aber die nach Landesgesetz zur Vornahme freiwilliger Versteigerungen ermächtigten Gerichtsvollzieher; Motive.

Vgl. wegen des Betriebes der in Abs. 2 und 3 bezeichneten Gewerbe §. 38 Abs. 2.

Die Anzeige nach Abs. 4 geht neben der Anzeige nach § 14 her.

Strafvorschrift in §. 148, 4. Verletzungen des Schlußsatzes von Abs. 3 sollen nach den Motiven der Strafvorschrift in § 147, 1 unterliegen. Das Verfahren für die Untersagung regelt §. 54, für den Rekurs §. 40 Abs. 2.

**36.** Das Gewerbe der Feldmesser, Auktionatoren, derjenigen, welche den Feingehalt edler Metalle oder die Beschaffenheit, Menge oder richtige Verpackung von Waaren irgend einer Art feststellen, der Güterbestätiger, Schaffner, Wäger, Messer, Bracker, Schauer, Stauer u. s. w. darf zwar frei betrieben werden, es bleiben jedoch die verfassungsmäßig dazu befugten Staats- oder Kommunalbehörden oder Korporationen auch ferner berechtigt, Personen, welche diese Gewerbe betreiben wollen, auf die Beobachtung der bestehenden Vorschriften zu beeidigen und öffentlich anzustellen.

Die Bestimmungen der Gesetze, welche den Handlungen der genannten Gewerbetreibenden eine besondere Glaubwürdigkeit beilegen oder an diese Handlungen besondere rechtliche Wirkungen knüpfen, sind nur auf die von den verfassungsmäßig dazu befugten Staats- oder Kommunalbehörden oder Korporationen angestellten Personen zu beziehen.

Abs. 1 ist betreffs der Auktionatoren beschränkt durch §. 35 Abs. 3. Nicht alle gemäß dieser Bestimmung angestellten Gewerbetreibenden erhalten dadurch den Charakter als Beamte, R.G. 20. Sept. 81.

Vgl. §. 78 u. Stf.G. §. 266, 3, wo nur von den durch Staats- oder Gemeindebehörden, nicht von den durch Korporationen bestellten Gewerbetreibenden die Rede ist.

Die Bestallungen dürfen auf Zeit und widerruflich erfolgen, vgl. §. 40; andernfalls ist deren Entziehung nur in formellem Verfahren thunlich, §§. 53. 54.

Unter §. 36 fallen auch die Fleischbeschauer Pr. Min. 6. April 77.

Wegen der Mäkler vgl. H.G.B. Art. 66, B.G.B. 69. 379 und für Preußen Einf.Ges. 24. Juni 61 Art. 9.

**37.** Der Regelung durch die Ortspolizeibehörde unterliegt die Unterhaltung des öffentlichen Verkehrs innerhalb der Orte durch Wagen aller Art, Gondeln, Sänften, Pferde und andere Transportmittel, sowie das Gewerbe derjenigen Personen, welche auf öffentlichen Straßen oder Plätzen ihre Dienste anbieten.

In Preußen rechnet die Praxis auch Pferde-Eisenbahnen hieher Pr. Min. 14. Juni 72.

Die Art der polizeilichen Anordnungen ist nicht beschränkt; sie können sich nicht nur auf die Ausübung dieser Gewerbe, sondern auch auf die Zulassung dazu durch Prüfung und Konzession beziehen; Pr. Anw. 14. Die früheren polizeilichen Verordnungen sind sonach als durch das Gesetz aufgehoben nicht anzusehen, Pr. Min. 19. März 73, und es kann auch hier die Versagung der Genehmigung und deren spätere Entziehung eintreten. Die Fassung der §§. 40. 53 entspricht dem allerdings nicht, da sie für die Fälle des §. 37 lediglich die Untersagung des Gewerbebetriebes berühren. Vgl. Bayer. Verordn. 4. Dez. 72 §. 13 und O.V. 23. Juni 77. Kutscher, die nicht Wagenbesitzer sind, gelten nicht als selbstständige Gewerbetreibende, sondern nur als „Gehülfen" und können auf polizeilichem Wege aus der Stellung beseitigt werden ohne Beachtung der Formen des gesetzlichen Verfahrens. O.V. 23. Juni 77.

Die polizeilichen Anordnungen können sich auf alle Dienstleistungen beziehen, die innerhalb des Ortes begonnen, wenn auch nicht vollständig ausgeführt werden.

Vgl. auch §§. 47. 76 und in Betreff der Strafen §. 147, 1. Wo der Beginn des Gewerbes an eine Genehmigung nicht geknüpft ist, unterliegt der Fortbetrieb im Fall der Untersagung nach der G.O. keiner Strafe.

***38.** Die Zentralbehörden sind befugt, über den Umfang der Befugnisse und Verpflichtungen, sowie über den Geschäftsbetrieb der Pfandleiher, soweit darüber die Landesgesetze nicht Bestimmungen treffen, Vorschriften zu erlassen. Die in dieser Beziehung bestehenden landesgesetzlichen Bestimmungen finden auf den im §. 34 Absatz 2 bezeichneten Geschäftsbetrieb Anwendung. Soweit es sich um diesen Geschäftsbetrieb handelt, gilt die Zahlung des Kaufpreises als Hingabe des Darlehns, der Unterschied zwischen dem Kaufpreise und dem verabredeten Rückkaufspreise als bedungene Vergütung für das Darlehn und die Uebergabe der Sache als Verpfändung derselben für das Darlehn.

Die Zentralbehörden sind ferner befugt, Vorschriften darüber zu erlassen, in welcher Weise die im §. 35 Absatz 2 und 3 verzeichneten Gewerbetreibenden ihre Bücher zu führen und welcher polizeilichen Kontrole über den Umfang und die Art ihres Geschäftsbetriebes sie sich zu unterwerfen haben.

Fassung beruht auf dem Ges. betr. die Abänderung einiger Bestimmungen der G.O. 23. Juli 79 Art. 4 R.G.B. 267.

Ueber Zentralbehörden vgl. §. 155. Uebertretungen der von ihnen erlassenen Bestimmungen sind durch die G.O. nicht unter Strafe gestellt; dagegen theilweise durch Stf.G. §. 360, 12 in der Fassung des Ges., betr. den Wucher 24. Mai 80 Art. 2 R.G.B. 109. Ausführungsbestimmungen für Preußen in Pr. Min. 16. Juli 81.

**39.** Die Landesgesetze können die Einrichtung von Kehrbezirken für Schornsteinfeger gestatten. Jedoch ist, wo Kehrbezirke bestehen oder eingerichtet werden, die höhere Verwaltungsbehörde, soweit nicht Privatrechte entgegenstehen, befugt, die Kehrbezirke aufzuheben oder zu verändern, ohne daß deshalb den Bezirksschornstein=

fegern ein Widerspruchsrecht oder ein Anspruch auf Entschädigung zusteht.

Die Verleihung der Kehrbezirke und ihre Entziehung sind durch die G.O. nicht geregelt. Für Preußen besteht noch zu Recht: Allgem. Gewerbeordnung 17. Jan. 45 §§. 56. 92.

*40. Die in den §§. 29 bis 33a und im §. 34 erwähnten Approbationen und Genehmigungen dürfen weder auf Zeit ertheilt, noch vorbehaltlich der Bestimmungen in den §§. 33a, 53 und 143, widerrufen werden.

Gegen Versagung der Genehmigung zum Betriebe eines der in den §§. 30, 30a, 32, 33, 33a und 34, sowie gegen Untersagung des Betriebes der in den §§. 33a, 35 und 37 erwähnten Gewerbe ist der Rekurs zulässig. Wegen des Verfahrens und der Behörden gelten die Vorschriften der §§. 20 und 21.

Fassung beruht auf dem Ges. betr. Abänderung der G.O. 1. Juli 83 R.G.B. 159.

Abs. 1 gilt bezüglich §. 29 auch für Elsaß-Lothringen. Ges. betr. die Einführung der G.O. u. s. w. 15. Juli 72 §. 2 R.G.B. 350. Ebenso bezüglich §. 33 in Anwendung auf den Kleinhandel mit Branntwein oder Spiritus; in letzterer Beziehung ist dort auch Abs. 2, jedoch unter Einführung eines besonderen Rekursverfahrens, zur Geltung gelangt. Ges. betr. den Kleinhandel mit Branntwein oder Spiritus 16. Mai 77 §§. 3 ff. G.B.E.L. 20. Die in Abs. 1 verbotene Ertheilung temporärer Genehmigungen bezieht sich nicht auf solche Fälle, in welchen die zeitliche Beschränkung in der Natur des Gewerbebetriebes und in dem Willen des Antragsstellers liegt, z. B. Wirthschaftskonzessionen für Bauten, Bäder u. dgl.

In Abs. 2 ist nicht berücksichtigt, daß auch bezüglich der im §. 37 erwähnten Gewerbe die Versagung der Genehmigung eintreten kann; vgl. zu §. 37.

Vgl. auch §§. 53. 143 f.

## III. Umfang, Ausübung und Verlust der Gewerbebefugnisse.

**41.** Die Befugniß zum selbständigen Betriebe eines stehenden Gewerbes begreift das Recht in sich, in beliebiger Zahl Gesellen, Gehülfen, Arbeiter jeder Art und, soweit die Vorschriften des gegenwärtigen Gesetzes nicht entgegenstehen, Lehrlinge anzunehmen. In der Wahl des Arbeits- und Hülfspersonals finden keine anderen Beschränkungen statt, als die durch das gegenwärtige Gesetz festgestellten.

In Betreff der Berechtigung der Apotheker, Gehülfen und Lehrlinge anzunehmen, bewendet es bei den Bestimmungen der Landesgesetze.

Wiederholt einen Theil von §. 4 Ges. betr. den Betrieb der steh. Gew. 8. Juli 68 B.G.B. 406. Trifft auch solche Beschränkungen, die nicht in den Landesgesetzen, sondern in den Statuten der Zünfte und Innungen für deren Mitglieder enthalten sind; vgl. Motive zu §. 41.

Wegen der Beschränkungen bei Annahme von Lehrlingen und bei der Wahl des sonstigen Arbeitspersonals vgl. §§. 106 f. 125. 131. 133 ff.

***42.** Wer zum selbständigen Betriebe eines stehenden Gewerbes befugt ist, darf dasselbe innerhalb und unbeschadet der Bestimmungen des dritten Titels auch außerhalb des Gemeindebezirks seiner gewerblichen Niederlassung ausüben.

Eine gewerbliche Niederlassung gilt nicht als vorhanden, wenn der Gewerbetreibende im Inlande ein zu dauerndem Gebrauche eingerichtetes, beständig oder doch in regelmäßiger Wiederkehr von ihm benutztes Lokal für den Betrieb seines Gewerbes nicht besitzt.

Fassung beruht auf dem Ges. betr. Abänderung der G.O. 1. Juli 83. R.G.B. 159.

Abs. 2 will lediglich die Bestimmung des Begriffs der gewerblichen Niederlassung erleichtern; jedenfalls begründet eine Anmeldung nach §. 14 die gewerbliche Niederlassung nicht. Ausgeschlossen vom stehenden Betrieb sind danach die Wanderlager, eingeschlossen in denselben Saisongeschäfte in Badeorten und Aehnliches. Ein Gewerbebetrieb außerhalb des Wohnortes gilt als stehender Betrieb, wenn Tit. III. des Gesetzes ihn nicht ausdrücklich als Betrieb im Umherziehen qualifizirt. In Folge deß erscheint, abgesehen von den Fällen des §. 55, 3, die Geschäftsvermittelung außerhalb des Wohnorts — wie das Gewerbe der Versicherungsagenten — als stehender, nicht konzessionspflichtiger, Betrieb; vgl. Motive der G.O. zu §. 42.

In den Landessteuergesetzen ist nichts geändert, §. 5. Es ist also möglich, daß ein Gewerbebetrieb, der im Sinn der G.O. ein stehender ist, als Hausirbetrieb zur Steuer herangezogen wird. In Preußen sind die Verschiedenheiten der Hauptsache nach beseitigt durch Ges. 3. Juli 76.

***42a.** Gegenstände, welche von dem Ankauf oder Feilbieten im Umherziehen ausgeschlossen sind, dürfen auch innerhalb des Gemeindebezirks des Wohnortes oder der gewerblichen Niederlassung von Haus zu Haus oder auf öffentlichen Wegen, Straßen, Plätzen oder an anderen öffentlichen Orten nicht feilgeboten oder zum Wiederverkauf angekauft werden, mit Ausnahme von Bier und Wein in Fässern und Flaschen und vorbehaltlich des nach §. 33 erlaubten Gewerbebetriebes.

Die zuständige Landesregierung ist befugt, soweit ein Bedürfniß dazu obwaltet, anzuordnen, daß und inwiefern weitere Ausnahmen von diesem Verbote stattfinden sollen.

Das Feilbieten geistiger Getränke kann von der Ortspolizeibehörde im Falle besonderen Bedürfnisses vorübergehend gestattet werden.

Beruht auf dem Ges. betr. Abänderung der G.O. 1. Juli 83 R.G.B. 159.

Es handelt sich hier um einen von dem Geschäftslokal losgelösten Betrieb. Die Benutzung der Straße oder eines freien Raumes an der Straße vor dem Geschäftslokal für den Betrieb gehört nicht hierher; dazu bedarf es nur der straßenpolizeilichen Genehmigung, soweit eine Genehmigung überhaupt nöthig ist.

Zu den „öffentlichen Orten" gehören auch Gast- und Wirthshäuser u. dgl., soweit nicht geschlossene Gesellschaften dort verkehren. Der in Abs. 1 gestattete Getränkeverkauf umfaßt nicht den Kleinverkauf zum Genuß auf der Stelle; vgl. Kommiss. Ber.

Ueber die ausgeschlossenen Waaren §. 56. Bedingt sind danach auch Druckschriften ausgeschlossen: ob gegen dies Verbot verstoßen wird, entscheidet hier der Strafrichter, nicht wie im §. 56 die Polizeibehörde; von der Mitführung eines Verzeichnisses ist hier nicht, wie im §. 56, der Betrieb abhängig gemacht; vgl. Kommiss. Ber. Der Betrieb „von Haus zu Haus" ist auch bei vorgängiger Bestellung nicht erlaubt; anders im §. 42b.

Ueber „Landesregierung" vgl. §. 155. Die „zuständige" Landesregierung will nicht mehr sagen wie sonst „Landesregierung."

Abs. 3 hat Truppenmanöver, Volksfeste u. dgl. im Auge und zwar den Verkauf zum Genuß auf der Stelle. Es handelt sich um ein Feilbieten über den nach §§. 33. 42a Abs. 1 gestatteten und nach §. 42a Abs. 2 etwa zu gestattenden Betrieb hinaus.

Strafvorschrift in §. 148, 5.

***42b.** Durch die höhere Verwaltungsbehörde kann auf Grund eines Gemeindebeschlusses für einzelne Gemeinden bestimmt werden, daß Personen, welche in dem Gemeindebezirke einen Wohnsitz oder eine gewerbliche

Niederlassung besitzen und welche innerhalb des Gemeindebezirks auf öffentlichen Wegen, Straßen, Plätzen oder an anderen öffentlichen Orten oder ohne vorgängige Bestellung von Haus zu Haus

1. Waaren feilbieten, oder
2. Waaren bei anderen Personen, als bei Kaufleuten oder solchen Personen, welche die Waaren produziren, oder an anderen Orten, als in offenen Verkaufsstellen zum Wiederverkauf ankaufen, oder Waarenbestellungen bei Personen, in deren Gewerbebetriebe Waaren der angebotenen Art keine Verwendung finden, aufsuchen, oder
3. gewerbliche Leistungen, hinsichtlich deren dies nicht Landesgebrauch ist, anbieten wollen,

der Erlaubniß bedürfen. Diese Bestimmung kann auf gewisse Kategorien von Waaren und Leistungen beschränkt werden.

Auf die Ertheilung, Versagung und Zurücknahme der Erlaubniß finden die Vorschriften der §§. 57, 57a, 57b, 58 und 63 Absatz 1, und auf die Ausübung des Gewerbebetriebes die Vorschriften der §§. 60b, 60c, 60d Absatz 1 und 2 und 63 Absatz 2 entsprechende Anwendung.

In Betreff der im §. 59 Ziffer 1 und 2 bezeichneten Erzeugnisse und Waaren, auch wenn dieselben nicht zu den selbstgewonnenen oder selbstverfertigten gehören, ferner in Betreff der Druckschriften, anderen Schriften und Bildwerken, insoweit der Gewerbebetrieb hiermit von Haus zu Haus stattfindet, sowie in Betreff der vom

Bundesrath in Gemäßheit des §. 44 Absatz 2 gestatteten Ausnahmen darf der betreffende Gewerbebetrieb in dem Gemeindebezirke des Wohnsitzes oder der gewerblichen Niederlassung von einer Erlaubniß nicht abhängig gemacht werden. In Betreff der im §. 59 Ziffer 1 und 2 bezeichneten Erzeugnisse und Waaren kann jedoch der Gewerbebetrieb unter den in §. 57 Ziffer 1 bis 4 erwähnten Voraussetzungen untersagt, sowie nach Maßgabe des §. 60b Absatz 2 und §. 60c Absatz 2 beschränkt werden. Auf die Untersagung dieses Gewerbebetriebes finden die Vorschriften des §. 63 Absatz 1, auf die Beschränkung desselben die Vorschriften des §. 63 Absatz 2 entsprechende Anwendung.

Die höhere Verwaltungsbehörde ist befugt, die vom Bundesrath gemäß §. 56d getroffenen Bestimmungen auf diejenigen Ausländer entsprechend anzuwenden, welche innerhalb des Gemeindebezirks ihres Wohnortes oder ihrer gewerblichen Niederlassung auf öffentlichen Wegen, Straßen, Plätzen oder an anderen öffentlichen Orten, oder ohne vorgängige Bestellung von Haus zu Haus eins der unter Ziffer 1 bis 3 bezeichneten Gewerbe betreiben wollen.

Beruht auf dem Ges. betr. Abänderung der G.O. 1. Juli 83 R.G.B. 159.

„Auf Grund eines Gemeindebeschlusses" d. h. mit Zustimmung der Gemeinde.

In Abs. 2 ist der Hinweis auf § 63 Abs. 2 gegenstandlos, da letztere keine Vorschriften über die Ausübung des Gewerbebetriebes enthält. Bei Beschwerden gegen die auf Grund der §§. 57, 5 und 60b getroffenen Verfügungen finden in Folge, daß die Bestimmungen der §§. 20. 21, nicht das in §. 63 Abs. 2 vorgesehene Beschwerdeverfahren Anwendung.

Zu dem Druckschriftenvertrieb nach Abs. 3 vgl. zu §. 42a. Der vorletzte Satz des Abs. 3 statuirt die Befugniß der im Abs. 1 bezeichneten Behörde, die hier berührten Bestimmungen des dritten Titels für den Verkehr im Gemeindebezirk einzuführen, während der letzte Satz das Verfahren gegen die demnächst ergehenden Einzelverfügungen regelt.

Die „entsprechende" Anwendung in Abs. 4 hat zur Folge, daß nur eine Erlaubniß nach Abs. 1, nicht das Legitimationspapier für den Gewerbebetrieb im Umherziehen, für den Gewerbebetrieb der Ausländer gefordert werden kann.

Strafvorschrift in §§. 148, 5 u. 149, 1.

***43.** Wer gewerbsmäßig Druckschriften oder andere Schriften oder Bildwerke auf öffentlichen Wegen, Straßen, Plätzen, oder an anderen öffentlichen Orten ausrufen, verkaufen, vertheilen, anheften oder anschlagen will, bedarf dazu einer Erlaubniß der Ortspolizei-Behörde, und hat den über diese Erlaubniß auszustellenden, auf seinen Namen lautenden Legitimationsschein bei sich zu führen.

Auf die Ertheilung und Versagung der Erlaubniß finden die Vorschriften der §§. 57 Nr. 1, 2, 4, 57a, 57b Nr. 1 und 2 und 63 Absatz 1 entsprechende Anwendung. Auf das bloße Anheften und Anschlagen findet der Versagungsgrund der abschreckenden Entstellung keine Anwendung.

Zur Vertheilung von Stimmzetteln und Druckschriften zu Wahlzwecken bei der Wahl zu gesetzgebenden Körperschaften ist eine polizeiliche Erlaubniß in der

Zeit von der amtlichen Bekanntmachung des Wahltages bis zur Beendigung des Wahlaktes nicht erforderlich.

Dasselbe gilt auch bezüglich der nicht gewerbsmäßigen Vertheilung von Stimmzetteln und Druckschriften zu Wahlzwecken.

In geschlossenen Räumen ist zur nichtgewerbsmäßigen Vertheilung von Druckschriften oder anderen Schriften oder Bildwerken eine Erlaubniß nicht erforderlich.

An die Stelle des im §. 5 Absatz 1 des Preßgesetzes vom 7. Mai 1874 angezogenen §. 57 der Gewerbeordnung treten die Bestimmungen der §§. 57 Nr. 1, 2, 4, 57a, 57b Nr. 1 und 2 des gegenwärtigen Gesetzes.

Die letzten 5 Absätze beruhen auf dem Ges. betr. Abänderung der G.O. 1. Juli 83 R.G.B. 159.

Abs. 4 u. 5 beschränken §. 5 des Preßgesetzes, wonach die nicht gewerbmäßige öffentliche Verbreitung von Druckschriften auf Grund der im Abs. 6 bezeichneten §§. der G.O. verboten werden kann.

Die Zurücknahme der Erlaubniß ist nach der G.O. nicht zulässig, wohl aber nach dem Ges. gegen die gemeingefährlichen Bestrebungen der Sozialdemokratie 21. Okt. 78 §. 24 R.G.B. 361.

Der Landesgesetzgebung ist vorbehalten, über das öffentliche Anschlagen und Vertheilen von Bekanntmachungen und Plakaten Vorschriften zu erlassen: Ges. 7. Mai 74 §. 30 Abs. 2. Die Verbreitung von Druckschriften kann außerdem beschränkt werden nach §. 28 Ges. gegen die gemeingefährlichen Bestrebungen der Sozialdemokratie 21. Okt. 78 R.G.B. 351.

In Betreff der Strafen §. 148, 5; vgl. auch §. 143.

***44.** Wer ein stehendes Gewerbe betreibt, ist befugt, auch außerhalb des Gemeindebezirks seiner gewerblichen Niederlassung persönlich oder durch in seinem Dienste stehende Reisende für die Zwecke seines Gewerbebetriebes Waaren aufzukaufen und Bestellungen auf Waaren zu suchen.

Die aufgekauften Waaren dürfen nur behufs deren Beförderung nach dem Bestimmungsorte mitgeführt werden, von den Waaren, auf welche Bestellungen gesucht werden, dürfen nur Proben und Muster mitgeführt werden, soweit nicht der Bundesrath für bestimmte Waaren, welche im Verhältnisse zu ihrem Umfange einen hohen Werth haben und übungsgemäß an die Wiederverkäufer im Stück abgesetzt werden, zum Zwecke des Absatzes an Personen, welche damit Handel treiben, Ausnahmen zuläßt.

Das Aufkaufen von Waaren darf ferner nur bei Kaufleuten oder solchen Personen, welche die Waaren produziren, oder in offenen Verkaufsstellen erfolgen.

Fassung beruht auf dem Ges. betr. Abänderung der G.O. 1. Juli 83 R.G.B. 159.

Die Thätigkeit des Handlungsreisenden bildet hiernach einen Ausfluß des stehenden Gewerbebetriebes, jedoch unter Beschränkungen hinsichtlich der Stellung des Reisenden und des Zweckes seiner Geschäfte (Abs. 1) wie auch hinsichtlich der Art seines Geschäftsbetriebes (Abs. 2 u. 3). Soweit der Reisende diese Beschränkungen nicht einhält, fällt seine Thätigkeit unter die Bestimmungen über den Gewerbebetrieb im Umherziehen, §§. 55 ff.

In Elsaß-Lothringen gelten, in der Fassung des Ges. betr. das Aufsuchen von Waarenbestellungen u. s. w. 14. Mai 77 §. 1 G.B.E.L. 15, noch die Grundsätze des §. 44 in der früheren Fassung. Die Beschränkungen gehen dort nicht so weit. Der Reisende hat daher fortan in Elsaß-Lothringen größere Rechte als in dem übrigen Deutschland, auch wenn er mit einer Legitimation nach Maßgabe des §. 44a versehen ist.

Strafvorschrift in §. 148, 5. 7.

***44a.** Wer in Gemäßheit des §. 44 Absatz 1 und 2 Waarenbestellungen aufsucht oder Waaren aufkauft, bedarf hierzu einer Legitimationskarte, welche auf den Antrag des Inhabers des stehenden Gewerbebetriebes von der für dessen Niederlassungsort zuständigen Verwaltungsbehörde für die Dauer des Kalenderjahres und den Umfang des Reichs ausgestellt wird. Die Legitimationskarte enthält den Namen des Inhabers derselben, den Namen der Person oder der Firma, in deren Diensten er handelt, und die nähere Bezeichnung des Gewerbebetriebes.

Der Inhaber der Legitimationskarte ist verpflichtet, dieselbe während der Ausübung des Gewerbebetriebes bei sich zu führen, auf Erfordern der zuständigen Behörden oder Beamten vorzuzeigen und, sofern er hierzu nicht im Stande ist, auf deren Geheiß den Betrieb bis zur Herbeischaffung der Legitimationskarte einzustellen.

Die Legitimationskarte ist zu versagen, wenn bei demjenigen, für welchen sie beantragt wird, eine der im §. 57 Ziffer 1 bis 4 bezeichneten Voraussetzungen zutrifft, außerdem darf sie nur dann versagt werden, wenn die im §. 57b Ziffer 2 bezeichnete Voraussetzung vorliegt.

Die Legitimationskarte kann durch die Behörde, welche sie ausgestellt hat, zurückgenommen werden, wenn sich ergiebt, daß eine der in §. 57 Ziffer 1 bis 4 bezeichneten Voraussetzungen zur Zeit der Ertheilung derselben vorhanden gewesen, der Behörde aber unbekannt geblieben, oder nach Ertheilung derselben eingetreten ist, oder wenn bei dem Geschäftsbetriebe die in §. 44 gezogenen Schranken überschritten werden.

Wegen des Verfahrens gelten die Vorschriften des §. 63 Absatz 1.

Einer Legitimationskarte bedürfen diejenigen Gewerbtreibenden nicht, welche durch die in den Zollvereins- oder Handelsverträgen vorgesehene Gewerbelegitimationskarte bereits legitimirt sind. In Betreff dieser Gewerbtreibenden finden die vorstehenden Bestimmungen über die Verpflichtung zum Mitführen der Legitimationskarte, über die Folgen der Nichterfüllung dieser Verpflichtung, sowie über die Versagung und Zurücknahme der Karte entsprechende Anwendung.

Beruht auf dem Ges. betr. Abänderung der G.O. 1. Juli 83 R.G.B. 159.

Die Bezugnahme im Eingang auf Abs. 1 u. 2 des §. 44 ist irrthümlich; zu dem gesammten Gewerbebetrieb des §. 44 bedarf es der Karte. Ein Reisender, welcher mehrere Firmen, aus verschiedenen Verwaltungsbezirken vertreten will, bedarf mehrerer Karten. Die Karte berechtigt, obwohl für den Umfang des Reiches ausgestellt, auf Grund der G.O. nicht zum Reisen in Elsaß-Lothringen. Da hier aber, nach dem Ges. betr. das Aufsuchen von Waarenbestellungen u. s. w. 14. Mai 77 G.B.E.K. 15 Legitimationen ausgestellt werden, die den Legitimationskarten gleichstehen, wenngleich für sie nicht Maßgaben wie in Abs. 2—4 gelten, so werden die Karten auch in Elsaß-Lothringen als gültig anzuerkennen sein. Vgl. zu §. 44.

Eine außerhalb des Gebietes der G.O. für den Reisendenverkehr ausgestellte Legitimation kann innerhalb dieses Gebietes nicht zurückgenommen werden. Handelt es sich um einen Ausländer, so kann sein Gewerbebetrieb nur durch Ausweisung gehindert werden; gegen einen Elsaß-Lothringer ist überhaupt nicht einzuschreiten.

Legitimationskarte und Gewerbelegitimationskarte sind zu unterscheiden. Jene beruht auf Gesetz und ist danach nur von polizeilicher Bedeutung; diese beruht auf Staatsvertrag. Danach ist sie zunächst von abweichender polizeilicher Bedeutung, insofern sie nur zum Reisen außerhalb des Heimathstaates der Firma berechtigt; sie ist aber auch von steuerlicher Bedeutung, indem der durch sie legitimirte Betrieb außerhalb des Heimathstaates der Firma steuerfrei sein soll. Jedoch kommen diese Unterschiede nicht mehr in Betracht; denn einerseits wird nach der vom Bundesrath gebilligten Praxis auch den Inhabern der ersten Karte die Steuerfreiheit zugestanden, andererseits gilt nach Abs. 6 die letztere Karte auch für den Betrieb im Heimathstaate der Firma, selbstverständlich hier nur, wie bei der ersteren Karte, vorbehaltlich der Entrichtung der Landessteuern. Ein Unterschied besteht praktisch nur noch insofern, als die zweite Karte zum Gewerbebetrieb außerhalb des Gebietes der G.O. berechtigt. In Preußen ist bestimmt, daß einem Inhaber der ersteren Karte die zweite nur dann ausgestellt werden soll, wenn jener außerhalb des Gebietes der G.O. reisen will. Pr. Min. 2. Dez. 73.

Die Gewerbelegitimationskarten gelten laut Vertrag: zwischen den Zollvereinsstaaten, Zollvereinsvertrag 8. Juli 67 Art. 26 Schlußprotokoll Nr. 17 B.G.B. 81; zwischen Deutschland nebst Luxemburg und Oesterreich, Handelsvertrag v. 23. Mai 81 Art. 19 und Schlußprotokoll dazu; zwischen Deutschland nebst Luxemburg und Schweiz, Handelsvertrag 23. Mai 81 Art. 10 und Schlußprotokoll IX. Gleiches ist für Bremen eingeführt auf Grund des Vertrages v. 14. Febr. 65 Art. 2; vgl. Brem. Anw. zu §. 44. Die Schweizer und Oesterreichischen Legitimationskarten berechtigen aber nicht zum Mitführen aufgekaufter Waaren. Die Anwendung von Gewerbelegitimationskarten ist vorausgesetzt in der Handelskonvention mit Rumänien 14. Nov. 77 Art. 3 R.G.B. 81, 199; ferner ausdrücklich vereinbart durch den Handelsvertrag zwischen dem deutschen Reich u. Serbien 6. Jan. 83 Art. 4 R.G.B. 41.

Strafvorschrift in §§. 148, 5. 6. 149, 1.

**45.** Die Befugnisse zum stehenden Gewerbebetriebe können durch Stellvertreter ausgeübt werden; diese müssen jedoch den für das in Rede stehende Gewerbe insbesondere vorgeschriebenen Erfordernissen genügen.

Vgl. §§. 46—48. 87.

Strafrechtliche Verhaftung der Stellvertreter §. 151. Unzulässige Stellvertretung ist als solche nach der G.O. nicht strafbar. Wer den Vorbedingungen für das vertretungsweise betriebene Gewerbe nicht genügt, wird gleich einem diesen Vorbedingungen nicht genügenden, selbstständigen Gewerbetreibenden zu bestrafen sein; ebenso der Vertretene, wenn er verfügungsfähig ist, vgl. §. 151. Auch kann polizeilich gegen ihn eingeschritten werden. Was unter den „Erfordernissen" zu verstehen und ob deren Dasein vorher amtlich festzustellen, ist zweifelhaft. Die Stellvertreter müssen allen persönlichen Anforderungen genügen: wo diese, wie durch Prüfungen und Konzession, vor Beginn des Gewerbebetriebes bei dem Vertretenen amtlich festgestellt werden, braucht dies aber bei dem Vertreter nicht zu geschehen. Vgl. R.G. 20. Mai 80. In Preußen wird hier eine einfache polizeiliche Zulassung verlangt; Pr. Min. 24. Febr. 82.

Auf die Fälle der §§. 29. 30 finden die Vorschriften über Stellvertretung keine Anwendung, §. 6.

46. Nach dem Tode eines Gewerbetreibenden darf das Gewerbe für Rechnung der Wittwe während des Wittwenstandes, oder, wenn minderjährige Erben vorhanden sind, für deren Rechnung durch einen nach §. 45 qualifizirten Stellvertreter betrieben werden, insofern die über den Betrieb einzelner Gewerbe bestehenden besonderen Vorschriften nicht ein Anderes anordnen. Dasselbe gilt während der Dauer einer Kuratel oder Nachlaßregulirung.

Besondere Vorschriften finden sich in §§. 29. 30 in Verbindung mit §. 6. Ferner §. 47.

47. Inwiefern für die nach den §§. 34 und 36

konzessionirten oder angestellten Personen eine Stellvertretung zulässig ist, hat in jedem einzelnen Falle die Behörde zu bestimmen, welcher die Konzessionirung oder Anstellung zusteht.

Dasselbe gilt in Beziehung auf diejenigen Schornsteinfeger, denen ein Kehrbezirk zugewiesen ist (§. 39).

Auch in den Fällen des §. 37 kann kraft ortspolizeilicher Regelung eine gleiche Beschränkung der Stellvertretung eintreten.

Die Entscheidung über die Zulässigkeit der Stellvertretung ist an kein formelles Verfahren geknüpft.

48. Realgewerbeberechtigungen können auf jede, nach den Vorschriften dieses Gesetzes zum Betriebe des Gewerbes befähigte Person in der Art übertragen werden, daß der Erwerber die Gewerbeberechtigung für eigene Rechnung ausüben darf.

Diese Berechtigungen haben nur noch für diejenigen, nicht völlig frei gegebenen, Gewerbe Bedeutung, deren Zulässigkeit durch die Art der Betriebsstätte oder durch das Bedürfniß bedingt ist.

49. Bei Ertheilung der Genehmigung zu einer Anlage der in den §§. 16 und 24 bezeichneten Arten, imgleichen zur Anlegung von Privat-Kranken-, Privat-Entbindungs- und Privat-Irrenanstalten, zu Schauspielunternehmungen, sowie zum Betriebe der im §. 33 gedachten Gewerbe, kann von der genehmigenden Behörde den Umständen nach eine Frist festgesetzt werden, binnen welcher die Anlage oder das Unternehmen bei Vermeidung des Erlöschens der Genehmigung begonnen und ausgeführt, und der Gewerbetrieb angefangen werden muß. Ist eine solche Frist nicht bestimmt, so erlischt die ertheilte Genehmigung, wenn der Inhaber nach Empfang

derselben ein ganzes Jahr verstreichen läßt, ohne davon Gebrauch zu machen.

Eine Verlängerung der Frist kann von der Behörde bewilligt werden, sobald erhebliche Gründe nicht entgegenstehen.

Hat der Inhaber einer solchen Genehmigung seinen Gewerbebetrieb während eines Zeitraums von drei Jahren eingestellt, ohne eine Fristung nachgesucht und erhalten zu haben, so erlischt dieselbe.

Für die im §. 16 aufgeführten Anlagen darf die nachgesuchte Fristung so lange nicht versagt werden, als wegen einer durch Erbfall oder Konkurserklärung entstandenen Ungewißheit über das Eigenthum an einer Anlage oder, in Folge höherer Gewalt, der Betrieb entweder gar nicht oder nur mit erheblichem Nachtheile für den Inhaber oder Eigenthümer der Anlage stattfinden kann.

Das Verfahren für die Fristung ist dasselbe, wie für die Genehmigung neuer Anlagen.

Die beiden letzten Absätze beziehen sich nur auf den Fall des Abs. 3.

Die Bestimmung gilt nicht in Elsaß-Lothringen, obwohl §. 33 dort eine beschränkte Geltung erlangt hat; vgl. zu §. 33.

**50.** Auf die Inhaber der bereits vor dem Erscheinen des gegenwärtigen Gesetzes ertheilten Genehmigungen finden die im §. 49 bestimmten Fristen ebenfalls Anwendung, jedoch mit der Maßgabe, daß diese Fristen von dem Tage der Verkündung des Gesetzes an zu laufen anfangen.

Die Bestimmung ist gegenstandlos. Vor dem Erscheinen „des

gegenwärtigen Gesetzes" d. i. der G.O. in ihrer ersten Fassung, nicht in der auf Grund des Ges. betr. Abänderung der G.O. 1. Juli 83. R.G.B. 159, von dem Reichskanzler herrührenden, neuen Fassung.

**51.** Wegen überwiegender Nachtheile und Gefahren für das Gemeinwohl kann die fernere Benutzung einer jeden gewerblichen Anlage durch die höhere Verwaltungsbehörde zu jeder Zeit untersagt werden. Doch muß dem Besitzer alsdann für den erweislichen Schaden Ersatz geleistet werden.

Gegen die untersagende Verfügung ist der Rekurs zulässig; wegen der Entschädigung steht der Rechtsweg offen.

Wer den Ersatz zu leisten hat und von wem darüber zu befinden ist, beantwortet sich nach dem Landesrecht.

Jedenfalls hat der Besitzer der Anlage — nach Analogie der Enteignung im eigentlichen Sinne — Anspruch auf wenigstens vorläufige Entschädigung vor der Durchführung des Beschlusses der Behörde.

Die untersagende Verfügung und der Rekurs sind an ein bestimmtes Verfahren gebunden (§§. 21. 22. 54). Die Befugniß der Polizei, im Nothfall eine Anlage schon vorher zu schließen, wird jedoch nicht dadurch berührt.

**52.** Die Bestimmung des §. 51 findet auch auf die zur Zeit der Verkündigung des gegenwärtigen Gesetzes bereits vorhandenen gewerblichen Anlagen Anwendung; doch entspringt aus der Untersagung der ferneren Benutzung kein Anspruch auf Entschädigung, wenn bei der früher ertheilten Genehmigung ausdrücklich vorbehalten worden ist, dieselbe ohne Enschädigung zu widerrufen.

War die Genehmigung nach Inhalt der früheren Gesetzgebung

widerruflich, diese Widerruflichkeit aber bei Ertheilung der Genehmigung nicht besonders vorbehalten, so findet der Schlußsatz nicht Anwendung. R.T.B. 443.

*53. Die in dem §. 29 bezeichneten Approbationen können von der Verwaltungsbehörde nur dann zurückgenommen werden, wenn die Unrichtigkeit der Nachweise dargethan wird, auf Grund deren solche ertheilt worden sind, oder wenn dem Inhaber der Approbation die bürgerlichen Ehrenrechte aberkannt sind, im letzteren Falle jedoch nur für die Dauer des Ehrenverlustes.

Außer aus diesen Gründen können die in den §§. 30, 30a, 32, 33, 34 und 36 bezeichneten Genehmigungen und Bestallungen in gleicher Weise zurückgenommen werden, wenn aus Handlungen oder Unterlassungen des Inhabers der Mangel derjenigen Eigenschaften, welche bei der Ertheilung der Genehmigung oder Bestallung nach der Vorschrift dieses Gesetzes vorausgesetzt werden mußten, klar erhellt. Inwiefern durch die Handlungen oder Unterlassungen eine Strafe verwirkt ist, bleibt der richterlichen Entscheidung vorbehalten.

Pfandleihern, welche vor dem Inkrafttreten des Gesetzes vom 23. Juli 1879 (Reichs-Gesetzbl. S. 267) den Gewerbebetrieb begonnen haben, kann derselbe untersagt werden, wenn Thatsachen vorliegen, welche die Unzuverlässigkeit des Gewerbetreibenden in Bezug auf den Gewerbebetrieb darthun.

Fassung beruht auf dem Ges. betr. Abänderung der G.O. 1. Juli 83 R.G.B. 159.

In Elsaß-Lothringen gilt Abs. 1 nach Ges. betr. die Einführung der G.O. u. s. w. 15. Juli 72 § 2 R.G.B. 350 in der früheren Fassung, die nur bis zu „oder wenn u. s. w." reichte. Abs. 2 gilt dort nach Ges. betr. den Kleinhandel mit Branntwein oder mit Spiritus 16. Mai 77 §. 4 G.B.E.L. 20, jedoch nur in der Anwendung auf diesen Kleinhandel und in der besonderen Fassung dieses Gesetzes.

Abs. 2 findet auch in Bayern für den dort an Genehmigung nicht gebundenen Gewerbebetrieb des §. 33 Anwendung, dergestalt, daß dessen Einstellung angeordnet werden kann, wenn Thatsachen vorliegen, auf Grund deren nach §. 33 die Erlaubniß zu dem Gewerbetrieb hätte versagt werden können. Ges. betr. die Einführung der G.O. u. s. w. 12. Juni 72 §. 1 R.G.B. 170.

Die Befähigungszeugnisse der Schiffer, Steuerleute, Maschinisten und Lootsen können nicht zurückgenommen werden; über eine nachträglich eingeführte reichsgesetzliche Beschränkung vgl. zu §. 31. Dagegen ist Abs. 2 anwendbar auf die Prüfungszeugnisse der Hebammen. O.V. 24. April 78. Andere Fälle der Zurücknahme in §§. 33a. 42b.

Die Möglichkeit der Entziehung der Befugniß zum Gewerbebetrieb in den Fällen des §. 37 ist hier nicht berücksichtigt; vgl. §. 40 und zu §. 37. Für Bayern Verordn. 4. Dez. 72 §. 18.

Unter „Eigenschaften" sind außer den persönlichen des Unternehmers auch diejenigen des Lokals verstanden. Pr. Min. 27. Jan. 72, 18. Nov. 75. O.V. 2. Juli 77. Motive zu Ges. betr. die Abänderung einiger Bestimmungen der G.O. 23. Juli 79 R.T.D. 156. Nach „der Vorschrift dieses Gesetzes" bedeutet, soweit die G.O. Vorschriften nicht enthält und nicht ausschließt, das Landesrecht. O.V. 24. April 78.

Ueber die Entziehung der Befugniß zum Gewerbebetrieb durch Richterspruch vgl. §. 143.

***54.** Wegen des Verfahrens und der Behörden, welche in Bezug auf die untersagte Benutzung einer gewerblichen Anlage (§. 51), auf die Untersagung eines Gewerbebetriebes (§. 35), und die Zurücknahme einer Approbation, Genehmigung oder Bestallung (§§. 33a.,

53) maßgebend sind, gelten die Vorschriften der §§. 20 und 21.

Fassung beruht auf dem Ges. betr. Abänderung der G.O. 1. Juli 83. R.G.B. 159.

Gilt bezüglich der Approbationen des §. 29 nicht für Elsaß-Lothringen. Ges. betr. die Einführung der G.O. u. s. w. 15. Juli 72 §. 2 R.G.B. 350.

Für Bayern vgl. außerdem Ges. betr. die Einführung der G.O. u. s. w. 12. Juni 72 §. 1 R.G.B. 170.

# Titel III.

## Gewerbebetrieb im Umherziehen.

Der ganze Titel beruht jetzt auf dem Ges. betr. Abänderung der G.O. 1. Juli 83. R.G.B. 159.

*55. Wer außerhalb des Gemeindebezirks seines Wohnortes oder der durch besondere Anordnung der höheren Verwaltungsbehörde dem Gemeindebezirke des Wohnortes gleichgestellten nächsten Umgebung desselben ohne Begründung einer gewerblichen Niederlassung und ohne vorgängige Bestellung in eigener Person

1. Waaren feilbieten,
2. Waarenbestellungen aufsuchen oder Waaren bei anderen Personen, als bei Kaufleuten, oder an anderen Orten, als in offenen Verkaufsstellen zum Wiederverkauf ankaufen,
3. gewerbliche Leistungen anbieten,
4. Musikaufführungen, Schaustellungen, theatralische Vorstellungen oder sonstige Lustbarkeiten, ohne daß ein höheres Interesse der Kunst oder der Wissenschaft dabei obwaltet, darbieten will,

bedarf eines Wandergewerbescheins, soweit nicht für die in Ziffer 2 bezeichneten Fälle in Gemäßheit des §. 44a eine Legitimationskarte genügt.

In dem Falle der Ziffer 4 ist auch für den Marktverkehr (§. 64) ein Wandergewerbeschein erforderlich.

In Elsaß-Lothringen gelten noch die älteren Grundsätze der G.O. in der Fassung des Ges. betr. das Aufsuchen von Waarenbestellungen u. s. w. 14. Mai 77 G.B.E.L. 15. Der auf Grund dieses Gesetzes ausgestellte Legitimationsschein berechtigt zum Gewerbebetrieb außerhalb Elsaß-Lothringens ebenso wie der auf Grund der G.O. ausgestellte Wandergewerbeschein zum Betriebe in Elsaß-Lothringen; im Uebrigen bestimmen sich Befugnisse und Pflichten der Gewerbetreibenden nach der jetzt erheblich verschiedenen Gesetzgebung diesseits und jenseits der elsaß-lothringischen Grenze.

Ueber den Begriff des Hausirwesens im Gegensatz zum stehenden Gewerbebetrieb vgl. §§. 14. 42. 44. Unter den Gewerbebetrieb im Umherziehen fallen nur die durch Gesetz ausdrücklich dahin gewiesenen Betriebsformen. Einen besonderen Begriff des „Hausirens" kennt die G.O. nicht.

Wanderlager bilden einen Gewerbebetrieb im Umherziehen; vgl. zu §. 42. Es sind dahin der Regel nach solche Unternehmungen zu rechnen, in welchen von einer festen Stätte aus vorübergehend Waaren feilgeboten werden. Pr. Min. 7. Juli 79.

Die Geschäfte der Handlungsreisenden fallen an sich unter §. 55, sie mußten deshalb ausdrücklich hier ausgenommen werden; dies ist durch den Schluß von Abs. 1 insofern ungenügend geschehen, als der im §. 44 Abs. 2 erwähnte ausnahmsweise Waarenverkauf unter Nr. 1 fällt. Auch der Marktverkehr fällt an sich unter §. 55; nach Abs. 2 muß er aber als ausgenommen gelten, soweit es sich um die Betriebsformen unter Nr. 1 bis 3 handelt.

Die in Abs. 1 verlangte besondere Gleichstellung der Umgebung muß ausdrücklich für den Gewerbebetrieb im Umherziehen ausgesprochen sein. Wegen der Begründung der gewerblichen Niederlassung vgl. §. 42; nur wenn die Begründung an jedem Orte erfolgt, an welchem der Gewerbetreibende Geschäfte sucht, ist die Anwendung von §. 55 ausgeschlossen. Der Betrieb „in eigener Person“ bedingt nicht den Betrieb für eigene Rechnung; §. 60 d.

Unter die „gewerblichen Leistungen“ fällt die Geschäftsvermittelung (Agenturbetrieb) nicht; R.T.B. 693 ff. Auch nicht Tanzunterricht, weil das Unterrichtswesen nicht durch die G.O. geregelt ist; Pr. Min. 10. Dez. 80.

Im Grenzbezirke bedarf der Hausirbetrieb noch besonderer Erlaubniß: Vereinszollges. 1. Juli 69 §. 124. B.G.B. 317. Für Ausländer vgl. §. 56 d.

Der Besitz des Wandergewerbescheins entbindet nicht von der Entrichtung der Landessteuern; vgl. §. 60 u. Ges. wegen Beseitigung der Doppelbesteuerung 13. Mai 70 B.G.B. 119.

Strafvorschrift in §. 148, 7.

***56.** Beschränkungen, vermöge deren gewisse Waaren von dem Feilhalten im stehenden Gewerbebetriebe ganz oder theilweise ausgeschlossen sind, gelten auch für deren Feilbieten im Umherziehen.

Ausgeschlossen vom Ankauf oder Feilbieten im Umherziehen sind:

1. geistige Getränke, soweit nicht das Feilbieten derselben von der Ortspolizeibehörde im Falle besonderen Bedürfnisses vorübergehend gestattet ist;
2. gebrauchte Kleider, gebrauchte Wäsche, gebrauchte Betten und gebrauchte Bettstücke, insbesondere Bettfedern, Menschenhaare, Garnabfälle, Enden und Dräumen von Seide, Wolle, Leinen oder Baumwolle;
3. Gold- und Silberwaaren, Bruchgold und Bruchsilber, sowie Taschenuhren;
4. Spielkarten;
5. Staats- und sonstige Werthpapiere, Lotterieloose,

Bezugs- und Antheilscheine auf Werthpapiere und Lotterieloose;

6. explosive Stoffe, insbesondere Feuerwerkskörper, Schießpulver und Dynamit;
7. solche mineralische und andere Oele, welche leicht entzündlich sind, insbesondere Petroleum, sowie Spiritus;
8. Stoß-, Hieb- und Schußwaffen;
9. Gifte und gifthaltige Waaren, Arznei- und Geheimmittel.

Ausgeschlossen vom Feilbieten im Umherziehen sind ferner:

10. Druckschriften, andere Schriften und Bildwerke, insofern sie in sittlicher oder religiöser Beziehung Aergerniß zu geben geeignet sind, oder welche mittelst Zusicherung von Prämien oder Gewinnen vertrieben werden.

Wer Druckschriften, andere Schriften oder Bildwerke im Umherziehen feilbieten will, hat ein Verzeichniß derselben der zuständigen Verwaltungsbehörde seines Wohnortes zur Genehmigung vorzulegen. Die Genehmigung ist nur zu versagen, soweit das Verzeichniß Druckschriften, andere Schriften oder Bildwerke der vorbezeichneten Art enthält. Der Gewerbetreibende darf nur die in dem genehmigten Verzeichnisse enthaltenen Druckschriften, anderen Schriften oder Bildwerke bei sich führen und ist verpflichtet, das Verzeichniß während der Ausübung des Gewerbebetriebes bei sich zu führen, auf Erfordern der zuständigen Behörden oder Beamten vorzuzeigen und, sofern er hierzu nicht im Stande ist, auf deren Geheiß den Betrieb bis zur Herbeischaffung des Verzeichnisses einzustellen.

Ein Ausschluß gewisser Waaren vom stehenden Gewerbebetriebe ist durch die G.O. selbst nicht vorgesehen; die nach §. 42b für das Feilhalten gewisser Waaren vorgesehene Erlaubniß hat durch Abs. 1 für den Gewerbebetrieb im Umherziehen nicht eingeführt werden sollen.

Abs. 2 bezieht sich nicht auf das Suchen von Waarenbestellungen, trifft also unter Nr. 1 nicht die Weinreisenden; die unter Nr. 1 vorgesehene Erlaubniß kann sowohl allgemein als auch für einzelne Personen, und zwar nach Ermessen, ertheilt werden.

Abs. 3 bezieht sich weder auf das Suchen von Waarenbestellungen noch auf den Waarenankauf.

Zu der Genehmigung in Abs. 4 vgl. §. 63 Abs. 1. Verschärfungen und Milderungen der Beschränkungen in Abs. 2 sind dem Bundesrath vorbehalten in §. 56b. Besondere Beschränkungen im Grenzzollbezirk im Vereinszollges. 1. Juli 69 §. 124. B.G.B. 317.

Strafvorschrift in §§. 146, 4. 148, 7. 149, 2.

***56a.** Ausgeschlossen vom Gewerbebetriebe im Umherziehen sind ferner:

1. die Ausübung der Heilkunde, insoweit der Ausübende für dieselbe nicht approbirt ist;
2. das Aufsuchen sowie die Vermittelung von Darlehnsgeschäften und von Rückkaufsgeschäften ohne vorgängige Bestellung, ferner das Aufsuchen von Bestellungen auf Staats- und sonstige Werthpapiere, Lotterieloose und Bezugs- und Antheilscheine auf Werthpapiere und Lotterieloose;
3. das Aufsuchen von Bestellungen auf Branntwein und Spiritus bei Personen, in deren Gewerbebetriebe dieselben keine Verwendung finden.

Vgl. §. 29 zu Nr. 1.

Gewerbliche Leistungen, die zu grobem Unfug führen oder strafbar sein würden, sind selbstverständlich vom Gewerbebetrieb im Umherziehen ausgeschlossen; in Preußen anerkannt bezüglich des Wahrsagens, Pr. Min. 11. Febr. 73 O.T. 16. Juli 73.

Strafvorschrift in §. 148, 7 a.

***56b.** Der Bundesrath ist befugt, soweit ein Bedürfniß obwaltet, anzuordnen, daß und inwiefern der Ankauf oder das Feilbieten von einzelnen der im §. 56 Absatz 2 ausgeschlossenen Waaren im Umherziehen gestattet sein soll.

Aus Gründen der öffentlichen Sicherheit, sowie zur Abwehr oder Unterdrückung von Seuchen kann durch Beschluß des Bundesraths und in dringenden Fällen durch Anordnung des Reichskanzlers nach Einvernehmen mit dem Ausschuß des Bundesraths für Handel und Verkehr für den Umfang des Reichs oder für Theile desselben bestimmt werden, daß und inwiefern außer den in den §§. 56 und 56a aufgeführten Gegenständen und Leistungen auch noch andere Gegenstände und Leistungen auf bestimmte Dauer von dem Gewerbebetriebe im Umherziehen ausgeschlossen sein sollen. Die Anordnung ist dem Reichstage sofort, oder, wenn derselbe nicht versammelt ist, bei seinem nächsten Zusammentritt mitzutheilen. Dieselbe ist außer Kraft zu setzen, wenn der Reichstag die Zustimmung nicht ertheilt.

Durch die Landesregierungen kann das Umherziehen mit Zuchthengsten zur Deckung von Stuten untersagt, oder Beschränkungen unterworfen werden.

***56c.** Das Feilbieten von Waaren im Umherziehen

in der Art, daß dieselben versteigert oder im Wege des Glückspiels oder der Ausspielung (Lotterie) abgesetzt werden, ist nicht gestattet. Ausnahmen von diesem Verbote dürfen von der zuständigen Behörde zugelassen werden.

Oeffentliche Ankündigungen des Gewerbebetriebes dürfen nur unter dem Namen des Gewerbetreibenden mit Hinzufügung seines Wohnortes erlassen werden. Wird für den Gewerbebetrieb eine Verkaufsstelle benutzt, so muß an derselben in einer für Jedermann erkennbaren Weise ein den Namen und Wohnort des Gewerbetreibenden angebender Aushang angebracht werden. Dies gilt insbesondere von den Wanderlagern.

Zu Abs. 1 vgl. Stf.G. §§. 284 ff. 360, 14. Für die Bestrafung des Glückspiels auf Grund der G.O. bleibt danach wenig Raum. Ungenau ist die Erwähnung der Lotterie; der strafrechtliche Begriff der Lotterie schließt den Vertrieb von Waaren aus.

Strafvorschrift in §. 148, 7 b.

***56d.** Ausländern kann der Gewerbebetrieb im Umherziehen gestattet werden. Der Bundesrath ist befugt, die deshalb nöthigen Bestimmungen zu treffen.

Auch der Betrieb der Handlungsreisenden gehört, soweit nicht durch Staatsvertrag die gleiche Behandlung mit den inländischen Reisenden vereinbart ist, unter den Gewerbebetrieb im Umherziehen; vgl. §§. 44. 55 u. Motive. Ueber die bezüglichen Verträge vgl. zu §. 44a.

Die vom Bundesrath beschlossenen „Bestimmungen über den Gewerbebetrieb der Ausländer im Umherziehen" in der Bekanntmachung des Reichskanzlers 7. März 77 C.B. 142. Die Bestimmungen entsprechen in manchen Punkten der neuen Fassung des Gesetzes nicht mehr. Sie finden auch dann Anwendung, wenn Staatsver-

5*

träge im Allgemeinen die Gleichstellung der Ausländer bezüglich ihrer gewerblichen Rechte vereinbaren; auf den Gewerbebetrieb im Umherziehen wird eine solche Vereinbarung nicht mitbezogen.

Soweit der Bundesrath Ausländer zugelassen hat, unterliegen sie den für Inländer maßgebenden formellen oder materiellen Beschränkungen.

Strafvorschrift in §. 148, 7 e.

*57. Der Wandergewerbeschein ist zu versagen:

1. wenn der Nachsuchende mit einer abschreckenden oder ansteckenden Krankheit behaftet oder in einer abschreckenden Weise entstellt ist;
2. wenn er unter Polizeiaufsicht steht;
3. wenn er wegen strafbarer Handlungen aus Gewinnsucht, gegen das Eigenthum, gegen die Sittlichkeit, wegen vorsätzlicher Angriffe auf das Leben und die Gesundheit der Menschen, wegen vorsätzlicher Brandstiftung, wegen Zuwiderhandlungen gegen Verbote oder Sicherungsmaßregeln, betreffend Einführung oder Verbreitung ansteckender Krankheiten oder Viehseuchen, zu einer Freiheitsstrafe von mindestens drei Monaten verurtheilt ist, und seit Verbüßung der Strafe drei Jahre noch nicht verflossen sind;
4. wenn er wegen gewohnheitsmäßiger Arbeitsscheu, Bettelei, Landstreicherei, Trunksucht übel berüchtigt ist;
5. in dem Falle des §. 55 Ziffer 4, sobald der den Verhältnissen des Verwaltungsbezirks der zuständigen Verwaltungsbehörde entsprechenden An=

zahl von Personen Wandergewerbescheine ertheilt oder ausgedehnt sind (§. 60 Absatz 2).

Wegen der Polizeiaufsicht unter Nr. 2 vgl. Stf.G. §. 38. Die unter Nr. 3 bezeichneten strafbaren Handlungen fallen mit bestimmten Kategorien des Stf.G. nicht zusammen; es ist nach den Thatsachen in jedem Fall zu prüfen, inwieweit die Charakterisirung der G.O. zutrifft. Wegen der Qualitäten unter Nr. 4 vgl. Stf.G. §. 361, 3—5.

Wegen des Verfahrens vgl. §. 63.

***57a.** Der Wandergewerbeschein ist in der Regel zu versagen:

1. wenn der Nachsuchende noch nicht großjährig ist;
2. wenn er blind, taub oder stumm ist, oder an Geistesschwäche leidet.

Wegen des Verfahrens vgl. §. 63.

***57b.** Der Wandergewerbeschein darf außerdem nur dann versagt werden:

1. wenn der Nachsuchende im Inlande einen festen Wohnsitz nicht hat;
2. wenn er wegen strafbarer Handlungen aus Gewinnsucht, gegen das Eigenthum, gegen die Sittlichkeit, wegen vorsätzlicher Angriffe auf das Leben und die Gesundheit der Menschen, wegen vorsätzlicher Brandstiftung, wegen Zuwiderhandlungen gegen Verbote oder Sicherungsmaßregeln, betreffend Einführung oder Verbreitung ansteckender Krankheiten oder Viehseuchen, zu einer Freiheitsstrafe von mindestens sechs Wochen verurtheilt ist, und seit Verbüßung der Strafe drei Jahre noch nicht verflossen sind;

3. wenn er wegen Verletzung der auf den Gewerbebetrieb im Umherziehen bezüglichen Vorschriften im Laufe der letzten drei Jahre wiederholt bestraft ist;
4. wenn er ein oder mehrere Kinder besitzt, für deren Unterhalt und, sofern sie im schulpflichtigen Alter stehen, für deren Unterricht nicht genügend gesorgt ist.

Erreicht in den unter Nr. 2 bezeichneten Fällen die Freiheitsstrafe drei Monate, so kommt §. 57 zur Anwendung. In den Fällen vorsätzlicher Angriffe auf das Leben und vorsätzlicher Brandstiftung kennt das Stf.G. das unter Nr. 2 vorausgesetzte geringe Strafmaß überhaupt nicht.

Wegen des Verfahrens vgl. §. 63.

*58. Der Wandergewerbeschein kann zurückgenommen werden, wenn sich ergiebt, daß eine der im §. 57 Ziffer 1 bis 4, §. 57a oder §. 57b bezeichneten Voraussetzungen entweder zur Zeit der Ertheilung desselben bereits vorhanden gewesen, der Behörde aber unbekannt geblieben, oder erst nach Ertheilung des Scheines eingetreten ist.

Wegen des Verfahrens vgl. §. 63.

*59. Eines Wandergewerbescheins bedarf nicht:

1. wer selbstgewonnene oder rohe Erzeugnisse der Land- und Forstwirthschaft, des Garten- und Obstbaues, der Geflügel- und Bienenzucht, sowie selbstgewonnene Erzeugnisse der Jagd und Fischerei feilbietet;
2. wer in der Umgegend seines Wohnorts bis zu 15 Kilometer Entfernung von demselben selbstverfertigte Waaren, welche zu den Gegenständen

des Wochenmarktverkehrs gehören, feilbietet oder gewerbliche Leistungen, hinsichtlich deren dies Landesgebrauch ist, anbietet;

3. wer selbstgewonnene Erzeugnisse oder selbstverfertigte Waaren, hinsichtlich deren dies Landesgebrauch ist, zu Wasser anfährt und von dem Fahrzeuge aus feilbietet;
4. wer bei öffentlichen Festen, Truppenzusammenziehungen oder anderen außergewöhnlichen Gelegenheiten mit Erlaubniß der Ortspolizeibehörde die von derselben zu bestimmenden Waaren feilbietet.

Die Landesregierungen können in weiterem Umfange den Gewerbebetrieb im Umherziehen mit Gegenständen des gemeinen Verbrauchs ohne Wandergewerbeschein innerhalb ihres Gebietes gestatten.

Die hier vorgesehenen Betriebe waren früher, soweit nicht legitimationsfrei, meist an den sogen. kleinen Legitimationsschein gebunden. Abgesehen von dem Feilhalten roher, nicht selbstgewonnener Erzeugnisse der Land- und Forstwirthschaft u. s. w. unter Nr. 1 ist für die fraglichen Betriebe nach der Landessteuergesetzgebung meisten Theils auch kein Steuerschein erforderlich.

Der Ankauf der rohen Erzeugnisse der Land- und Forstwirthschaft unter Nr. 1 ist jetzt nicht mehr, wie früher, legitimationsfrei.

Was unter „rohen Erzeugnissen" zu verstehen, bestimmt das Gesetz nicht. Produkte, die vor ihrem Verkauf eine besondere Zubereitung oder Verarbeitung bedingen, sind nicht dahin zu zählen; Vieh fällt nicht darunter. Pr. Min. 5. Febr. 70. Bad. Verordn. 26. Dez. 71 §. 28. Meining. Min. 10. Nov. 70 §. 23. Butter nicht R.T.B. 1864, wohl aber Federvieh u. Eier R.T.B. 1852. 1859. Verschieden sind die „rohen Naturerzeugnisse" in §. 66, 1.

Welche Waaren zum Wochenmarktverkehr gehören, bestimmt

§. 66. Welche Leistungen oder Erzeugnisse nach Landesgebrauch in der unter Nr. 2 u. 3 bezeichneten Weise angeboten werden, ist eine thatsächliche Frage; zu jenen gehören insbesondere die Arbeiten der Glaser, Müller, Schornsteinfeger u. dgl.

Inwieweit die Befreiungen des §. 59 auf Ausländer Anwendung finden, hängt nach §. 56 d von der Bestimmung des Bundesraths ab; vgl. jedoch Motive.

Die selbstgewonnenen Erzeugnisse können nach §. 55 legitimationsfrei nicht durch Angehörige oder Bedienstete feilgeboten werden.

Was unter „gemeinem Gebrauch" zu verstehen, bestimmt die G.O. nicht.

***59a.** In den Fällen des §. 59 Ziffer 1 bis 3 kann der Gewerbebetrieb untersagt werden, wenn die Voraussetzungen des §. 57 Ziffer 1 bis 4 vorliegen.

Wegen des Verfahrens vgl. §. 63.

***60.** Der Wandergewerbeschein wird für die Dauer des Kalenderjahres ertheilt, er berechtigt den Inhaber, in dem ganzen Gebiete des Reichs das bezeichnete Gewerbe nach Entrichtung der darauf haftenden Landessteuern zu betreiben. Soweit nach §. 56 Ziffer 1 das Feilbieten von geistigen Getränken im Falle besonderen Bedürfnisses vorübergehend gestattet wird, ist die räumliche und zeitliche Beschränkung dieser Erlaubniß im Wandergewerbeschein anzugeben.

Ein Wandergewerbeschein für den Betrieb der im §. 55 Ziffer 4 bezeichneten Gewerbe gewährt die Befugniß zum Gewerbebetriebe in einem anderen, als dem Bezirke derjenigen Verwaltungsbehörde, welche ihn ausgestellt hat, nur dann, wenn er auf den anderen Bezirk von dessen Verwaltungsbehörde ausgedehnt ist. Sowohl die Ausstellung als auch die Ausdehnung eines derartigen Wandergewerbescheins kann für eine kürzere Dauer, als das Kalenderjahr, oder für bestimmte Tage während des Kalenderjahres erfolgen. Die Ausdehnung ist zu versagen, sobald für die den Verhältnissen des Bezirks entsprechende Anzahl von Personen Wandergewerbescheine bereits ausgestellt oder ausgedehnt sind.

Die Verwaltungsbehörde kann die von ihr bewilligte Ausdehnung nach Maßgabe des §. 58 zurücknehmen.

Der Wandergewerbeschein enthält die Personalbeschreibung des Inhabers und die nähere Bezeichnung des Geschäftsbetriebes. Das Formular der Wandergewerbescheine bestimmt der Bundesrath.

Es besteht nur noch eine Art von Wandergewerbeschein; der frühere Unterschied von großen und kleinen Legitimationsscheinen ist beseitigt.

Der Wandergewerbeschein kann, abgesehn von dem Fall unter Abs. 2, auf kürzere Zeit als das Kalenderjahr nicht ausgestellt werden. Er gilt „in dem ganzen Gebiet des Reiches" nur insofern, als in Elsaß-Lothringen landesrechtlich eine entsprechende Einrichtung besteht; die für einen Theil des Reiches geltende G.O. kann nicht Vorschriften für das ganze Reich treffen. Umgekehrt gilt vermöge §. 60 der „Legitimationsschein" Elsaß-Lothringens auch in dem übrigen Deutschland. Vgl. zu §. 55.

Die Landessteuern umfassen auch Gemeindesteuern; Motive. Was im Uebrigen darunter fällt, bestimmen die Landesregierungen; R.T.V. 1862. Benutzung des Scheins vor Entrichtung der Landessteuern ist reichsgesetzlich nicht strafbar.

Nach Abs. 4 ist der Gewerbetreibende auf Erfordern verpflichtet, die Art seines Geschäftsbetriebes, insbesondere auch die darin vorkommenden Waaren, näher anzugeben.

Gebühren für die Ertheilung des Scheins zu erheben, ist nicht untersagt; §. 5 Württemb. Min. 14. Dez. 71 §. 22.

Wegen des Verfahrens vgl. für Abs. 2 §. 63 Abs. 2, für Abs. 3

§. 63 Abs. 1. Für Abs. 1 Satz 2 sind formelle Vorschriften nicht ergangen.

Strafvorschrift in §§. 148, 7. 149, 4 außerdem für Abs. 1 § 148, 7 c u. für Abs. 2 §. 149, 3.

***60 a.** Wer die im §. 55 Ziffer 4 bezeichneten Gewerbe an einem Orte von Haus zu Haus oder auf öffentlichen Wegen, Straßen, Plätzen oder an anderen öffentlichen Orten ausüben will, bedarf der vorgängigen Erlaubniß der Ortspolizeibehörde.

Diese Erlaubniß ist nöthig neben dem Wandergewerbeschein. Sie wird nach freiem Ermessen der Behörde ertheilt oder an zeitliche oder örtliche Beschränkungen beliebiger Art gebunden, oder ganz versagt. Ein Beschwerderecht besteht nicht.

Vgl. §. 33 b, wo die „anderen öffentlichen Orte" nicht genannt sind.

Strafvorschrift in §. 148, 7 b.

***60 b.** Minderjährigen Personen kann in dem Wandergewerbescheine die Beschränkung auferlegt werden, daß sie das Gewerbe nicht nach Sonnenuntergang, und minderjährigen Personen weiblichen Geschlechts kann außerdem die Beschränkung auferlegt werden, daß sie dasselbe nur auf öffentlichen Wegen, Straßen und Plätzen, nicht aber von Haus zu Haus betreiben dürfen.

Desgleichen kann von der Ortspolizeibehörde minderjährigen Personen verboten werden, daß sie innerhalb des Polizeibezirks die im §. 59 Ziffer 1 und 2 aufgeführten Gegenstände nach Sonnenuntergang, und minderjährigen Personen weiblichen Geschlechts, daß sie dieselben Gegenstände von Haus zu Haus feilbieten.

Das Verbot nach Abs. 2 trifft niemals das Anbieten gewerblicher Leistungen.

Wegen des Verfahrens vgl. §. 63 Abs. 2.

Strafvorschrift für Abs. 1 in §. 148, 7 c, für Abs. 2 in §. 148, 7 b.

***60c.** Der Inhaber eines Wandergewerbescheins ist verpflichtet, diesen während der Ausübung des Gewerbebetriebes bei sich zu führen, auf Erfordern der zuständigen Behörden oder Beamten vorzuzeigen und, sofern er hierzu nicht im Stande ist, auf deren Geheiß den Betrieb bis zur Herbeischaffung des Wandergewerbescheins einzustellen. Auf gleiches Erfordern hat er die von ihm geführten Waaren vorzulegen.

Zum Zwecke des Gewerbebetriebes ist ohne vorgängige Erlaubniß der Eintritt in fremde Wohnungen, sowie zur Nachtzeit das Betreten fremder Häuser und Gehöfte nicht gestattet.

Denselben Bestimmungen — Absatz 2 — unterliegt das Feilbieten der im §. 59 Ziffer 1 und 2 aufgeführten Gegenstände.

Die Behörden sind befugt, nach Maßgabe ihrer gesetzlichen Zwangsbefugnisse die Einstellung des nicht legitimirten Betriebes herbeizuführen; vgl. §. 15. Beim Druckschriftenhandel ist auch das Verzeichniß der Druckschriften vorzuweisen; §. 56 Abs. 4.

Abs. 2 unterscheidet zwischen Wohnungen und Häusern; inwieweit ein solcher Unterschied thatsächlich besteht, richtet sich nach den Umständen des einzelnen Falles. Auch der Begriff der Nachtzeit richtet sich nach den thatsächlichen Verhältnissen; rechtlich ist er in der G.O. nicht normirt.

Das Anbieten gewerblicher Leistungen ist durch Abs. 3 nicht beschränkt.

Strafvorschrift für Abs. 1 in §. 149, 2, für Abs. 2 u. 3 in §. 148, 7b; letztere ist nur anwendbar, soweit nicht die Strafbestimmung des Strf.G. §. 123 zur Anwendung kommt.

***60d.** Der Wandergewerbeschein darf einem Anderen nicht zur Benutzung überlassen werden.

Wer für einen Anderen ein Gewerbe im Umherziehen zu betreiben beabsichtigt, unterliegt für seine Person den Bestimmungen dieses Gesetzes.

Wenn mehrere Personen die im §. 55 Ziffer 4 bezeichneten Gewerbe in Gemeinschaft mit einander zu betreiben beabsichtigen, so kann auf ihren Antrag ein gemeinsamer Wandergewerbeschein für die Gesellschaft als solche ausgestellt werden, in welchem jedes einzelne Mitglied aufzuführen ist. Werden für die einzelnen Mitglieder besondere Wandergewerbescheine ausgestellt, so kann in die letzteren ein Vermerk aufgenommen werden, nach welchem dem Inhaber der Gewerbebetrieb nur im Verbande einer bestimmten Gesellschaft, oder einer Gesellschaft überhaupt, gestattet sein soll.

Umherziehenden Schauspielergesellschaften wird der Wandergewerbeschein nur dann ertheilt, wenn der Unternehmer die im §. 32 vorgeschriebene Erlaubniß besitzt. In dem Wandergewerbeschein für den Unternehmer einer Schauspielergesellschaft ist ausdrücklich zu vermerken, daß der Gewerbetreibende als Unternehmer auftreten will.

Nach Abs. 1 u. 2 darf der Gewerbebetrieb im Umherziehen, entsprechend dem nach §. 55 geforderten Betrieb in „eigener Person", nicht durch Stellvertreter ausgeübt werden. Bei der Ertheilung eines Wandergewerbescheins ist nicht zu erörtern, ob das Gewerbe für eigene Rechnung oder für Rechnung eines Andern betrieben werden soll.

Abs. 3 betrifft namentlich Musikbanden, Schauspieler- u. dgl. Gesellschaften. Die für Schauspielergesellschaften nach Abs. 4 erforderliche Erlaubniß setzt nicht die wirkliche Ausübung des stehenden Gewerbes durch die betreffende Gesellschaft voraus. Letztere braucht daher nicht nach §. 14 angemeldet zu sein; nur die Befugniß, dies zu thun, muß die Gesellschaft haben.

Strafvorschrift für Abs. 1 in §. 148, 5, für den Schluß von Abs. 2 in §. 148, 7c.

***61.** Die Ertheilung des Wandergewerbescheins erfolgt durch die für den Wohnort oder Aufenthaltsort des Nachsuchenden zuständige höhere Verwaltungsbehörde. Die Verwaltungsbehörde des Aufenthaltsortes kann den Nachsuchenden an die Behörde seines Wohnortes verweisen.

In dem Falle des §. 55 Ziffer 4 erfolgt die Ertheilung des Wandergewerbescheins durch die höhere Verwaltungsbehörde, in deren Bezirke das Gewerbe betrieben werden soll.

Die Zurücknahme des Wandergewerbescheins erfolgt durch die für den Wohnort oder Aufenthaltsort des Inhabers zuständige höhere Verwaltungsbehörde.

Daß für Angehörige eines Staates nicht nur die Behörde des Wohnorts, sondern auch die des Aufenthaltsorts zur Ertheilung des Scheines befugt ist, bildet eine Neuerung gegenüber dem bisherigen Recht.

Auch die nach Elsaß-Lothringischem Recht ertheilten Legitimationsscheine können durch die Behörde des Aufenthaltsort zurückgenommen werden; vgl. zu §. 55.

Wegen des Verfahrens §. 63 Abs. 1.

***62.** Wer beim Gewerbebetriebe im Umherziehen andere Personen von Ort zu Ort mit sich führen will, bedarf der Erlaubniß derjenigen Behörde, welche den Wandergewerbeschein ertheilt hat, oder in deren Bezirke sich der Nachsuchende befindet. Die Erlaubniß wird in dem Wandergewerbescheine unter näherer Bezeichnung dieser Personen vermerkt.

Die Erlaubniß ist zu versagen, insoweit bei ihnen eine der im §. 57 bezeichneten Voraussetzungen zutrifft; außerdem darf dieselbe nur dann versagt werden, insoweit eine der im §. 57a und §. 57b bezeichneten Voraussetzungen vorliegt. Die Zurücknahme der Erlaubniß erfolgt nach Maßgabe des §. 58 durch eine für deren Ertheilung zuständige Behörde.

Die Mitführung von Kindern unter vierzehn Jahren zu gewerblichen Zwecken ist verboten.

Die Erlaubniß zur Mitführung von Kindern, welche schulpflichtig sind, ist zu versagen und die bereits ertheilte Erlaubniß zurückzunehmen, wenn nicht für einen ausreichenden Unterricht der Kinder gesorgt ist.

Die Erlaubniß zur Mitführung von Kindern unter vierzehn Jahren kann versagt und von der für die Ertheilung derselben zuständigen Behörde zurückgenommen werden. Dasselbe gilt von der Erlaubniß zur Mitführung von Personen anderen Geschlechts mit Ausnahme der Ehegatten und der über vierzehn Jahre alten eigenen Kinder und Enkel.

Die Zulassung von Begleitern ist ohne Rücksicht auf deren Bestimmung für gewerbliche oder andere Zwecke an die Erlaubniß gebunden; doch gilt §. 62 nicht für Begleiter, die nur vorübergehend für den Aufenthalt an einem Orte angenommen sind.

Das schwer übersichtliche System des §. 62 ist folgendes:

a) Begleiter über 14 Jahre. Die Erlaubniß ist nach §§. 57—57b zu ertheilen oder zu versagen; erscheint sie danach zulässig, so muß sie dennoch versagt werden, wenn der Begleiter im schulpflichtigen

Alter und eines ausreichenden Unterrichts nicht gewiß ist; sie kann dennoch versagt werden, wenn es sich — abgesehen von Gatten, Kindern und Enkeln — um Personen anderen Geschlechts handelt. b) Begleiter unter 14 Jahren. Sie sind unzulässig, sobald sie gewerblichen Zwecken dienen, selbst wenn der Wandergewerbeschein sie aufführt. Sie sind nicht zuzulassen, so lange sie noch schulpflichtig und nicht eines ausreichenden Unterrichts gewiß sind. In anderen Fällen können sie nach Ermessen zugelassen werden.

Die Schulpflicht bezieht sich nur auf die Volksschule und richtet sich nach den Gesetzen des Ortes, an welchem die Kinder zur Zeit der Ertheilung des Scheines sich aufhalten; vgl. Kommiss. Ber.

Wie bei der Frage der Erlaubniß die Bestimmung in §. 57, 5 angewendet werden soll, wie Abs. 2 vorsieht, ist nicht ersichtlich. Wegen des Verfahrens nach Abs. 2 vgl. §. 63 Abs. 1, nach Abs. 4 u. 5 vgl. §. 63 Abs. 2.

Strafvorschrift für Abs. 1 in §. 148, 6, für Abs. 2 in §. 149, 5, für Abs. 3 in §. 148, 7d. Gatten, Kinder und Enkel, die unbefugt Begleiter sind, werden dadurch nicht strafbar.

***63.** Wird der Wandergewerbeschein versagt oder zurückgenommen, oder wird die erfolgte Ausdehnung desselben zurückgenommen, so ist dies dem Betheiligten mittelst schriftlichen Bescheides unter Angabe der Gründe zu eröffnen. Gegen den Bescheid ist der Rekurs zulässig, jedoch ohne aufschiebende Wirkung. Wegen des Verfahrens und der Behörden gelten die Vorschriften der §§. 20 und 21. Dasselbe gilt von der Versagung der Genehmigung des Druckschriftenverzeichnisses (§. 56 Absatz 4), von der Untersagung des Gewerbebetriebes gemäß §. 59a und der Versagung oder Zurücknahme der Erlaubniß in den Fällen des §. 62 Absatz 2.

Die in Gemäßheit des §. 57 Ziffer 5 erfolgte Versagung des Wandergewerbescheins, sowie die auf Grund der §§. 60 Absatz 2, 60b und 62 Absatz 4 und 5 getroffenen Verfügungen können nur im Wege der Beschwerde an die unmittelbar vorgesetzte Aufsichtsbehörde angefochten werden.

## Titel IV.

### Marktverkehr.

***64.** Der Besuch der Messen, Jahr- und Wochenmärkte, sowie der Kauf und Verkauf auf denselben steht einem Jeden mit gleichen Befugnissen frei.

Wo jedoch nach der bisherigen Ortsgewohnheit gewisse Handwerkerwaaren, welche nicht zu den im §. 66 bezeichneten Gegenständen gehören, nur von Bewohnern des Marktortes auf dem Wochenmarkte verkauft werden durften, kann die höhere Verwaltungsbehörde, auf Antrag der Gemeindebehörde, den einheimischen Verkäufern die Fortsetzung des herkömmlichen Wochenmarktverkehrs mit jenen Handwerkerwaaren gestatten, ohne auswärtige Verkäufer derselben Waaren auf dem Wochenmarkte zuzulassen.

Beschränkungen des Marktverkehrs der Ausländer als Erwiderung der im Auslande gegen Reichsangehörige angeordneten Beschränkungen bleiben dem Bundesrathe vorbehalten.

Fassung beruht auf der nach Ges. betr. Abänderung der G.O. 1. Juli 83 Art. 16 R.G.B. 159 vom Reichskanzler getroffenen Feststellung des Textes der G.O.

Den Begriff des Marktes erläutert die G.O. nicht. Der gesetzliche Unterschied des Wochen- und Jahrmarkts liegt in dem Umfang des zulässigen Verkehrs (§§. 66. 67); für Messen hat das Gesetz eine Unterscheidung nicht aufgestellt, sie werden zu den Jahrmärkten zu rechnen sein, soweit sie nicht unter die Spezialmärkte fallen (§. 70). Auch Krammärkte sind Jahrmärkte.

Auch der Gewerbebetrieb im Umherziehen ist auf den Märkten frei von der Legitimationspflicht, mit Ausnahme der im §. 56 Nr. 4 bezeichneten Gewerbe; vgl. §. 55 Abs. 2.

Ueber zulässige Beschränkungen des Marktverkehrs vgl. Vereins-Zollges. 1. Juli 69 §. 124 B.G.B. 317.

Stehende Gewerbe, zu denen es einer besonderen persönlichen Erlaubniß für den Betrieb bedarf, oder deren Betrieb aus persönlichen Rücksichten untersagt werden kann, dürfen ohne jene Erlaubniß oder nach dieser Untersagung auch auf Märkten nicht betrieben werden.

Die rechtliche Bedeutung der Märkte für den Gewerbetreibenden liegt in der Befreiung des dort betriebenen Gewerbes von der Legitimationspflicht (§. 55). Landesgesetzlich schließt sich daran die Freiheit von der Gewerbesteuer. Nach beiden Richtungen stehen die Angehörigen aller Zollvereinsstaaten vertragsmäßig einander gleich; Zollvertrag 8. Juli 67 Art. 26. B.G.B. 81. Ausländischen Gewerbetreibenden ist Gleiches zum Theil vertragsmäßig zugesichert; Handelsvertrag mit Oesterreich 23. Mai 81 Art. 19 R.G.B. 123. Handelskonvention mit Rumänien 14. Nov. 77 Art. 3 R.G.B. 81, 199. Handelsvertrag mit Serbien 6. Jan. 83 Art. 4 R.G.B. 41. In den meisten Staaten hat schon die Landesgesetzgebung den Ausländer auch in der Steuerfreiheit dem Inländer gleich gestellt.

**65.** Die Zahl, Zeit und Dauer der Messen, Jahr- und Wochenmärkte wird von der zuständigen Verwaltungsbehörde festgesetzt.

Dem Marktberechtigten steht gegen eine solche Anordnung kein Widerspruch zu; ein Entschädigungsanspruch gebührt demselben nur dann, wenn durch die Anordnung die Zahl der bis dahin abgehaltenen Märkte vermindert wird, und eine größere Zahl ausdrücklich und unwiderruflich verliehen war. Gemeinden, welche einen Entschädigungsanspruch geltend machen wollen, müssen außerdem nachweisen, daß ihr Recht auf einen speziellen lästigen Titel sich gründet.

Die Geltendmachung des Entschädigungsanspruchs gehört vor den Richter. Die Entschädigung kann, Mangels anderer Verpflichteten, nur vom Staat getragen werden.

Kein Marktverkehr zulässig, der nicht von der zuständigen Behörde genehmigt ist; O.V. 15. Sept. 81.

**66.** Gegenstände des Wochenmarktverkehrs sind:

1. rohe Naturerzeugnisse mit Ausschluß des größeren Viehes;
2. Fabrikate, deren Erzeugung mit der Land- und Forstwirthschaft, dem Garten- und Obstbau oder der Fischerei in unmittelbarer Verbindung steht, oder zu den Nebenbeschäftigungen der Landleute der Gegend gehört, oder durch Tagelöhnerarbeit bewirkt wird, mit Ausschluß der geistigen Getränke;
3. frische Lebensmittel aller Art.

Die zuständige Verwaltungsbehörde ist auf Antrag der Gemeindebehörde befugt, zu bestimmen, welche Gegenstände außerdem nach Ortsgewohnheit und Bedürfniß in ihrem Bezirk überhaupt, oder an gewissen Orten zu den Wochenmarktartikeln gehören.

In Preußen war im Anschluß an eine dem §. 66 entsprechende Vorschrift ein Verzeichniß der Wochenmarktsartikel aufgestellt; Pr. Min. 26. Dez. 47. Die Bestimmung darüber liegt jetzt mittelbar in der Hand des Richters, §§. 69. 149, 6.

Ueber den Begriff der „rohen" Erzeugnisse vgl. zu §. 59.

Größeres Vieh kann nach Maßgabe des Abs. 2, ungeachtet des Ausschlusses in Abs. 1 unter Nr. 1, zum Wochenmarktsverkehr zugelassen werden; R.T.B. 477. Nicht zugelassen sind gewerbliche Leistungen, Schaustellungen u. s. w.; nach Fassung und Sinn von §. 66, auch des Abs. 2, sind nur Erzeugnisse der Landwirthschaft und Fabrikation als Wochenmarktsartikel zu betrachten; vgl. §. 67.

Nach Abs. 2 kann der Wochenmarktsverkehr dem Jahrmarktsverkehr sehr genähert werden. Die Ausdehnung desselben auf den Verkauf geistiger Getränke erscheint jedoch unzulässig; vgl. §. 67.

Ueber die Bestrafung unzulässigen Wochenmarktsverkehrs vgl. zu §. 69.

67. Auf Jahrmärkten dürfen außer den im §. 66 benannten Gegenständen Verzehrungsgegenstände und Fabrikate aller Art feilgehalten werden.

Zum Verkaufe von geistigen Getränken zum Genuß auf der Stelle bedarf es jedoch der Genehmigung der Ortspolizeibehörde.

Gleiches muß von den Messen gelten, soweit sie nicht unter die Spezialmärkte (§. 70) fallen; §. 64.

Auf gewerbliche Leistungen kann der Jahrmarktsverkehr nicht ausgedehnt werden; vgl. §. 66.

Ueber die Bestrafung unzulässigen Marktverkehrs vgl. zu §. 69.

68. Der Marktverkehr darf in keinem Falle mit anderen als solchen Abgaben belastet werden, welche eine Vergütung für den überlassenen Raum und den Gebrauch von Buden und Geräthschaften bilden. In den Bestimmungen darüber, ob und in welchem Umfange Abgaben dieser Art erhoben werden dürfen, wird durch gegenwärtiges Gesetz nichts geändert. Ein Unterschied zwischen Einheimischen und Fremden bezüglich der Zahlung der Abgaben darf nicht stattfinden.

In Preußen durchgeführt durch Ges. 26. April 72, unter Aufhebung aller älteren, für einzelne Theile des Staates erlassenen Vorschriften.

**69.** In den Grenzen der Bestimmungen der §§. 65 bis 68 kann die Ortspolizeibehörde, im Einverständniß mit der Gemeindebehörde, die Marktordnung nach dem örtlichen Bedürfniß festsetzen, namentlich auch für das Feilbieten von gleichartigen Gegenständen den Platz, und für das Feilbieten im Umhertragen, mit oder ohne Ausruf, die Tageszeit und die Gattung der Waaren bestimmen.

Die ortspolizeilichen Befugnisse sind nicht bestimmt umgrenzt. Es ist anzunehmen, daß sie, von den Beschränkungen der §§. 65—68 abgesehen, frei sein, mithin auch etwaige landesgesetzliche Vorschriften eine bindende Norm nicht mehr abgeben sollen. Aeltere landesgesetzliche Vorschriften, welche größere Beschränkungen in der persönlichen Befugniß zum Gewerbebetriebe vor, während und nach der Marktzeit statuiren als die §§. 64—71, sind als aufgehoben anzusehen; dahin gehört insbesondere das Verbot der Zulassung gewisser Klassen von Käufern für einen gewissen Theil der Marktzeit. Hingegen ist das Verbot zulässig, an Markttagen, so lange die Marktzeit dauert, auf anderen, als den durch die Marktordnung bezeichneten Plätzen, Marktartikel feil zu halten. Der einfache Verkauf kann nicht untersagt werden, noch weniger der Ankauf; der sogen. Vorkauf kann daher beschränkt, nicht ganz verhindert werden; vgl. O.T. 7. Dez. 70.

Uebertretungen der Marktordnung sind strafbar nach §. 149, 6, auch ohne daß die Marktordnung in der landesgesetzlich für Strafpolizeiverordnungen vorgeschriebenen Form erlassen ist. Verletzungen der durch die G.O. statuirten Beschränkungen des Marktverkehrs sind nicht strafbar. R.G. 19. Nov. 79.

**70.** In Betreff der Märkte, welche bei besonderen Gelegenheiten oder für bestimmte Gattungen von Gegenständen gehalten werden, bewendet es bei den bestehenden Anordnungen.

Erweiterungen dieses Marktverkehrs können von der zuständigen Behörde mit Zustimmung der Gemeindebehörde angeordnet werden.

Hierher gehören Weihnachts-, Vieh-, Woll-, Garn-, Butter- u. dgl. Märkte, Getreideschrannen, auch Messen, wenn sie nur für bestimmte Artikel abgehalten werden; vgl. §. 64.

Die bestehenden Anordnungen gelten selbst dann fort, wenn sie mit dem Inhalt der §§ 64—69 in Widerspruch stehen. Doch bleiben nur die besonderen Anordnungen in Kraft, nicht solche allgemeine Bestimmungen, welche nach der bisherigen Landesgesetzgebung für Märkte überhaupt und in Folge davon auch für Spezialmärkte Anwendung fanden. Diese sind, soweit mit §§. 64—69 in Widerspruch, gänzlich beseitigt.

Erweiterungen des Verkehrs auf den Spezialmärkten müssen sich jedenfalls in den Grenzen des Jahrmarktverkehrs halten, §. 67. Sie können nicht zu Gunsten gewisser Kategorien von Gewerbetreibenden gewährt werden, soweit sich nicht auch der bisherige Marktverkehr auf diese beschränkte.

**71.** Beschränkungen des Verkehrs mit den zu Messen und Märkten gebrachten, aber unverkauft gebliebenen Gegenständen werden hierdurch aufgehoben. Der Einzelverkauf solcher Gegenstände außer der Marktzeit ist jedoch nur unter denselben Bedingungen zulässig, unter welchen derselbe statthaft sein würde, wenn die Gegenstände nicht auf den Markt gebracht wären.

Gilt auch für die Spezialmärkte des §. 70.

Für den Verkauf außer der Marktzeit bedürfen Auswärtige des Wandergewerbescheines, insoweit sie nicht ein stehendes Verkaufsgeschäft einrichten, §§. 14. 55.

# Titel V.

## T a x e n.

**72.** Polizeiliche Taxen sollen, soweit nicht ein Anderes nachstehend angeordnet worden, künftig nicht vorgeschrieben werden; da, wo sie gegenwärtig bestehen, sind sie in einer von der Ortspolizeibehörde zu bestimmenden, höchstens einjährigen Frist aufzuheben.

Bezieht sich auf Lohn- und Waarentaxen. Das Gesetz bestimmt den Begriff der polizeilichen Taxen nicht. Erlaß durch die Polizeibehörde ist keine Voraussetzung derselben, vgl. §. 148, 8; wohl aber Erlaß durch ein obrigkeitliches Organ, und zwar in Anwendung auf Leistungen des freien gewerblichen Verkehrs.

**73.** Die Bäcker und die Verkäufer von Backwaaren können durch die Ortspolizei-Behörde angehalten werden, die Preise und das Gewicht ihrer verschiedenen Backwaaren für gewisse von derselben zu bestimmende Zeiträume durch einen von außen sichtbaren Anschlag am Verkaufslokale zur Kenntniß des Publikums zu bringen.

Dieser Anschlag ist kostenfrei mit dem polizeilichen Stempel zu versehen und täglich während der Verkaufszeit auszuhängen.

Das Einschreiten der Polizei erfolgt nach Maßgabe der ihr landesrechtlich zustehenden Verordnungs-, Verfügungs- und Exekutivbefugnisse.

Strafvorschrift in §. 148, 8.

**74.** Wo der Verkauf von Backwaaren nur nach den von den Bäckern und Verkäufern an ihren Verkaufslokalen angeschlagenen Preisen erlaubt ist, kann die Ortspolizeibehörde die Bäcker und Verkäufer zugleich anhalten, im Verkaufslokale eine Waage mit den erforderlichen geaichten Gewichten aufzustellen und die Benutzung derselben zum Nachwiegen der verkauften Backwaaren zu gestatten.

Vgl. zu §. 73 und Stf.G. §. 369, 2.

Auch die Nichteinhaltung des Gewichts ist strafbar nach §. 148, 8.

**75.** Die Gastwirthe können durch die Ortspolizeibehörde angehalten werden, das Verzeichniß der von ihnen gestellten Preise einzureichen und in den Gastzimmern anzuschlagen. Diese Preise dürfen zwar jederzeit abgeändert werden, bleiben aber so lange in Kraft, bis die Abänderung der Polizeibehörde angezeigt, und das abgeänderte Verzeichniß in den Gastzimmern angeschlagen ist. Auf Beschwerden Reisender wegen Ueberschreitung der verzeichneten Preise steht der Ortspolizeibehörde eine vorläufige Entscheidung vorbehaltlich des Rechtsweges zu.

Vgl. zu §. 73.

Rekurs gegen die polizeiliche Entscheidung ist nicht gegeben; die Wahl des Rechtsweges ist an eine Frist nicht gebunden.

**76.** Die Ortspolizeibehörde ist in Uebereinstimmung mit der Gemeindebehörde befugt, für Lohnbediente und andere Personen, welche auf öffentlichen Straßen und Plätzen oder in Wirthshäusern ihre Dienste anbieten (§. 37), sowie für die Benutzung von Wagen, Pferden, Sänften, Gondeln und anderen Transportmitteln, welche öffentlich zum Gebrauch aufgestellt sind, Taxen festzusetzen.

Fassung ist nicht konform dem §. 37. Polizeiliche Regelung für Dienstanbietungen in Wirthshäusern kennt §. 37 nicht, dagegen bezieht sich §. 76 auf sie mit. Umgekehrt ist für Transportmittel, welche nicht öffentlich zum Gebrauch aufgestellt werden, zwar polizeiliche Regelung nach §. 37, nicht aber eine Taxe nach §. 76 gestattet. Letzteres findet Anwendung auf das Leichenfuhrwesen.

**77.** Ebenso können für Schornsteinfeger, wenn ihnen Bezirke ausschließlich zugewiesen sind, von der Ortspolizeibehörde, im Einverständniß mit der Gemeindebehörde, oder, wenn der zugewiesene Bezirk mehr als eine Ortschaft umfaßt, von der unteren Verwaltungsbehörde Taxen aufgestellt werden.

Vgl. §. 39.
Strafvorschrift in §. 148, 8.

**78.** Hinsichtlich der Taxen für solche gewerbetreibende Personen, welche nach den Bestimmungen im §. 36 von den Behörden zu beeidigen und anzustellen sind, wird durch das gegenwärtige Gesetz nichts geändert. Die nach §. 36 zuständigen Behörden sind befugt, für diese Personen auch da Taxen einzuführen, wo dergleichen bisher nicht bestanden.

Es werden nur die von Behörden, nicht die von Korporationen angestellten Personen erwähnt, obwohl letztere im §. 36 berücksichtigt sind. Die Korporationen sind indeß nicht gehindert, den Anzustellenden vor der Anstellung die Einhaltung einer Taxe zur Bedingung zu machen. Nur begründet die Taxe in diesem Falle für das Publikum keine Rechte.

Für Lootsen und Markscheider, deren Zulassung nach §. 34 nur von einer Konzession abhängig gemacht werden kann, ist der Erlaß von Taxen nicht vorbehalten. Die Landesgesetze können die Konzessionirung von der Beachtung einer Taxe abhängig machen, die freilich für das Publikum Rechte nicht begründet.

**79.** Die in den §§. 73 bis 78 genannten Gewerbetreibenden sind berechtigt, die festgestellten Preise und Taxen zu ermäßigen.

80. Die Taxen für die Apotheker können durch die Zentralbehörden festgesetzt werden, Ermäßigungen derselben durch freie Vereinbarungen sind jedoch zulässig.

Die Bezahlung der approbirten Aerzte u. s. w. (§. 29 Absatz 1) bleibt der Vereinbarung überlassen. Als Norm für streitige Fälle im Mangel einer Vereinbarung können jedoch für dieselben Taxen von den Zentralbehörden festgesetzt werden.

Nach Abs. 1 dürfen Apotheker unbeschränkt Rabatt geben.

Die ärztlichen Taxen nach Abs. 2 unterscheiden sich von den sonstigen Taxen dadurch, daß Mehrforderungen nicht strafbar sind. Indessen sollen nach Preußischer Praxis die früheren gesetzlichen Taxen Mangels einer Vereinbarung als subsidiäre Rechtsnorm in Geltung bleiben; Pr. Min. 11. Jan. 73.

Strafvorschrift in §. 148, 8.

# Titel VI.

## Innungen von Gewerbetreibenden.

### I. Bestehende Innungen.

81. Alle zur Zeit gesetzlich bestehenden Korporationen von Gewerbetreibenden (Innungen, Zünfte) dauern fort. Ihre Statuten (Innungsartikel, Zunftartikel) bleiben in Kraft, soweit sie nicht durch die Vorschriften dieses Gesetzes oder nach Maßgabe der Bestimmung im §. 92 abgeändert werden.

Soweit die Landesgesetze die Verfassung der Innungen an Stelle der Statuten geregelt haben, bilden die gesetzlichen Bestimmungen einen Theil der statutarischen Verfassung und bleiben ferner giltig; Pr. Anw. 21. Wegen einer Beschränkung dieses §. vgl. zu §. 97.

**82.** Jedes Mitglied einer Innung kann jederzeit, vorbehaltlich der Erfüllung seiner Verpflichtungen, ausscheiden und darf das Gewerbe nach dem Austritt fortsetzen. Der Ausgeschiedene verliert alle Ansprüche an das Zunftvermögen und die durch dasselbe ganz oder theilweise fundirten Nebenkassen, soweit die Statuten nicht ein Anderes bestimmen.

Die Erfüllung der Verpflichtungen kann nur im Rechtsweg verfolgt werden, §. 91. R.T.B. 483.

***83.** Von dem Eintritt in eine Innung können diejenigen ausgeschlossen werden:

1. welche sich nicht im Besitz der bürgerlichen Ehrenrechte befinden;

   oder

2. welche in Folge gerichtlicher Anordnung in der Verfügung über ihr Vermögen beschränkt sind.

Fassung beruht auf dem Ges. betr. Abänderung der G.O. 1. Juli 83. R.G.B. 159.

Von der Mitgliedschaft der Innung kann wegen der im §. 83 bezeichneten Gründe niemand ausgeschlossen werden; vgl. §. 86. R.T.B. zur G.O. 484.

**84.** Vorbehaltlich der vorstehenden Bestimmung (§. 83) darf der Eintritt in eine Innung Keinem versagt werden, welcher die in dem Statute vorgeschriebenen Bedingungen erfüllt hat.

Bedarf es zu diesem Zweck der Ablegung einer Prüfung, so ist dieselbe auf den Nachweis der Befähigung zur selbständigen Ausführung der gewöhn=

lichen Arbeiten des Gewerbes zu richten. Die deshalb zu lösenden Aufgaben, sowie der zur Bestreitung der Prüfungskosten von dem zu Prüfenden zu zahlende Betrag werden von der Innung bestimmt. Bevorzugungen sind dabei nicht statthaft.

Die Prüfungszeugnisse der für einzelne Gewerbe angeordneten besonderen Prüfungsbehörden und der bisher zur Abnahme von Prüfungen befugt gewesenen Kommissionen sind ein genügender Nachweis der Befähigung zum Betriebe der Gewerbe, über welche sie ausgestellt sind.

Die Ablegung einer Prüfung kann von denjenigen nicht gefordert werden, welche das betreffende Gewerbe mindestens seit Einem Jahre selbständig ausüben.

Der Grundsatz des §. 84, daß die Innungen nach Ermessen über diejenigen Bedingungen entscheiden, von welchen nach dem Statut die Aufnahme abhängen soll, ist gegenüber der Bestimmung des §. 83 nicht klar. Man muß annehmen, daß, in Ansehung der persönlichen Eigenschaften, keine anderen, als die im §. 83 zugelassenen Beschränkungen gestellt werden dürfen, diese aber nicht blos im Statut, sondern auch mittelst Beschlusses für den einzelnen Fall, daß dagegen in Ansehung der Leistungen des Aufzunehmenden keine anderen, als die in §§. 84. 85 enthaltenden Maßgaben für die Statuten der Innungen gesetzt sein sollen. Daher erscheint es zulässig, einen bestimmten Umfang des Gewerbebetriebes als Aufnahmebedingung zu statuiren. Vgl. R.T.B. 485.

Besondere Prüfungsbehörden, wie in Abs. 3 erwähnt, kennt die G.O. nicht. Prüfungen bestehen noch für Schiffer, Steuerleute, Maschinisten auf Seedampfern und für Lootsen (§. 31) und können noch bestehen für Markscheider (§. 34); die Vorschrift ist eine Reminiszenz aus der Preuß. Gesetzgebung; Allgem. G.O. 17. Jan. 45 §. 108. In Betreff der „bisher zur Abnahme von Prüfungen befugt gewesenen

Kommissionen" vgl. für Preußen Allgem. G.O. 17. Jan. 45 §. 162, Verordn. 9. Febr. 49 §§. 23. 37. 40. Kommissionen dieser Art haben schon mit dem Erlaß des Ges. betr. den Betrieb der steh. Gew. 8. Juli 68 (B.G.B. S. 406) in der Hauptsache ihre Wirksamkeit eingebüßt, seit der G.O. vollständig; Pr. Anw. 20.

***85.** Die bei der Aufnahme in eine Innung zu entrichtenden Antrittsgelder müssen für alle Genossen der Innung gleich sein. Wo sie mehr als fünfzehn Mark betragen, bedarf es zu ihrer Erhöhung der Genehmigung der höheren Verwaltungsbehörde. Diese Genehmigung ist auch dann erforderlich, wenn Antrittsgelder, welche den Betrag von fünfzehn Mark nicht übersteigen, über diesen Betrag erhöht werden sollen.

Der Beitritt zu einer Innung schließt die Befugniß nicht aus, an anderen Innungen Theil zu nehmen.

Fassung beruht auf der nach dem Ges. betr. Abänderung der G.O. 1. Juli 83. Art. 16 R.G.B. 159 von dem Reichskanzler geschehenen Feststellung des Textes der G.O.

Die Antrittsgelder können nicht erlassen werden, auch nicht nachträglich, ebenso wenig wie Prüfungsgebühren; vgl. zu §§. 84. 90.

***86.** Durch Beschluß der Innung kann von Ausübung des Stimmrechts, sowie der Ehrenrechte innerhalb der Innung, derjenige ausgeschlossen werden, welcher in einem der in §. 83 unter 1, 2 bezeichneten Verhältnisse sich befindet.

Fassung beruht auf dem Ges. betr. Abänderung der G.O. 1. Juli 83 R.G.B. 159.

Ausschluß aus der Innung ist unzulässig, abweichend von dem für neue Innungen maßgebenden Grundsatz; vgl. §. 98 a. O.B. 16. Jan. 81.

**87.** Wird nach dem Tode eines Innungsgenossen

dessen Gewerbe durch einen Stellvertreter für Rechnung der Wittwe oder minderjährigen Erben fortgesetzt, so gehen die Befugnisse und Obliegenheiten des Verstorbenen, mit Ausnahme des Stimmrechts in der Innungsversammlung, auf die Wittwe für die Dauer des Wittwenstandes, beziehungsweise auf die minderjährigen Erben für die Dauer der Minderjährigkeit, über.

Vgl. §. 46.

Außer den Stimmrechten werden auch die Ehrenrechte (vgl. §. 86) als ruhend anzusehen sein. Die Befugnisse werden, soweit nöthig, von den Vertretern wahrgenommen. Mit der Verheirathung scheiden die Wittwen, mit der Großjährigkeit die Kinder aus der Innung aus.

88. Die Innung wird bei gerichtlichen wie bei außergerichtlichen Verhandlungen durch ihren Vorstand vertreten.

Die Legitimation desselben wird durch eine amtliche Bescheinigung der Gemeindebehörde für seine Eigenschaft als solcher geführt.

Die Befugniß zur Vertretung erstreckt sich auch auf diejenigen Geschäfte und Rechtshandlungen, für welche nach den Gesetzen eine Spezialvollmacht erforderlich ist.

Soweit in dem Statut (Innungsartikeln, Zunftartikeln) einem Mitgliede oder mehreren Mitgliedern des Vorstandes die Vertretung der Innung nach Außen übertragen ist, behält es hierbei sein Bewenden.

Wo der Vorstand gewählt wird, entscheidet die Gemeindebehörde über die bezüglichen Streitigkeiten; Streitigkeiten über seine Rechte und Pflichten entscheidet sie immer; vgl. §. 95.

**89.** Verträge der Innung über die Erwerbung, Veräußerung oder Verpfändung unbeweglicher Sachen und über Darlehen, für welche das unbewegliche Vermögen der Innung oder die Nutzungen desselben auf länger als ein Jahr haften sollen, bedürfen zu ihrer Rechtsgültigkeit der Genehmigung der Gemeindebehörde. Dieselbe darf jedoch nicht versagt werden, wenn nachgewiesen wird, daß die Erfüllung aller bestehenden Verpflichtungen der Innung, sowie der für den Fall der Auflösung durch §. 94 getroffenen Vorschriften gesichert bleibt.

Verträge, die den Anforderungen des §. 89 nicht entsprechen, sind ausdrücklich für rechtsungiltig erklärt; vgl. zu §. 91. Ob die in §. 89 erwähnten Verträge auf Grund einfachen Beschlusses oder auf Grund einer Statutabänderung geschlossen sind, ist unerheblich; vgl. zu §. 92.

**90.** Zahlungen aus den Einnahmen oder dem Vermögen der Innung an Genossen derselben dürfen nur insoweit geleistet werden, als sie auf ausdrücklichen Vorschriften des Statuts beruhen. Für Zehrung dürfen solche Zahlungen niemals geleistet werden.

Auch Zahlungen nach Maßgabe des Statuts unterliegen noch Beschränkungen, §. 92.

Nach der Absicht des §. 90, Begünstigungen einzelner Genossen oder aller derzeitigen Mitglieder auf Kosten des Innungsvermögens zu hindern, müssen den Zahlungen „andere Verfügungen über das Innungsvermögen" (§. 92) von gleicher Wirkung, insbesondere Erlaß von Forderungen, §§. 84. 85, gleich behandelt werden.

**91.** Die exekutivische Beitreibung der Innungsbeiträge und der von Innungsgenossen wegen Verletzung statutarischer Vorschriften verwirkten Geldstrafen im Verwaltungswege findet ferner nicht statt.

Verfallene Zahlungen der Innungsgenossen können nur eingeklagt werden. Ueber die rechtlichen Folgen solcher Vermögensdispositionen, welche einzelnen Bestimmungen des Gesetzes zuwiderlaufen, spricht das Gesetz nur in einem Fall, §. 89, ausdrücklich. In anderen Fällen, §§. 84. 85. 90, erwachsen der Innung nur Ersatzansprüche gegen die Betheiligten, die im Rechtswege verfolgt werden. Soweit der Innungsvorstand selbst ersatzverbindlich ist, muß von der Gemeindebehörde, als Aufsichtsinstanz (§. 95), nach allgemeinen Rechtsregeln für die Vertretung der Innung gesorgt werden.

**92.** Abänderungen des Statuts können in einer Versammlung der Innung, zu welcher sämmtliche stimmberechtigte Genossen unter ausdrücklicher Bezeichnung des Gegenstandes der Berathung schriftlich eingeladen sind, durch absolute Mehrheit der Anwesenden beschlossen werden. Der Beschluß bedarf der Genehmigung der höheren Verwaltungsbehörde, wenn er Zahlungen aus den Einnahmen oder dem Vermögen der Innung an Genossen derselben oder andere Verfügungen über das Innungsvermögen zum Gegenstande hat. Diese Genehmigung darf jedoch nicht versagt werden, wenn nachgewiesen wird, daß die Erfüllung aller bestehenden Verpflichtungen der Innung, sowie der für den Fall der Auflösung durch §. 94 getroffenen Vorschriften gesichert bleibt.

Beschlüsse, die eine Statutenänderung enthalten und zugleich über das Innungsvermögen disponiren, bedürfen in allen Fällen einer Genehmigung und haben für gewisse Fälle auf Ertheilung dieser Genehmigung keinen gesetzlichen Anspruch.

Ueber solche Beschlüsse, die eine Statutenänderung nicht zur

Folge haben, gleichwohl aber in Betreff des Innungsvermögens disponiren, hat das Gesetz Bestimmungen nicht getroffen. Sie sind nur an Genehmigung gebunden, wenn es sich um Dispositionen der im §. 89 bezeichneten Art handelt, und ziehen Ersatzverpflichtungen nach sich, wenn darin gegen andere gesetzliche Schranken (§§. 84. 85. 90) verstoßen wird; vgl. §. 91.

Abänderungen des Statuts, welche keine Dispositionen über das Vermögen der Innung enthalten, bedürfen einer Genehmigung nicht.

In Betreff des Eingreifens der Behörden vgl. §. 95.

**93.** Ihre Auflösung kann die Innung in einer Versammlung, zu welcher sämmtliche stimmberechtigte Genossen unter ausdrücklicher Bezeichnung des Gegenstandes der Berathung schriftlich eingeladen sind, durch absolute Mehrheit der Anwesenden beschließen. Der Beschluß bedarf der Genehmigung der höheren Verwaltungsbehörde. Diese Genehmigung wird ertheilt, wenn die Berichtigung der Schulden und die Erfüllung der Vorschriften des §. 94 sichergestellt ist.

Die Art der Sicherstellung hängt von dem Ermessen der Behörde ab. Ohne diese Sicherstellung darf die Genehmignng nicht ertheilt werden; vgl. dagegen zu §. 92.

Ueber die Schließung der Innung vgl. zu §. 57.

**94.** Löst eine Innung sich auf, so muß ihr Vermögen zuvörderst zur Berichtigung ihrer Schulden und zur Erfüllung ihrer sonstigen Verpflichtungen verwendet werden. War dasselbe bisher ganz oder theilweise zur Fundirung von Unterrichtsanstalten oder zu anderen öffentlichen Zwecken bestimmt, so darf dasselbe dieser Bestimmung nicht entzogen werden. Wird dafür nicht in anderer genügender Weise Sorge getragen, so fällt das betreffende Vermögen der Gemeinde gegen Uebernahme der darauf lastenden Verpflichtungen zu.

Eine Vertheilung des hiernach verbleibenden Reinvermögens unter die zeitigen Mitglieder kann die Innung bei ihrer Auflösung nur soweit beschließen, als dasselbe aus Beiträgen dieser Mitglieder entstanden ist.

Der Rest des Vermögens wird, sofern in dem Statute oder in den Landesgesetzen nicht ein Anderes ausdrücklich bestimmt ist, der Gemeinde, in welcher die aufgelöste Innung ihren Sitz hatte, zur Benutzung für gewerbliche Zwecke überwiesen.

Entstehen aus den vorstehenden Bestimmungen Differenzen zwischen der Ortsgemeinde und der Innung, so steht die Entscheidung darüber der höheren Verwaltungsbehörde zu.

Letzterer steht auch die Befugniß zu, den bisher mit der Innung verbunden gewesenen Unterrichtsanstalten, Hülfskassen oder anderen Instituten zu öffentlichen Zwecken nach der Auflösung der Innung Korporationsrechte zu ertheilen.

Die vorstehenden Vorschriften kommen auch im Falle des Erlöschens einer Innung durch Aussterben ihrer Mitglieder zur Anwendung.

Die erforderlichen Anordnungen, um diesen Voraussetzungen zu genügen, sind zunächst dem Vorstand der Innung selbst überlassen. Der Gemeindebehörde steht gegen etwaige gesetzwidrige Dispositionen Einspruch zu. Vgl. zu §. 95.

Sind die Beiträge der vorhandenen Mitglieder in der laufenden Verwaltung verbraucht, so haben sie auf Höhe derselben aus dem übrigen Vermögen Ersatz zu verlangen.

Die Gemeinden können die Uebernahme des ihnen zufallenden Vermögens wegen der damit verbundenen Lasten nicht ablehnen.

In welchem Falle eine Innung als durch Aussterben erloschen anzusehen ist, bestimmt das Landesrecht. Es kann darin vorgeschrieben werden, daß die Innung auch im Fall der Reduktion auf eine gewisse Zahl von Mitgliedern — vorbehaltlich der Rechte der noch vorhandenen — als erloschen gelten solle. In Fällen des Aussterbens hat die Gemeindebehörde für die Ausführung des §. 94 Sorge zu tragen.

Wenn eine Innung sich über mehrere Gemeinden erstreckt, so ist, in Ermangelung bestimmter Vorschriften, zwischen dem gewissen Zwecken gewidmeten und dem übrigen Vermögen zu unterscheiden. Letzteres fällt an die Gemeinde des Domizils, ersteres an diejenigen Gemeinden, in deren Bezirken den betreffenden Zwecken allein entsprochen werden kann.

**95.** Die Gemeindebehörde übt die Aufsicht über die Innungen aus. Sie entscheidet Streitigkeiten über die Aufnahme und Ausschließung von Genossen, über die Wahl der Vorstände und über die Rechte und Pflichten der letzteren. Gegen ihre Entscheidung steht der Rekurs an die höhere Verwaltungsbehörde offen, welcher binnen einer präklusivischen Frist von vier Wochen bei der Gemeindebehörde anzubringen ist.

Innungsversammlungen, in welchen über Abänderungen des Statuts oder über die Auflösung der Innung Beschluß gefaßt werden soll, wohnt die Gemeindebehörde durch eines ihrer Mitglieder oder einen Beauftragten bei. An anderen Berathungen der Innung nimmt sie nicht Theil. Die Bestätigung der Wahl der Vorstände steht ihr fortan nicht zu.

Die Bestimmung ist unklar. Nach der Fassung ist den Gemeindebehörden ein zwiefaches Recht beizulegen, ein allgemeines Recht der

Aufsicht und ein besonderes der formellen Entscheidung. Letztere kann nur durch einen an bestimmte Frist gebundenen Rekurs angefochten werden, erfolgt übrigens ohne formelles Verfahren, und ist nur gestattet in Betreff der durch §. 95 ausdrücklich bezeichneten Fragen, insbesondere in Anwendung auf die Fälle der §§. 82—84. 88. Erstere beschränkt sich nach der Tendenz der G.O. (§. 96) ebenfalls nur auf die ausdrücklich ihr unterstellten Verhältnisse, §§. 89. 94. 95, oder auf solche Verhältnisse, die der Einwirkung der höheren Verwaltungsbehörde unterliegen, §§. 85. 92. 93. 94. Beschwerden über die kraft dieser Aufsicht erlassenen Verfügungen sind an Fristen nicht gebunden und verfolgen den, landesrechtlich für Beschwerden gegebenen, Instanzenzug.

Alle anderen, die Verhältnisse der Innungen betreffenden, Beschwerden sind zunächst auf den Rechtsweg zu verweisen. Soweit dieser nach Landesrecht nicht zulässig ist, wird der gewöhnliche Weg der Beschwerde an die zuständigen Staatsverwaltungsorgane zu betreten sein.

Die Gemeindebehörde muß sich in gewissen Versammlungen der Innung vertreten lassen; diese Vertretung hat nur den Zweck, ihr die nöthige Information zur Wahrung ihres Aufsichtsrechts zu gewähren; der Vertreter ist zu einem thätigen Eingreifen in die Berathungen oder zum Leiten der Verhandlungen nicht befugt.

**96.** Alle Bestimmungen der Gesetze oder der Statuten (Innungsartikel, Zunftartikel), durch welche der Gemeindebehörde in Angelegenheiten der Innungen größere Befugnisse beigelegt sind, als durch gegenwärtiges Gesetz, treten außer Kraft.

Das Gleiche gilt von den Bestimmungen der, für alle oder mehrere Innungen eines Ortes gegebenen, sogen. Ortsstatuten; vgl. für Preußen Allg. G.O. §. 168. Ges. 3. April 54 §. 3.

## II. Neue Innungen.

Die mit * bezeichneten §§. beruhen auf dem Ges. betr. die Abänderung der G.O. 18. Juli 81 R.G.B. 233.

***97.** Diejenigen, welche ein Gewerbe selbständig betreiben, können zur Förderung der gemeinsamen gewerblichen Interessen zu einer Innung zusammentreten.

Aufgabe der neuen Innungen ist:

1. die Pflege des Gemeingeistes sowie die Aufrechterhaltung und Stärkung der Standesehre unter den Innungsmitgliedern;
2. die Förderung eines gedeihlichen Verhältnisses zwischen Meistern und Gesellen sowie die Fürsorge für das Herbergswesen der Gesellen und für die Nachweisung von Gesellenarbeit;
3. die nähere Regelung des Lehrlingswesens und der Fürsorge für die technische, gewerbliche und sittliche Ausbildung der Lehrlinge;
4. Streitigkeiten der im §. 120a bezeichneten Art zwischen den Innungsmitgliedern und ihren Lehrlingen an Stelle der Gemeindebehörde (Absatz 2 daselbst) zu entscheiden.

Um die Bildung neuer Innungen zu erleichtern, hat der Reichskanzler den Entwurf eines Innungsstatutes nebst Erläuterungen aufstellen lassen; Bekanntmachung des Reichskanzlers 11. Jan. 82 C.B. 247. Vgl. auch die Preußische Anweisung zur Ausführung der §§. 97 ff. Pr. Min. 9. März 82.

Früher konnten nur unter denjenigen, welche gleiche oder verwandte Gewerbe treiben, Innungen gebildet werden; seit der Umgestaltung der §§. 97 ff. bedarf es dafür nur gemeinsamer gewerblicher Interessen. Immer aber kann eine für mehrere oder alle

Gewerbe errichtete Innung nur solche Gewerbe vertreten, welche unter den Mitgliedern wirklich vorhanden sind.

Die Erfüllung der Aufgabe des §. 97 ist eine gesetzliche Pflicht, deren Vernachlässigung den Bestand der Innung gefährdet (§§. 98 b 103 f.).

Für ältere Innungen bestimmt Art. 3 des Ges. 18. Juli 81: „Die bei Erlaß dieses Gesetzes bestehenden Innungen, welche bis zum Ablauf des Jahres 1885 ihre Verfassung den Bestimmungen des Artikels 1 entsprechend nicht umgestaltet haben, können durch die Zentralbehörde aufgefordert werden, diese Umgestaltung innerhalb bestimmter Frist zu bewirken. Wird der Aufforderung nicht entsprochen, so ist die Centralbehörde befugt, die Schließung der Innung anzuordnen. Ueber das Vermögen der Innung ist in diesem Falle nach Maßgabe des §. 94 zu verfügen.“ Art. 1 enthält die §§. 97—104 g. Das Ges. betr. Abänderung der G.O. 1. Juli 83 R.G.B. 159 hat jenen Art. 3 unberührt gelassen.

***97 a.** Die Innungen sind befugt, ihre Wirksamkeit auf andere, den Innungsmitgliedern gemeinsame gewerbliche Interessen als die im §. 97 bezeichneten auszudehnen. Insbesondere steht ihnen zu:

1. Fachschulen für Lehrlinge zu errichten und dieselben zu leiten;
2. zur Förderung der gewerblichen und technischen Ausbildung der Meister und Gesellen geeignete Einrichtungen zu treffen;
3. Gesellen- und Meisterprüfungen zu veranstalten und über die Prüfungen Zeugnisse auszustellen;
4. zur Förderung des Gewerbebetriebes der Innungsmitglieder einen gemeinschaftlichen Geschäftsbetrieb einzurichten;
5. zur Unterstützung der Innungsmitglieder, ihrer Angehörigen, ihrer Gesellen und Lehrlinge in

Fällen der Krankheit, des Todes, der Arbeits=unfähigkeit oder sonstiger Bedürftigkeit, Kassen einzurichten;

6. Schiedsgerichte zu errichten, welche berufen sind, Streitigkeiten der im §. 120a bezeichneten Art zwischen den Innungsmitgliedern und deren Ge=sellen an Stelle der sonst zuständigen Behörden zu entscheiden.

Welche Aufgaben die Innung sich gesetzt hat, muß im Statut stehen; andere als die darin bezeichneten Zwecke darf sie nicht ver=folgen.

Zu Nr. 5 vgl. §. 140. Auf Krankenkassen, welche für Gesellen und Lehrlinge vermöge der Vorschriften dieses Titels errichtet werden, finden nach Ges. betr. die Krankenversicherung der Arbeiter 15. Juni 83 §. 73 R.G.B. 73 gewisse, für Arbeiter=Krankenkassen überhaupt geltende, Grundsätze Anwendung. Bestehende Krankenkassen dieser Art sind gewissen Grundsätzen dieses Gesetzes ebenfalls unterworfen; Ges. 15. Juni 83 §. 85.

Nach Nr. 6 gehören Streitigkeiten mit Gesellen nicht nothwendig vor die Behörde, welche über Streitigkeiten mit Lehrlingen urtheilt; vgl. §§. 98a. 100d. Obwohl Fabrikinhaber Mitglieder der Innung sein können, gehören Streitigkeiten mit ihren Arbeitern, die nicht Gesellen sind, nicht vor diese Schiedsgerichte.

*98. Der Bezirk, für welchen eine Innung errichtet wird, soll in der Regel nicht über den Bezirk der höheren Verwaltungsbehörde, in welchem die Innung ihren Sitz nimmt, hinausgehen. Ausnahmen bedürfen der Genehmigung der Zentralbehörde.

Bei der Errichtung ist der Innung ein Name zu geben, welcher von dem aller anderen, an demselben Orte oder in derselben Gemeinde befindlichen Innungen verschieden ist.

Auf das Gebiet mehrerer Bundesstaaten können Innungen sich überhaupt nicht erstrecken.

***98a.** Die Aufgaben der Innung, die Einrichtung ihrer Verwaltung und die Rechtsverhältnisse ihrer Mitglieder werden, soweit das Gesetz darüber nicht bestimmt, durch das Innungsstatut geregelt.

Dasselbe muß Bestimmung treffen:

1. über Namen, Sitz und Bezirk der Innung;
2. über die Aufgaben der Innung, sowie über die dauernden Einrichtungen zur Erfüllung dieser Aufgaben; namentlich sind die nachfolgenden Verhältnisse des Lehrlingswesens zu regeln:
   a) die von den Innungsmitgliedern bei der Annahme von Lehrlingen zu erfüllenden Voraussetzungen und Formen, sowie die Dauer der Lehrzeit;
   b) die Ueberwachung der Beobachtung der in §§. 120, 126, 127 enthaltenen Vorschriften seitens der Innung;
   c) die Verpflichtung der Meister, ihre Lehrlinge zum Besuche der Fortbildungsschule oder der Fachschule anzuhalten;
   d) die Beendigung der Lehrzeit, die Ausschreibung der Lehrlinge vor der Innung und die Ertheilung des Lehrbriefes;
   e) die Bildung der Behörde und das Verfahren zur Entscheidung der im §. 97 unter Nr. 4 bezeichneten Streitigkeiten;

3. über Aufnahme, Austritt und Ausschließung der Mitglieder;
4. über die Rechte und Pflichten der Mitglieder, insbesondere über die Beiträge, welche von denselben zu entrichten sind, und über den Maßstab, nach welchem deren Umlegung erfolgt;
5. über die etwa wegen Verletzung statutarischer Vorschriften gegen die Innungsmitglieder zu verhängenden Ordnungsstrafen;
6. über die Bildung des Vorstandes, über den Umfang seiner Befugnisse und die Formen seiner Geschäftsführung;
7. über die Zusammensetzung und Berufung der Innungsversammlung, über das Stimmrecht in derselben und über die Art der Beschlußfassung;
8. über die Beurkundung der Beschlüsse der Innungsversammlung und des Vorstandes;
9. über die Voraussetzungen und die Form einer Abänderung des Statuts;
10. über die Voraussetzungen und die Form der Auflösung der Innung;
11. über die Verwendung des Innungsvermögens im Falle der Auflösung oder Schließung der Innung;
12. über die Aufstellung und Prüfung der Jahresrechnung.

Das Statut darf keine Bestimmung enthalten, welche mit den in diesem Gesetze bezeichneten Aufgaben der

Innung nicht in Verbindung steht oder gesetzlichen Vorschriften zuwiderläuft.

Bestimmungen über Einrichtungen zur Erfüllung der in §. 97a unter Nr. 4, 5, 6 bezeichneten Aufgaben dürfen nicht in das Innungsstatut aufgenommen werden.

Daß Einrichtungen der im Schlußsatz erwähnten Art getroffen werden sollen, darf im Statut erwähnt werden.

***98 b.** Das Innungsstatut bedarf der Genehmigung durch die höhere Verwaltungsbehörde desjenigen Bezirks, in welchem die Innung ihren Sitz nimmt. Die Einreichung geschieht durch die Aufsichtsbehörde (§. 104).

Die Genehmigung ist zu versagen:

1. wenn das Innungsstatut den gesetzlichen Anforderungen nicht entspricht;
2. wenn durch die in dem Innungsstatut vorgesehenen Einrichtungen die Mittel zur Erfüllung der den Innungen nach §. 97 obliegenden Aufgaben nicht sichergestellt erscheinen;
3. wenn die Zentralbehörde der durch das Innungsstatut vorgesehenen Begrenzung des Innungsbezirks die nach §. 98 Absatz 1 erforderliche Zustimmung versagt hat.

Außerdem darf die Genehmigung nur versagt werden, wenn in dem durch das Innungsstatut vorgesehenen Innungsbezirke für die gleichen Gewerbe eine Innung bereits besteht.

In dem die Genehmigung versagenden Bescheide

sind die Gründe anzugeben; gegen denselben findet der Rekurs statt; wegen des Verfahrens und der Behörden gelten die Vorschriften der §§. 20 und 21, soweit nicht landesgesetzlich das Verfahren in streitigen Verwaltungssachen Platz greift.

Abänderungen des Innungsstatuts unterliegen den gleichen Vorschriften.

Das Statut einer Innung bedurfte früher der Genehmigung nicht; die Genehmigung war nur nöthig, um Korporationsrechte zu erhalten.

Die Bestimmung am Schluß des Abs. 1 paßt nicht für die Fälle §. 104 Abs. 2.

Die Bestimmung im Abs. 3 trifft auch dann zu, wenn die schon bestehende Innung nicht den ganzen Bezirk der neuen Innung umfaßt.

***98c.** Soll in der Innung eine Einrichtung der in §. 97a unter Nr. 4, 5, 6 vorgesehenen Art getroffen werden, so sind die dafür erforderlichen Bestimmungen in Nebenstatuten zusammen zu fassen. Dieselben bedürfen der Genehmigung durch die im §. 98b bezeichnete höhere Verwaltungsbehörde. Vor der Genehmigung ist die Gemeindebehörde des Ortes, an welchem die Innung ihren Sitz hat, sowie, falls diese Behörde für die Innung nicht die Aufsichtsbehörde bildet, auch letztere zu hören. Die Genehmigung kann nach Ermessen versagt werden. In dem die Genehmigung versagenden Bescheide sind die Gründe anzugeben. Gegen die Versagung kann binnen vier Wochen Beschwerde an die Zentralbehörde eingelegt werden. Abänderungen der Nebenstatuten unterliegen den gleichen Vorschriften.

***99.** Die Innung kann unter ihrem Namen Rechte, insbesondere Eigenthum und andere dingliche Rechte an Grundstücken erwerben, Verbindlichkeiten eingehen, vor Gericht klagen und verklagt werden. Für alle Verbindlichkeiten der Innung haftet den Gläubigern nur das Vermögen der Innung.

Die beschränkte Haftbarkeit gilt auch bei Einrichtungen gemäß §. 97a Nr. 4.

***100.** Als Innungsmitglieder können nur Personen aufgenommen werden, die ein Gewerbe, für welches die Innung errichtet ist, in dem Innungsbezirke selbständig betreiben oder in einem dem Gewerbe angehörenden Großbetriebe als Werkmeister oder in ähnlicher Stellung beschäftigt sind. Andere Personen können als Ehrenmitglieder aufgenommen werden.

Von der Ablegung einer Prüfung kann die Aufnahme nur abhängig gemacht werden, wenn Art und Umfang derselben durch das Statut geregelt sind; die Prüfung darf nur den Nachweis der Befähigung zur selbständigen Ausführung der gewöhnlichen Arbeiten des Gewerbes bezwecken.

Ist die Aufnahme von der Zurücklegung einer Lehrlings- oder Gesellenzeit oder von der Ablegung einer Prüfung abhängig gemacht, so ist eine Ausnahme von der Erfüllung dieser Anforderungen nur unter bestimmten im Statut festgestellten Voraussetzungen zulässig. Von einem Aufnahmesuchenden, welcher bereits vor einer andern, den Voraussetzungen dieses Gesetzes entsprechenden Innung desselben Gewerbes eine Aufnahmeprüfung bestanden hat, kann eine solche nicht nochmals verlangt werden.

Gewerbetreibenden, welche den gesetzlichen und statutarischen Anforderungen entsprechen, darf die Aufnahme in die Innung nicht versagt werden.

Von der Erfüllung der gesetzlichen und statutarischen Bedingungen kann zu Gunsten Einzelner nicht abgesehen werden.

Vom Eintritt in eine Innung sind diejenigen ausgeschlossen, welche sich nicht im Besitze der bürgerlichen Ehrenrechte befinden oder welche in Folge gerichtlicher Anordnungen in der Verfügung über ihr Vermögen beschränkt sind.

Der Austritt aus der Innung ist, wenn das Innungsstatut eine vorherige Anzeige darüber nicht verlangt, jeder Zeit gestattet. Eine Anzeige über den Austritt kann frühestens sechs Monate vor dem letzteren verlangt werden.

Ausscheidende Mitglieder verlieren alle Ansprüche an das Innungsvermögen, und soweit nicht statutarisch abweichende Bestimmungen getroffen sind, an die von der Innung errichteten Nebenkassen; sie bleiben zur Zahlung derjenigen Beiträge verpflichtet, deren Umlegung am Tage ihrer Austritts bereits erfolgt war. Besondere Verbindlichkeiten, welche sie der Innung gegenüber eingegangen sind, werden durch den Austritt nicht berührt.

Die Rechte der Innungsmitglieder, mit Ausnahme des Stimmrechts und der Ehrenrechte, können von deren Wittwen, welche den Gewerbebetrieb fortsetzen, so lange ausgeübt werden, als sie die entsprechenden Verpflichtungen erfüllen. Die näheren Bestimmungen sind durch das Statut zu treffen.

Werkmeister stehen nach Abs. 1 den selbstständigen Gewerbetreibenden, nach §§. 105 ff. 134 den Arbeitern gleich.

Eine Bestimmung, wie im §. 84 Abs. 4, gilt für die neuen Innungen nicht.

Unter die Nebenkassen in Abs. 8 fallen die besonderen Fonds der nach §. 97 a Nr. 4 und 5 getroffenen Einrichtungen; vgl. §. 100 c. Ob die nach Abs. 8 umgelegten, d. h. auf die einzelnen Mitglieder rechnungsmäßig vertheilten Beiträge zur Deckung älterer Verbindlichkeiten oder künftiger Bedürfnisse dienen sollen, ist unerheblich.

Zu Abs. 9 vgl. §. 46. Minderjähriger Erben ist hier nicht, wie im §. 87, gedacht. Die Wittwen bleiben nicht nur, wie nach §. 87, für die Dauer des Wittwenstandes berechtigt.

***100 a.** Die von den Innungsmitgliedern beschäftigten Gesellen nehmen an den Innungsversammlungen und an der Verwaltung der Innung nur insoweit Theil, als dieses in dem Innungsstatute vorgesehen ist. Eine solche Theilnahme muß ihnen eingeräumt werden an der Abnahme von Gesellenprüfungen, sowie an der Begründung und Verwaltung aller Einrichtungen, für welche sie Beiträge entrichten oder eine besondere Mühewaltung übernehmen, oder welche zu ihrer Unterstützung bestimmt sind.

Von der Ausübung eines Stimmrechts oder eines Ehrenrechts in der Innung sind alle diejenigen ausgeschlossen, welche sich nicht im Besitz der bürgerlichen Ehrenrechte befinden, oder welche in Folge gerichtlicher

Anordnung in der Verfügung über ihr Vermögen beschränkt sind.

Das Gesetz spricht hier nur von Gesellen; Gehülfen stehen ihnen indeß gleich; vgl. §§. 121 ff.

***100 b.** Den Innungsmitgliedern darf die Verpflichtung zu Handlungen oder Unterlassungen, welche mit den Aufgaben der Innung in keiner Verbindung stehen, nicht auferlegt werden.

Zu anderen Zwecken als der Erfüllung der statutarisch oder durch das Gesetz bestimmten Aufgaben der Innung, sowie der Deckung der Kosten der Innungsverwaltung dürfen weder Beiträge von den Innungsmitgliedern oder von den Gesellen derselben erhoben werden, noch Verwendungen aus dem Vermögen der Innung erfolgen.

Die auf Grund des Innungsstatuts oder der Nebenstatuten (§. 98 c) umgelegten Beiträge und verhängten Ordnungsstrafen werden nach Antrag des Innungsvorstandes auf dem für die Beitreibung der Gemeindeabgaben landesrechtlich vorgesehenen Wege zwangsweise eingezogen. Ueber die Verpflichtung zur Zahlung der Beiträge findet unbeschadet der vorläufigen Einziehung der Rechtsweg statt. Ueber Beschwerden wegen der Ordnungsstrafen entscheidet die Aufsichtsbehörde endgültig.

***100 c.** Ueber die Einnahmen und Ausgaben der nach Maßgabe des §. 97 a unter Nr. 5 begründeten Unterstützungskassen muß getrennte Rechnung geführt werden. Das ausschließlich für diese Kassen bestimmte

Vermögen ist getrennt von dem übrigen Innungsvermögen zu verwalten. Verwendungen für andere Zwecke dürfen aus demselben nicht gemacht werden. Die Gläubiger der Kasse haben das Recht auf abgesonderte Befriedigung aus dem getrennt verwalteten Vermögen.

Auf solche Krankenkassen der Innungen, welche eine den Vorschriften des Gesetzes über die eingeschriebenen Hülfskassen vom 7. April 1876 entsprechende Unterstützung gewähren sollen, finden folgende Bestimmungen Anwendung:

1. den Meistern, welche für ihre Gesellen und Lehrlinge die Kassenbeiträge vorschießen, steht das Recht zu, die letzteren bei der dem Fälligkeitstage zunächst vorausgehenden oder bei einer diesem Tage folgenden Lohnzahlung in Anrechnung zu bringen;
2. der Anspruch auf Unterstützung aus der Kasse kann mit rechtlicher Wirkung weder übertragen noch verpfändet werden; er kann nicht Gegenstand der Beschlagnahme sein;
3. die Gesellen können, so lange sie den Kassen angehören, zu den nach Maßgabe des §. 141 a begründeten Verpflichtungen nicht herangezogen werden;
4. Gesellen, welche bereits einer eingeschriebenen Hülfskasse angehören, können, solange sie an derselben betheiligt sind, zum Eintritt in die entsprechende Unterstützungskasse der Innung nicht gezwungen werden.

Vom 1. Dez. 84 ab, wo das Ges. betr. die Krankenversicherung der Arbeiter 15. Juni 83 R.G.B. 73 in Kraft tritt, hat Abs. 2 nur noch beschränkte Bedeutung. Dies Gesetz verlangt im §. 73 für neue, im §. 87 für solche bestehende Innungskassen, zu Gunsten deren eine Beitrittspflicht begründet ist, eine andere Organisation und gibt ihnen mit derselben die Vorrechte der neuen Krankenkassen. Nur für solche bestehende Innungskassen, zu deren Gunsten eine Beitrittspflicht nicht begründet ist, bleibt Abs. 2 Nr. 1. u. 2. maßgebend; nach §. 75 des Ges. 15. Juni 83 sind die Mitglieder von der Pflicht, einer anderen Kasse beizutreten, aber nur dann befreit, wenn die Innungskassen gewisse, durch das Gesetz bestimmte Leistungen gewährte, und damit wird Abs. 2 Nr. 3 unanwendbar. Vgl. zu §. 140.

***100d.** Für die auf Grund des §. 97a zu errichtenden Schiedsgerichte sind folgende Bestimmungen maßgebend:

1. Die Schiedsgerichte müssen mindestens aus einem Vorsitzenden und zwei Beisitzern bestehen. Die Beisitzer müssen zur Hälfte aus den Innungsmitgliedern, zur Hälfte aus deren Gesellen entnommen sein. Die ersteren sind von der Innungsversammlung oder einer anderen Vertretung der Innungsmitglieder, die letzteren von den Gesellen der Innung oder einer Vertretung derselben zu wählen. Der Vorsitzende wird von der Aufsichtsbehörde bestimmt; er braucht der Innung nicht anzugehören.

2. Die Annahme der Wahl zum Beisitzer kann nur aus Gründen abgelehnt werden, aus welchen die Uebernahme einer Vormundschaft abgelehnt werden kann. Wer die Annahme ablehnt, ohne zu

der Ablehnung berechtigt zu sein, kann von der Aufsichtsbehörde durch Ordnungsstrafen zur Annahme angehalten werden.

3) Gegen die Entscheidungen der Schiedsgerichte steht nach Maßgabe des §. 120a Absatz 2 die Berufung auf den Rechtsweg offen.

Die auf Grund der Bestimmungen in §§. 97 Nr. 4 und 97a Nr. 6 ergehenden Entscheidungen in Streitigkeiten der Innungsmitglieder mit ihren Gesellen und Lehrlingen sind vorläufig vollstreckbar. Die Vollstreckung erfolgt durch die Polizeibehörden nach Maßgabe der Vorschriften über die gerichtliche Zwangsvollstreckung. Lehrlinge sind auf Antrag der zur Entscheidung berufenen Innungsbehörde von der Polizeibehörde anzuhalten, vor der ersteren persönlich zu erscheinen.

***100e.** Für den Bezirk einer Innung, deren Thätigkeit auf dem Gebiete des Lehrlingswesens sich bewährt hat, kann durch die höhere Verwaltungsbehörde nach Anhörung der Aufsichtsbehörde bestimmt werden:

1. daß Streitigkeiten aus den Lehrverhältnissen der im §. 120a bezeichneten Art auf Anrufen eines der streitenden Theile von der zuständigen Innungsbehörde auch dann zu entscheiden sind, wenn der Arbeitgeber, obwohl er ein in der Innung vertretenes Gewerbe betreibt und selbst zur Aufnahme in die Innung fähig sein würde, gleichwohl der Innung nicht angehört;
2. daß und inwieweit die von der Innung erlassenen Vorschriften über die Regelung des Lehr-

lingsverhältnisses, sowie über die Ausbildung und Prüfung der Lehrlinge auch dann bindend sind, wenn deren Lehrherr zu den unter Nr. 1 bezeichneten Arbeitgebern gehört.

Haben sich hiernach Lehrlinge solcher Gewerbetreibenden, welche der Innung nicht angehören, einer Prüfung zu unterziehen, so ist dieselbe von einer Kommission vorzunehmen, deren Mitglieder zur Hälfte von der Innung, zur Hälfte von der Aufsichtsbehörde berufen werden.

Die Bestimmungen sind widerruflich.

***101.** Der Innungsvorstand besteht aus einer oder mehreren Personen, welche von den Innungsmitgliedern zu wählen sind (§. 98a Nr. 6). Die Wahl findet unter Leitung des Vorstandes statt. Nur die erste Wahl nach Errichtung der Innung, sowie spätere Wahlen, bei welchen ein Vorstand nicht vorhanden ist, werden von einem Vertreter der Aufsichtsbehörde geleitet. Ueber den Wahlakt ist ein Protokoll aufzunehmen. Der Vorstand hat über jede Aenderung in seiner Zusammensetzung und über das Ergebniß jeder Wahl der Aufsichtsbehörde binnen einer Woche Anzeige zu erstatten, bei Wahlen unter Beifügung des Wahlprotokolls. Ist die Anzeige nicht erfolgt, so kann die Aenderung dritten Personen nur dann entgegengesetzt werden, wenn bewiesen wird, daß sie letzteren bekannt war.

Die Innung wird bei gerichtlichen wie bei außergerichtlichen Verhandlungen durch ihren Vorstand vertreten. Die Befugniß zur Vertretung erstreckt sich auch auf diejenigen Geschäfte und Rechtshandlungen, für welche nach den Gesetzen eine Spezialvollmacht erforderlich ist. Durch das Statut kann einem Mitgliede oder mehreren Mitgliedern des Vorstandes die Vertretung der Innung nach außen übertragen werden.

Zur Legitimation des Innungsvorstandes bei allen Rechtsgeschäften genügt die Bescheinigung der Aufsichtsbehörde, daß die darin bezeichneten Personen zur Zeit den Vorstand bilden.

***102.** Für alle oder mehrere derselben Aufsichtsbehörde unterstehende Innungen kann ein gemeinsamer Innungsausschuß gebildet werden. Diesem liegt die Vertretung der gemeinsamen Interessen der betheiligten Innungen ob. Außerdem können ihm Rechte und Pflichten der betheiligten Innungen, soweit dieselben nicht vermögensrechtlicher Natur sind, übertragen werden.

Die Errichtung des Innungsausschusses erfolgt durch ein Statut, welches von den Innungsversammlungen der betheiligten Innungen zu beschließen ist. Das Statut bedarf der Genehmigung der höheren Verwaltungsbehörde. In dem die Genehmigung versagenden Bescheide sind die Gründe anzugeben. Gegen die Versagung kann binnen vier Wochen Beschwerde an die Zentralbehörde eingelegt werden. Abänderungen des Statuts unterliegen den gleichen Vorschriften.

***103.** Die Schließung einer Innung kann erfolgen:

1. wenn sich ergiebt, daß nach §. 98b die Genehmigung hätte versagt werden müssen und die er-

forderliche Aenderung des Statuts innerhalb einer zu setzenden Frist nicht bewirkt wird;

2. wenn die Innung wiederholter Aufforderung der Aufsichtsbehörde ungeachtet die Erfüllung der ihr durch §. 97 gesetzten Aufgaben vernachlässigt;

3. wenn die Innung sich gesetzwidriger Handlungen oder Unterlassungen schuldig macht, durch welche das Gemeinwohl gefährdet wird, oder wenn sie andere als die gesetzlich zulässigen Zwecke verfolgt.

Die Schließung eines Innungsausschusses kann erfolgen, wenn der Ausschuß seinen statutarischen Verpflichtungen nicht nachkommt oder wenn er Beschlüsse faßt, welche über seine statutarischen Rechte hinausgehen.

Die Schließung wird durch die höhere Verwaltungsbehörde ausgesprochen.

Gegen die die Schließung aussprechende Verfügung findet der Rekurs statt. Wegen des Verfahrens und der Behörden gelten die entsprechenden Bestimmungen des §. 98b.

Die Eröffnung des Konkursverfahrens über das Vermögen einer Innung hat die Schließung kraft Gesetzes zur Folge.

***103a.** Bei der Auflösung einer Innung wird die Abwickelung der Geschäfte, sofern die Innungsversammlung nicht anderweitig beschließt, durch den Vorstand unter Aufsicht der Aufsichtsbehörde vollzogen. Genügt der Vorstand seiner Verpflichtung nicht, oder tritt die Schließung der Innung ein, so erfolgt die Abwickelung der Geschäfte durch die Aufsichtsbehörde oder Beauftragte derselben.

Von dem Zeitpunkte der Auflösung oder Schließung einer Innung ab bleiben die Innungsmitglieder noch für diejenigen Zahlungen verhaftet, zu welchen sie statutarisch für den Fall eigenen Ausscheidens aus den Innungsverhältnissen verpflichtet sind.

Auf die Verwendung des Innungsvermögens finden die Vorschriften des §. 94 mit der Maßgabe Anwendung, daß bei einer Vertheilung von Reinvermögen keinem Anspruchsberechtigten mehr als der Gesammtbetrag der von ihm geleisteten Beiträge ausgezahlt werden darf.

***104.** Die Innungen unterliegen der Aufsicht der Gemeindebehörde.

Für Innungen, welche ihren Sitz nicht innerhalb eines Stadtbezirks haben, oder welche mehrere Gemeindebezirke umfassen, wird von der höheren Verwaltungsbehörde, für Innungen, welche sich in die Bezirke mehrerer höherer Verwaltungsbehörden erstrecken, von der Zentralbehörde die Aufsichtsbehörde bestimmt.

Die Aufsichtsbehörde überwacht die Befolgung der gesetzlichen und statutarischen Vorschriften und kann dieselben durch Androhung, Festsetzung und Vollstreckung von Ordnungsstrafen gegen die Inhaber der Innungsämter, gegen die Innungsmitglieder und gegen deren Gesellen, soweit diese an den Geschäften der Innung theilnehmen, erzwingen.

Sie entscheidet Streitigkeiten über die Aufnahme und Ausschließung der Mitglieder, über die Wahlen zu den Innungsämtern, sowie unbeschadet der Rechte Dritter über die Rechte und Pflichten der Inhaber dieser Aemter.

Sie hat das Recht, einen Vertreter zu den Prüfungen zu entsenden. Sie beruft und leitet die Innungsversammlung, wenn der Innungsvorstand dieselbe zu berufen sich weigert.

Ueber Abänderungen des Innungsstatuts oder der Nebenstatuten (§. 98c) und über die Auflösung der Innung kann von der Innungsversammlung nur im Beisein eines Vertreters der Aufsichtsbehörde beschlossen werden.

Gegen die Anordnungen und Entscheidungen der Aufsichtsbehörde ist die Beschwerde an die nächstvorgesetzte Behörde zulässig. Dieselbe ist binnen einer präklusivischen Frist von vier Wochen bei der Aufsichtsbehörde einzubringen.

Die vorstehenden Bestimmungen finden auf die Beaufsichtigung der Innungsausschüsse entsprechende Anwendung.

In Abs. 4 sind die an den Austritt der Mitglieder sich knüpfenden Streitigkeiten nicht erwähnt; doch muß auch für sie die Kompetenz der Aufsichtsbehörde gelten.

Zu Abs. 5 vgl. §. 101.

Die Beschränkungen der alten Innungen in der Vermögensverwaltung nach §. 89 gelten für die neuen Innungen nicht.

***104a.** Innungen, welche nicht derselben Aufsichtsbehörde unterstehen, können zur gemeinsamen Verfolgung ihrer Aufgaben, sowie zur Pflege der gemeinsamen gewerblichen Interessen der betheiligten Innungen zu Innungsverbänden zusammentreten.

Der Beitritt einer Innung kann nur mit Zustimmung der Innungsversammlung erfolgen.

***104 b.** Für den Innungsverband ist ein Statut zu errichten, welches Bestimmungen enthalten muß:

a) über Namen, Zweck und Bezirk des Verbandes,
b) über die Bedingungen der Aufnahme in den Verband und des Ausscheidens aus demselben,
c) über Bildung, Sitz und Befugnisse des Vorstandes,
d) über die Vertretung des Verbandes und ihre Befugnisse,
e) über die Beiträge zu den Ausgaben des Innungsverbandes,
f) über die Voraussetzungen und die Form einer Abänderung des Statuts,
g) über die Voraussetzungen und die Form einer Auflösung des Verbandes.

Das Statut darf keine Bestimmung enthalten, welche mit den gesetzlichen Zwecken des Verbandes nicht in Verbindung steht oder gesetzlichen Vorschriften zuwiderläuft.

***104 c.** Das Verbandsstatut bedarf der Genehmigung, und zwar:

a) für Innungsverbände, deren Bezirk nicht über den Bezirk einer höheren Verwaltungsbehörde hinausgreift, durch die letztere;

b) für Innungsverbände, deren Bezirk in die Bezirke mehrerer höherer Verwaltungsbehörden desselben Bundesstaates sich erstreckt, durch die Zentralbehörde;

c) für Innungsverbände, deren Bezirk sich auf mehrere Bundesstaaten erstreckt, durch den Reichskanzler.

Die Genehmigung ist zu versagen:

1. wenn die Zwecke des Verbandes sich nicht in den gesetzlichen Grenzen halten;
2. wenn das Verbandsstatut den gesetzlichen Anforderungen nicht entspricht.

Außerdem darf die Genehmigung nur versagt werden, wenn die Zahl der dem Verbande beigetretenen Innungen nicht hinreichend erscheint, um die Zwecke des Verbandes wirksam zu verfolgen.

Gegen die Versagung der Genehmigung ist, sofern sie durch eine höhere Verwaltungsbehörde erfolgt, die Beschwerde zulässig.

Aenderungen des Statuts unterliegen den gleichen Vorschriften.

***104 d.** Der Verbandsvorstand hat alljährlich im Monat Januar ein Verzeichniß derjenigen Innungen, welche dem Verbande angehören, der höheren Verwaltungsbehörde, in deren Bezirk er seinen Sitz hat, einzureichen.

Veränderungen in der Zusammensetzung des Vorstandes sind derselben anzuzeigen. Eine gleiche Anzeige hat zu erfolgen, wenn der Sitz des Vorstandes an einen anderen Ort verlegt wird. Liegt letzterer nicht in dem Bezirke der vorbezeichneten Behörde, so ist die Anzeige an diese und an die höhere Verwaltungsbehörde, in deren Bezirk der Sitz verlegt wird, gleichzeitig zu richten.

***104 e.** Versammlungen des Verbandsvorstandes und der Vertretung des Verbandes dürfen nur innerhalb des Verbandsbezirks abgehalten werden.

Sie sind der höheren Verwaltungsbehörde, in deren Bezirk der Vorstand seinen Sitz hat, sowie der höheren Verwaltungsbehörde, in deren Bezirk die Versammlung abgehalten werden soll, unter Einreichung der Tagesordnung mindestens eine Woche vorher anzuzeigen. Der letzteren steht das Recht zu:

a) die Versammlung zu untersagen, wenn die Tagesordnung Gegenstände umfaßt, welche zu den Zwecken des Verbandes nicht in Beziehung stehen;

b) in die Versammlung einen Vertreter zu entsenden, und durch diesen die Versammlung zu schließen, wenn die Verhandlungen auf Gegenstände sich erstrecken, welche zu den Zwecken des Verbandes nicht in Beziehung stehen, oder wenn Anträge oder Vorschläge erörtert werden, welche eine Aufforderung oder Anreizung zu strafbaren Handlungen enthalten.

***104 f.** Die Verbandsvorstände sind befugt, in Betreff der Verhältnisse der in dem Verbande vertretenen Gewerbe an die für die Genehmigung des Verbandsstatuts zuständige Stelle Bericht zu erstatten und Anträge zu richten.

Sie sind verpflichtet, auf Erfordern dieser Stelle Gutachten über gewerbliche Fragen abzugeben.

*104g. Die Innungsverbände können aufgelöst werden:

1. wenn sich ergiebt, daß nach §. 104c Nr. 1 und 2 die Genehmigung hätte versagt werden müssen und die erforderliche Aenderung des Statuts innerhalb einer zu setzenden Frist nicht bewirkt wird;
2. wenn den auf Grund des §. 104e erlassenen Verfügungen nicht Folge geleistet ist;
3. wenn der Verbandsvorstand oder die Vertretung des Verbandes sich gesetzwidriger Handlungen schuldig machen, welche das Gemeinwohl gefährden, oder wenn sie andere als die gesetzlich zulässigen Zwecke verfolgen.

Die Auflösung erfolgt durch Beschluß der für die Genehmigung des Verbandsstatuts zuständigen Stelle. Gegen den Beschluß der höheren Verwaltungsbehörde ist die Beschwerde zulässig.

Früher waren die Bestimmungen des Tit. VI. auf kaufmännische Korporationen ausdrücklich für nicht anwendbar erklärt. Die Bestimmung ist weggefallen, der Grundsatz nicht. Nur auf die gewöhnlichen Kaufmanns- oder Krämer-Innungen sind §§. 81 ff. anwendbar. Innungen, die nach der in §. 81 bezeichneten Zeit, aber noch nicht gemäß §§. 97 ff. errichtet sind, haben eine gesetzliche Grundlage nicht mehr.

# Titel VII.

## Gewerbliche Arbeiter (Gesellen, Gehülfen, Lehrlinge, Fabrikarbeiter).

Ueberschrift und, soweit unten nichts anderes bemerkt, auch Inhalt des Titels neu festgestellt durch Ges. betr. die Abänderung der G.O. 17. Juli 78 R.G.B. 199.

### I. Allgemeine Verhältnisse.

***105.** Die Festsetzung der Verhältnisse zwischen den selbständigen Gewerbetreibenden und den gewerblichen Arbeitern ist, vorbehaltlich der durch Reichsgesetz begründeten Beschränkungen, Gegenstand freier Uebereinkunft.

Zum Arbeiten an Sonn- und Festtagen können die Gewerbetreibenden die Arbeiter nicht verpflichten. Arbeiten, welche nach der Natur des Gewerbebetriebes einen Aufschub oder eine Unterbrechung nicht gestatten, fallen unter die vorstehende Bestimmung nicht.

Welche Tage als Festtage gelten, bestimmen die Landesregierungen.

Durch Abs. 1 ist nur der Inhalt des Arbeitsvertrages landesgesetzlichen Beschränkungen entzogen; die landesrechtlichen Vorschriften über die Bedingungen, unter welchen ein Vertrag Giltigkeit erlangt (Vertragsfähigkeit, Vertragsform), sind nicht berührt. Wegen der vorbehaltenen reichsgesetzlichen Beschränkungen vgl. z. B. die Bestimmungen über die Beschäftigung von weiblichen und jugendlichen Arbeitern §§. 135 ff.

Der Begriff „gewerbliche Arbeiter" ist durch die Ueberschrift des Titels bestimmt; andere als die dort genannten Arbeiterkategorien fallen unter den Titel nicht.

Ueber „Landesregierung" vgl. zu §. 155.

*106. Gewerbetreibende, welchen die bürgerlichen Ehrenrechte aberkannt sind, dürfen, so lange ihnen diese Rechte entzogen bleiben, mit der Anleitung von Arbeitern unter achtzehn Jahren sich nicht befassen.

Die Entlassung der dem vorstehenden Verbot zuwider beschäftigten Arbeiter kann polizeilich erzwungen werden.

Nicht anwendbar auf Kaufmanns- und Apothekerlehrlinge §. 154. Strafvorschrift in §. 150.

*107. Personen unter einundzwanzig Jahren dürfen, soweit reichsgesetzlich nicht ein Anderes zugelassen ist, als Arbeiter nur beschäftigt werden, wenn sie mit einem Arbeitsbuche versehen sind. Bei der Annahme solcher Arbeiter hat der Arbeitgeber das Arbeitsbuch einzufordern. Er ist verpflichtet, dasselbe zu verwahren, auf amtliches Verlangen vorzulegen und nach rechtmäßiger Lösung des Arbeitsverhältnisses dem Arbeiter wieder auszuhändigen.

Auf Kinder, welche zum Besuch der Volksschule verpflichtet sind, finden vorstehende Bestimmungen keine Anwendung.

Fabrikarbeiter unter 14 Jahren führen statt des Arbeitsbuches eine Arbeitskarte (§. 137), Arbeiter außerhalb der Fabriken bedürfen, so lange sie noch volksschulpflichtig sind, keiner Legitimation (Abs. 2).

Wegen des Begriffs „Arbeiter" vgl. zu §. 105. Unter diese wie unter alle übrigen Bestimmungen des Titels fällt nur die Beschäftigung auf Grund eines Arbeitsvertrags, nicht die Beschäftigung der Kinder im Hause der Eltern; Kommiss. Ber. R.T.D. 177.

Für erwachsene Arbeiter Arbeitsbücher einzuführen, welche von der Behörde gegen eine Gebühr ausgegeben werden, ist nicht ausgeschlossen; nur dürfen sie nicht obligatorisch sein. Meining. Min.

10. Nov. 70 §. 37. In Betreff der besonderen Arbeitsbücher der Bergarbeiter vgl. Pr. Berggeſ. 24. Juni 65 §. 85.

Die „Volksschule" in Abſ. 2 umfaßt nach den Motiven nur die gewöhnliche Werktagsschule, nicht auch den Unterricht in Fortbildungs- und ähnlichen Schulen.

Strafvorschriften in §. 150.

***108.** Das Arbeitsbuch wird dem Arbeiter durch die Polizeibehörde desjenigen Ortes, an welchem er zuletzt seinen dauernden Aufenthalt gehabt hat, wenn aber ein solcher im Gebiete des Deutschen Reichs nicht stattgefunden hat, von der Polizeibehörde des von ihm zuerst erwählten deutschen Arbeitsortes kosten- und stempelfrei ausgestellt. Die Ausstellung erfolgt auf Antrag oder mit Zustimmung des Vaters oder Vormundes; ist die Erklärung des Vaters nicht zu beschaffen, oder verweigert der Vater die Zustimmung ohne genügenden Grund und zum Nachtheile des Arbeiters, so kann die Gemeindebehörde die Zustimmung desselben ergänzen. Vor der Ausstellung ist nachzuweisen, daß der Arbeiter zum Besuche der Volksschule nicht mehr verpflichtet ist, und glaubhaft zu machen, daß bisher ein Arbeitsbuch für ihn noch nicht ausgestellt war.

Fassung beruht auf dem Geſ. betr. Abänderung der G.O. 1. Juli 83. R.G.B. 159.

Wegen der Volksschule vgl. zu §. 107.

***109.** Wenn das Arbeitsbuch vollständig ausgefüllt oder nicht mehr brauchbar, oder wenn es verloren gegangen oder vernichtet ist, so wird an Stelle desselben ein neues Arbeitsbuch ausgestellt. Die Ausstellung erfolgt durch die Polizeibehörde desjenigen Ortes, an welchem der Inhaber des Arbeitsbuches zuletzt seinen dauernden Aufenthalt gehabt hat. Das ausgefüllte oder nicht mehr brauchbare Arbeitsbuch ist durch einen amtlichen Vermerk zu schließen.

Wird das neue Arbeitsbuch an Stelle eines nicht mehr brauchbaren, eines verloren gegangenen oder vernichteten Arbeitsbuches ausgestellt, so ist dies darin zu vermerken. Für die Ausstellung kann in diesem Falle eine Gebühr bis zu fünfzig Pfennig erhoben werden.

***110.** Das Arbeitsbuch (§. 108) muß den Namen des Arbeiters, Ort, Jahr und Tag seiner Geburt, sowie seine Unterschrift enthalten. Die Ausstellung erfolgt unter dem Siegel und der Unterschrift der Behörde. Letztere hat über die von ihr ausgestellten Arbeitsbücher ein Verzeichniß zu führen.

Die Einrichtung der Arbeitsbücher wird durch den Reichskanzler bestimmt.

***111.** Bei dem Eintritte des Arbeiters in das Arbeitsverhältniß hat der Arbeitgeber an der dafür bestimmten Stelle des Arbeitsbuches die Zeit des Eintrittes und die Art der Beschäftigung, am Ende des Arbeitsverhältnisses die Zeit des Austrittes und, wenn die Beschäftigung Aenderungen erfahren hat, die Art der letzten Beschäftigung des Arbeiters einzutragen.

Die Eintragungen sind mit Dinte zu bewirken und von dem Arbeitgeber zu unterzeichnen. Sie dürfen nicht mit einem Merkmal versehen sein, welches den Inhaber des Arbeitsbuches günstig oder nachtheilig zu kennzeichnen bezweckt.

Die Eintragung eines Urtheils über die Führung oder die Leistungen des Arbeiters und sonstige durch dieses Gesetz nicht vorgesehene Eintragungen oder Vermerke in oder an dem Arbeitsbuche sind unzulässig.

Strafvorschriften in §§. 150, 2.

*112. Ist das Arbeitsbuch bei dem Arbeitgeber unbrauchbar geworden, verloren gegangen oder vernichtet, oder sind von dem Arbeitgeber unzulässige Eintragungen oder Vermerke in oder an dem Arbeitsbuche gemacht, oder wird von dem Arbeitgeber ohne rechtmäßigen Grund die Aushändigung des Arbeitsbuches verweigert, so kann die Ausstellung eines neuen Arbeitsbuches auf Kosten des Arbeitgebers beansprucht werden.

Ein Arbeitgeber, welcher das Arbeitsbuch seiner gesetzlichen Verpflichtung zuwider nicht rechtzeitig ausgehändigt oder die vorschriftsmäßigen Eintragungen zu machen unterlassen oder unzulässige Eintragungen oder Vermerke gemacht hat, ist dem Arbeiter entschädigungspflichtig. Der Anspruch auf Entschädigung erlischt, wenn er nicht innerhalb vier Wochen nach seiner Entstehung im Wege der Klage oder Einrede geltend gemacht ist.

*113. Beim Abgange können die Arbeiter ein Zeugniß über die Art und Dauer ihrer Beschäftigung fordern.

Dieses Zeugniß ist auf Verlangen der Arbeiter auch auf ihre Führung auszudehnen.

Für Lehrlinge vgl. §. 129. Strafvorschrift besteht nicht.

*114. Auf Antrag des Arbeiters hat die Ortspolizeibehörde die Eintragung in das Arbeitsbuch und das dem Arbeiter etwa ausgestellte Zeugniß kosten- und stempelfrei zu beglaubigen.

***115.** Die Gewerbetreibenden sind verpflichtet, die Löhne ihrer Arbeiter baar in Reichswährung auszuzahlen.

Sie dürfen denselben keine Waaren kreditiren. Die Verabfolgung von Lebensmitteln an die Arbeiter fällt, sofern sie zu einem die Anschaffungskosten nicht übersteigenden Preise erfolgt, unter die vorstehende Bestimmung nicht; auch können den Arbeitern Wohnung, Feuerung, Landnutzung, regelmäßige Beköstigung, Arzneien und ärztliche Hülfe, sowie Werkzeuge und Stoffe zu den ihnen übertragenen Arbeiten unter Anrechnung bei der Lohnzahlung verabfolgt werden.

§. 115 in Verbindung mit §§. 116—119 trifft das Trucksystem. Durch die Verpflichtung zur Baarzahlung in Reichswährung ist sowohl Zahlung in Kupons u. dgl. als auch Zahlung in fremder Landesmünze ausgeschlossen. Ebenso Zahlung in Bons, die auf Waaren in fremden Läden lauten. R.G. 19. April 80, 22. Sept. u. 23. Nov. 82. Auch Lohnabzüge, die mit Zustimmung des Arbeiters erfolgen, um bei einem, nicht dem Arbeitgeber gehörigen Geschäfte Schulden zu tilgen, sind ausgeschlossen. R.G. 9. Jan. 82. Zulässig ist, die Lohnzahlung mit Zustimmung der Arbeiter an Dritte als deren Gläubiger oder Cessionare zu leisten. R.G. 12. Nov. 82. Die Verabfolgung der Lebensmittel muß unmittelbar von dem Arbeitgeber ausgehn. R.G. 22. Sept. 82.

Selbst fahrlässige Uebertretung ist strafbar. R.G. 9. Jan. 82.

Die weitergehenden Ausnahmen des Pr. Bergges. 24. Mai 65 sind durch §§. 115 und 154 beseitigt.

Strafvorschrift in §. 146; auch für Bergwerksbesitzer, obwohl § 154 Abs. 3 den §. 146 nicht erwähnt. R.G. 9. Jan. 82.

*116. Arbeiter, deren Forderungen in einer dem §. 115 zuwiderlaufenden Weise berichtigt worden sind, können zu jeder Zeit Zahlung nach Maßgabe des §. 115 verlangen, ohne daß ihnen eine Einrede aus dem an Zahlungsstatt Gegebenen entgegengesetzt werden kann. Letzteres fällt, soweit es noch bei dem Empfänger vorhanden oder dieser daraus bereichert ist, derjenigen Hülfskasse zu, welcher der Arbeiter angehört, in Ermangelung einer solchen einer anderen zum Besten der Arbeiter an dem Orte bestehenden, von der Gemeindebehörde zu bestimmenden Kasse und in deren Ermangelung der Ortsarmenkasse.

*117. Verträge, welche dem §. 115 zuwiderlaufen, sind nichtig.

Dasselbe gilt von Verabredungen zwischen den Gewerbetreibenden und den von ihnen beschäftigten Arbeitern über die Entnahme der Bedürfnisse der letzteren aus gewissen Verkaufsstellen, sowie überhaupt über die Verwendung des Verdienstes derselben zu einem anderen Zweck als zur Betheiligung an Einrichtungen zur Verbesserung der Lage der Arbeiter oder ihrer Familien.

*118. Forderungen für Waaren, welche dem §. 115 zuwider kreditirt worden sind, können von dem Gläubiger weder eingeklagt, noch durch Anrechnung oder sonst geltend gemacht werden, ohne Unterschied, ob sie zwischen den Betheiligten unmittelbar entstanden oder mittelbar erworben sind. Dagegen fallen dergleichen Forderungen der in §. 116 bezeichneten Kasse zu.

***119.** Den Gewerbetreibenden im Sinne der §§. 115 bis 118 sind gleich zu achten deren Familienglieder, Gehülfen, Beauftragte, Geschäftsführer, Aufseher und Faktoren, sowie andere Gewerbetreibende, bei deren Geschäft eine der hier erwähnten Personen unmittelbar oder mittelbar betheiligt ist.

Unter den in §§. 115 bis 118 bezeichneten Arbeitern werden auch diejenigen Personen verstanden, welche für bestimmte Gewerbetreibende außerhalb der Arbeitsstätten der letzteren mit der Anfertigung gewerblicher Erzeugnisse beschäftigt sind.

Familienglieder der Geschäftsführer fallen, soweit nicht strafrechtlich Beihülfe vorliegt, nicht unter Abs. 1. Unter „anderen Gewerbetreibenden" sind nur selbstständige zu verstehen. R.G. 30. März 82.

Abs. 2 hat wesentlich Bezug auf die Hausindustrie und stellt in der hier fraglichen Beziehung die nach den allgemeinen Vorschriften des Gesetzes als selbstständig zu behandelnden Gewerbetreibenden unter die nicht selbstständigen Arbeiter.

***120.** Die Gewerbeunternehmer sind verpflichtet, bei der Beschäftigung von Arbeitern unter achtzehn Jahren die durch das Alter derselben gebotene besondere Rücksicht auf Gesundheit und Sittlichkeit zu nehmen.

Sie haben ihren Arbeitern unter achtzehn Jahren, welche eine von der Gemeindebehörde oder vom Staate als Fortbildungsschule anerkannte Unterrichtsanstalt besuchen, hierzu die erforderlichenfalls von der zuständigen Behörde festzusetzende Zeit zu gewähren. Für Arbeiter unter achtzehn Jahren kann die Verpflichtung zum Besuche einer Fortbildungsschule, soweit die Verpflichtung nicht landesgesetzlich besteht, durch Ortsstatut (§. 142) begründet werden.

Die Gewerbeunternehmer sind endlich verpflichtet, alle diejenigen Einrichtungen herzustellen und zu unterhalten, welche mit Rücksicht auf die besondere Beschaffenheit des Gewerbebetriebes und der Betriebsstätte zu thunlichster Sicherheit gegen Gefahr für Leben und Gesundheit nothwendig sind. Darüber, welche Einrichtungen für alle Anlagen einer bestimmten Art herzustellen sind, können durch Beschluß des Bundesraths Vorschriften erlassen werden. Soweit solche nicht erlassen sind, bleibt es den nach den Landesgesetzen zuständigen Behörden überlassen, die erforderlichen Bestimmungen zu treffen.

Unter Fortbildungsschulen sind nach den Motiven nur solche Schulen verstanden, welche die Schüler in den in der Volksschule erworbenen, elementaren Kenntnissen und Fertigkeiten weiter führen sollen (Sonntags-, Abend-, Frühschulen). Die Einführung eines Schulgeldes ist durch den Zwang zum Besuche der Schulen nicht ausgeschlossen. Abs. 2 gilt nicht für Kaufmanns- und Apothekerlehrlinge, §. 154.

Ueber Art und Nothwendigkeit der Einrichtungen wird im gewöhnlichen Verwaltungswege zu entscheiden sein; vgl. indeß zu §. 139 b und in Betreff konzessionspflichtiger Anlagen §. 18. „Einrichtungen" umfaßt außer körperlichen Vorrichtungen auch sonstige Anordnungen. O.V. 13. Okt. 80.

Die Behörde kann, vorbehaltlich der Bestimmungen in §. 139 b, Revisionen unter Zuziehung von Sachverständigen nach ihrem Ermessen vornehmen. Ergeben diese, daß die Unternehmer die Anforderungen des §. 120 nicht erfüllt haben, so müssen sie die Kosten der Revisionen tragen, auch wenn vorher von der Behörde bestimmte

Einrichtungen noch nicht angeordnet waren. In andern Fällen hat die Verwaltung die Kosten zu tragen; vgl. Sächs. Anw. §. 43.

Strafvorschrift in §. 147, 4.

Eine erweiterte Sicherheit ist für einen Theil der gewerblichen Arbeiter geschaffen durch Ges. betr. die Verbindlichkeit zum Schadenersatz für die beim Betriebe von Eisenbahnen, Bergwerken, Fabriken, Steinbrüchen und Gräbereien herbeigeführten Tödtungen und Körperverletzungen 7. Juni 71 §. 2, R.G.B. 207, welches über den Bereich der G.O. hinaus auch in Elsaß-Lothringen gilt, Ges. 1. Jan. 73, G.B.E.L. 769.

***120 a.** Streitigkeiten der selbständigen Gewerbetreibenden mit ihren Arbeitern, die auf den Antritt, die Fortsetzung oder Aufhebung des Arbeitsverhältnisses, auf die gegenseitigen Leistungen aus demselben, auf die Ertheilung oder den Inhalt der Arbeitsbücher oder Zeugnisse sich beziehen, sind, soweit für diese Angelegenheiten besondere Behörden bestehen, bei diesen zur Entscheidung zu bringen.

Insoweit solche besondere Behörden nicht bestehen, erfolgt die Entscheidung durch die Gemeindebehörde. Gegen diese Entscheidung steht die Berufung auf den Rechtsweg binnen zehn Tagen offen; die vorläufige Vollstreckung wird durch die Berufung nicht aufgehalten.

Durch Ortsstatut (§. 142) können an Stelle der gegenwärtig hierfür bestimmten Behörden Schiedsgerichte mit der Entscheidung betraut werden. Dieselben sind durch die Gemeindebehörde unter gleichmäßiger Zuziehung von Arbeitgebern und Arbeitern zu bilden.

Findet auch Anwendung auf Streitigkeiten über die Berechnung und Anrechnung von Krankenkassenbeiträgen, welche die Arbeitgeber vorschießen nach Ges. betr. die Krankenversicherung der Arbeiter 15. Juni 83 §§. 53. 65. 72 R.G.B. 73.

Streitigkeiten über gegenseitige Leistungen sind auch nach Ablauf des Arbeitsverhältnisses auf dem hier bezeichneten Wege verfolgbar. Vgl. O.H.G. 8. Dez. 76.

Nach Abs. 1 können auf Grund der Landesgesetzgebung besondere Behörden für die Entscheidung der fraglichen Streitigkeiten neu konstituirt werden; vgl. auch Gerichtsverfassungsgesetz §. 14, wo „Gemeindegerichte" und „Gewerbegerichte" unbedingt aufrecht erhalten und zugelassen werden.

Für Innungen ist die Kompetenz der Gemeindebehörden nach Abs. 2 beschränkt. Sie ist ausgeschlossen bezüglich der Streitigkeiten mit Lehrlingen §§. 97, 98a. Sie kann ausgeschlossen werden bezüglich der Streitigkeiten mit Gesellen; bezüglich letzterer Streitigkeiten kann auch die Kompetenz der sonst zuständigen Behörden zu Gunsten der Innungsgerichte ausgeschlossen werden §§. 97a. 100d.

Auch für Lehrlinge außerhalb der Innungen fällt unter Umständen die Kompetenz der Gemeindebehörden weg §. 100e.

Ohne Gesetz sind die Gemeindebehörden nicht befugt, Eide abzunehmen oder abnehmen zu lassen. Pr. Min. 19. Nov. 81. Die Zuständigkeit der Gemeindebehörden richtet sich nach Preußischer Praxis nach dem Orte des der Klage zu Grunde liegenden Arbeitsverhältnisses, nicht nach dem Wohn- oder Aufenthaltsort der Parteien. Laut Beschluß des Bundesrathes haben sämmtliche Gemeindebehörden einander zum Zweck der Vollstreckung nach den Grundsätzen des Ges. über die Gewährung der Rechtshülfe 21. Juni 69 B.G.B. 305 Beistand zu leisten. Pr. Min. 28. Febr. 74.

Gegen die Entscheidung der Gemeindebehörde ist Beschwerde im Verwaltungswege nicht zulässig. Die „Berufung auf den Rechtsweg" besteht in einer Klage in dem gewöhnlichen Prozeßverfahren. R.T.B. 548 ff. vgl. O.H.G. 30. April 73. In Betreff der Vollstreckung nimmt die Praxis an, daß es sich um Entscheidungen privatrechtlicher Natur handelt, für die in den Gemeindebehörden Spezialgerichte gebildet sind, daß daher nur die für gerichtliche Erkenntnisse zulässigen Exekutionsmittel — jedoch nicht durch die Hand der Gerichte, sondern durch die der Polizei auf Ansuchen der Gemeindebehörden — angewendet werden dürfen. Pr. Min. 14. Juni 72 und 11. Febr. 73 O.V. 6. Juni 76.

Die Entscheidung der Gemeindebehörde kann auch mit der Behauptung mangelnder Kompetenz nur in 10 Tagen angefochten werden. O.H.G. 24. Sept. 74.

Durch Vereinbarung können die Parteien die Zuständigkeit der Gemeindebehörde nicht beseitigen. Erklärt dagegen letztere sich für unzuständig, so ist dagegen nicht die Berufung gegeben, sondern der Weg Rechtens. O.H.G. 7. Juni 76.

Das Beschreiten des Rechtsweges gegen den Spruch des Schiedsgerichts kann ausgeschlossen werden. Die Organisation der Schiedsgerichte ist der ortsstatutarischen Festsetzung überlassen. Die Landesgesetzgebung kann die Freiheit dieser Festsetzung nicht beschränken, vgl. §. 142.

Der rechtskräftige Spruch des Schiedsgerichtes hat alle Wirkungen rechtskräftiger Entscheidungen. Für die Vollstreckung muß der für die Entscheidungen der Gemeindebehörden angenommene Grundsatz gelten: den Schiedsgerichten ist nur die Entscheidung übertragen, die Vollstreckung fällt den Gemeindebehörden zu. Vgl. §. 100 d.

Die „Zuziehung" von Arbeitern und Arbeitgebern zu dem Schiedsgericht kann durch Wahl der Betheiligten bewirkt werden. Inwieweit die Gemeindebehörde in dem Gericht vertreten sein soll, läßt das Gesetz für die ortsstatutarische Festsetzung offen.

## II. Verhältnisse der Gesellen und Gehülfen.

***121.** Gesellen und Gehülfen sind verpflichtet, den Anordnungen der Arbeitgeber in Beziehung auf die ihnen übertragenen Arbeiten und auf die häuslichen Einrichtungen Folge zu leisten; zu häuslichen Arbeiten sind sie nicht verbunden.

Der Begriff der Gesellen und Gehülfen ist nicht fixirt; es gehört darunter jeder unselbstständige, gewerbliche Arbeiter, der weder als Lehrling (§. 115), noch lediglich als Fabrikarbeiter (§. 127) anzusehen ist; ein Geselle oder Gehülfe kann nebenbei auch noch als Fabrikarbeiter erscheinen, vgl. zu §. 134. Zwischen Gesellen und

Gehülfen besteht nur ein thatsächlicher Unterschied; letztere bedürfen keiner technischen Vorbildung. Näheres vgl. O.H.G. 30. April 73.

Daß Gesellen und Gehülfen in der Wahl ihrer Arbeitgeber unbeschränkt, zum Wandern nicht verpflichtet und während der Wanderschaft zu Unterstützungsansprüchen gegenüber den Gewerbsgenossen nicht berechtigt sind, ist, als selbstverständlich, nicht ausgesprochen, wie es früher geschehen war.

Die §§. 121 ff. stellen die nöthigsten Bestimmungen des Lohnvertrages subsidiarisch fest; sie können also vertragsmäßig abgeändert werden; Motive der G.O. zu Tit. VII.

Verletzungen des §. 121 sind nicht unter Strafe gestellt.

***122.** Das Arbeitsverhältniß zwischen den Gesellen oder Gehülfen und ihren Arbeitgebern kann, wenn nicht ein Anderes verabredet ist, durch eine jedem Theile freistehende, vierzehn Tage vorher erklärte Aufkündigung gelöst werden.

Verlassen der Arbeit oder Entlassung des Arbeiters ohne die gesetzliche Kündigung ist nicht strafbar, sondern hat nur civilrechtliche Folgen. Für den neuen Arbeitgeber kann sich aber Strafbarkeit ergeben nach §§. 107. 150.

***123.** Vor Ablauf der vertragsmäßigen Zeit und ohne Aufkündigung können Gesellen und Gehülfen entlassen werden:

1. wenn sie bei Abschluß des Arbeitsvertrages den Arbeitgeber durch Vorzeigung falscher oder verfälschter Arbeitsbücher oder Zeugnisse hintergangen oder ihn über das Bestehen eines anderen, sie gleichzeitig verpflichtenden Arbeitsverhältnisses in einen Irrthum versetzt haben;
2. wenn sie eines Diebstahls, einer Entwendung, einer Unterschlagung, eines Betruges oder eines liederlichen Lebenswandels sich schuldig machen;

3. wenn sie die Arbeit unbefugt verlassen haben oder sonst den nach dem Arbeitsvertrage ihnen obliegenden Verpflichtungen nachzukommen beharrlich verweigern;
4. wenn sie der Verwarnung ungeachtet mit Feuer und Licht unvorsichtig umgehen;
5. wenn sie sich Thätlichkeiten oder grobe Beleidigungen gegen den Arbeitgeber oder seine Vertreter oder gegen die Familienangehörigen des Arbeitgebers oder seiner Vertreter zu Schulden kommen lassen;
6. wenn sie einer vorsätzlichen und rechtswidrigen Sachbeschädigung zum Nachtheil des Arbeitgebers oder eines Mitarbeiters sich schuldig machen;
7. wenn sie Familienangehörige des Arbeitgebers oder seiner Vertreter oder Mitarbeiter zu Handlungen verleiten oder mit Familienangehörigen des Arbeitgebers oder seiner Vertreter Handlungen begehen, welche wider die Gesetze oder die guten Sitten verstoßen;
8. wenn sie zur Fortsetzung der Arbeit unfähig oder mit einer abschreckenden Krankheit behaftet sind.

In den unter Nr. 1 bis 7 gedachten Fällen ist die Entlassung nicht mehr zulässig, wenn die zu Grunde liegenden Thatsachen dem Arbeitgeber länger als eine Woche bekannt sind.

Inwiefern in den unter Nr. 8 gedachten Fällen dem

Entlassenen ein Anspruch auf Entschädigung zustehe, ist nach dem Inhalt des Vertrages und nach den allgemeinen gesetzlichen Vorschriften zu beurtheilen.

Zu Nr. 5 vgl. O.H.G. 30. April 73.

***124.** Vor Ablauf der vertragsmäßigen Zeit und ohne Aufkündigung können Gesellen und Gehülfen die Arbeit verlassen:

1. wenn sie zur Fortsetzung der Arbeit unfähig werden;
2. wenn der Arbeitgeber oder seine Vertreter sich Thätlichkeiten oder grobe Beleidigungen gegen die Arbeiter oder gegen ihre Familienangehörigen zu Schulden kommen lassen;
3. wenn der Arbeitgeber oder seine Vertreter oder Familienangehörige derselben die Arbeiter oder deren Familienangehörige zu Handlungen verleiten oder mit den Familienangehörigen der Arbeiter Handlungen begehen, welche wider die Gesetze oder die guten Sitten laufen;
4. wenn der Arbeitgeber den Arbeitern den schuldigen Lohn nicht in der bedungenen Weise auszahlt, bei Stücklohn nicht für ausreichende Beschäftigung sorgt, oder wenn er sich widerrechtlicher Uebervortheilungen gegen sie schuldig macht;
5. wenn bei Fortsetzung der Arbeit das Leben oder die Gesundheit der Arbeiter einer erweislichen Gefahr ausgesetzt sein würde, welche bei Eingehung des Arbeitsvertrages nicht zu erkennen war.

In den unter Nr. 2 und 3 gedachten Fällen ist der Austritt aus der Arbeit nicht mehr zulässig, wenn die zu Grunde liegenden Thatsachen dem Arbeiter länger als eine Woche bekannt sind.

*125. Ein Arbeitgeber, welcher einen Gesellen oder Gehülfen verleitet, vor rechtmäßiger Beendigung des Arbeitsverhältnisses die Arbeit zu verlassen, ist dem früheren Arbeitgeber für den dadurch entstehenden Schaden als Selbstschuldner mitverhaftet. In gleicher Weise haftet ein Arbeitgeber, welcher einen Gesellen oder Gehülfen annimmt, oder behält, von dem er weiß, daß derselbe einem anderen Arbeitgeber zur Arbeit noch verpflichtet ist.

## III. Lehrlingsverhältnisse.

*126. Der Lehrherr ist verpflichtet, den Lehrling in den bei seinem Betriebe vorkommenden Arbeiten des Gewerbes in der durch den Zweck der Ausbildung gebotenen Reihenfolge und Ausdehnung zu unterweisen. Er muß entweder selbst oder durch einen geeigneten, ausdrücklich dazu bestimmten Vertreter die Ausbildung des Lehrlings leiten. Er darf dem Lehrling die zu seiner Ausbildung und zum Besuche des Gottesdienstes an Sonn- und Festtagen erforderliche Zeit und Gelegenheit durch Verwendung zu anderen Dienstleistungen nicht entziehen. Er hat den Lehrling zur Arbeitsamkeit und zu guten Sitten anzuhalten und vor Ausschweifungen zu bewahren.

Von einer gesetzlichen Bestimmung des Begriffes eines Lehrlings ist abgesehen. Ob ein Arbeitsverhältniß eine Lehre einschließt, ist Sache der Prüfung im einzelnen Fall. Lehrlinge sind aber jedenfalls auch diejenigen, welche im Fabrikbetriebe ein entsprechendes Arbeitsverhältniß eingegangen sind. O.T. 5. März 74; vgl. §. 134. Zahlung von Lohn ist für den Begriff unerheblich. R.G. 19. Okt. 82.

Die Form des Lehrvertrages ist gesetzlich nicht vorgeschrieben. Die Wahl der schriftlichen Form zieht aber gewisse gesetzliche Begünstigungen nach sich, §§. 130. 132; vgl. auch §. 98a. Die Rechtsgiltigkeit der Verträge mit minderjährigen Lehrlingen bestimmt sich nach dem Landesrecht.

Strafvorschrift in §. $148_{,9}$.

***127.** Der Lehrling ist der väterlichen Zucht des Lehrherrn unterworfen. Demjenigen gegenüber, welcher an Stelle des Lehrherrn seine Ausbildung zu leiten hat, ist er zur Folgsamkeit verpflichtet.

Dem Lehrherrn gegenüber ergibt sich der Gehorsam des Lehrlings als natürliche Folge des Lehrverhältnisses, das Gleiche gilt in Betreff des allgemeinen Vertreters des Lehrherrn, nicht aber, weshalb es ausdrücklich gesagt ist, von dem mit der technischen Schulung besonders betrauten Arbeiter.

***128.** Das Lehrverhältniß kann, wenn eine längere Frist nicht vereinbart ist, während der ersten vier Wochen nach Beginn der Lehrzeit durch einseitigen Rücktritt aufgelöst werden. Eine Vereinbarung, wonach diese Probezeit mehr als drei Monate betragen soll, ist nichtig.

Nach Ablauf der Probezeit kann der Lehrling vor Beendigung der verabredeten Lehrzeit entlassen werden, wenn einer der im §. 123 vorgesehenen Fälle auf ihn Anwendung findet.

Von Seiten des Lehrlings kann das Lehrverhältniß nach Ablauf der Probezeit aufgelöst werden:

1. wenn einer der im §. 124 unter Nr. 1, 3 bis 5 vorgesehenen Fälle vorliegt;
2. wenn der Lehrherr seine gesetzlichen Verpflichtungen gegen den Lehrling in einer die Gesundheit, die Sittlichkeit oder die Ausbildung des Lehrlings gefährdenden Weise vernachlässigt, oder das Recht der väterlichen Zucht mißbraucht oder zur Erfüllung der ihm vertragsmäßig obliegenden Verpflichtungen unfähig wird.

Der Lehrvertrag wird durch den Tod des Lehrlings aufgehoben. Durch den Tod des Lehrherrn gilt der Lehrvertrag als aufgehoben, sofern die Aufhebung innerhalb vier Wochen geltend gemacht wird.

Kündigung der Lehre ist durch Abs. 1 nicht ausgeschlossen, nur muß sie ausdrücklich in dem Lehrvertrag vorbehalten sein.

In Nr. 1 des Abs. 3 ist §. 124,2 nicht erwähnt, weil durch Nr. 2 gedeckt.

Die Aufhebung „wird geltend gemacht" durch eine rechtsgiltige Willenserklärung gegenüber dem Nachfolger des Lehrherrn.

***129.** Bei Beendigung des Lehrverhältnisses hat der Lehrherr dem Lehrling unter Angabe des Gewerbes, in welchem der Lehrling unterwiesen worden ist, über die Dauer der Lehrzeit und die während derselben erworbenen Kenntnisse und Fertigkeiten, sowie über sein Betragen ein Zeugniß auszustellen, welches von der Gemeindebehörde kosten- und stempelfrei zu beglaubigen ist.

An Stelle dieser Zeugnisse können, wo Innungen oder andere Vertretungen der Gewerbetreibenden bestehen, die von diesen ausgestellten Lehrbriefe treten.

Fällt zum Theil mit §. 113 zusammen; doch beglaubigt hier die Gemeinde-, dort die Polizeibehörde.

Abs. 2 gibt nicht dem Lehrling ein Recht, sondern dem Lehrherrn die Befugniß, die Ausstellung eines Zeugnisses unter Hinweis auf den Lehrbrief abzulehnen. Vgl. auch §. 98a.

***130.** Verläßt der Lehrling in einem durch dies Gesetz nicht vorgesehenen Falle ohne Zustimmung des Lehrherrn die Lehre, so kann letzterer den Anspruch auf Rückkehr des Lehrlings nur geltend machen, wenn der Lehrvertrag schriftlich geschlossen ist. Die Polizeibehörde kann in diesem Falle auf Antrag des Lehrherrn den Lehrling anhalten, so lange in der Lehre zu verbleiben, als durch gerichtliches Urtheil das Lehrverhältniß nicht für aufgelöst erklärt ist. Der Antrag ist nur zulässig, wenn er binnen einer Woche nach dem Austritte des Lehrlings gestellt ist. Im Falle der Weigerung kann die Polizeibehörde den Lehrling zwangsweise zurückführen lassen, oder durch Androhung von Geldstrafe bis zu fünfzig Mark oder Haft bis zu fünf Tagen zur Rückkehr ihn anhalten.

Satz 1 will zunächst nur den Anspruch auf Zurückführung gewähren; dieser Anspruch kann, was als selbstverständlich nicht gesagt ist, im gerichtlichen Wege oder gemäß §. 120a geltend gemacht werden. Nach Satz 2 bis 4 soll er aber, unter bestimmten Maßgaben, auch polizeilich verfolgt werden können. Die Rückkehr kann nur verlangt werden in einem „durch dies Gesetz nicht vorgesehenen Falle" des Austrittes d. h.: soweit das Gesetz dem Lehrling den Austritt nicht gestattet. Einer gerichtlichen Entscheidung darüber, ob dieser Fall vorliegt, bedarf es vor dem polizeilichen Einschreiten nicht; die Polizeibehörde hat das selbst zu ermessen; vgl. R.T.B. 1132 f. 1419. Hilft der polizeiliche Zwang nicht, so hat der Lehrherr immer noch den Rechtsweg und die durch diesen gewährten Zwangsmittel.

Im Falle eines nicht schriftlichen Vertrages kann der Lehrling nur durch Zurückhaltung des Arbeitsbuches zur Fortsetzung der Lehre genöthigt werden.

***131.** Wird von dem Vater oder Vormund für den Lehrling, oder, sofern der letztere großjährig ist, von ihm selbst dem Lehrherrn die schriftliche Erklärung abgegeben, daß der Lehrling zu einem anderen Gewerbe oder anderen Berufe übergehen werde, so gilt das Lehrverhältniß, wenn der Lehrling nicht früher entlassen wird, nach Ablauf von vier Wochen als aufgelöst. Den Grund der Auflösung hat der Lehrherr in dem Arbeitsbuche zu vermerken.

Binnen neun Monaten nach der Auflösung darf der Lehrling in demselben Gewerbe von einem anderen Arbeitgeber ohne Zustimmung des früheren Lehrherrn nicht beschäftigt werden.

Durch Abs. 2 wird jede Beschäftigung, nicht nur die Annahme als Lehrling, in demselben Gewerbe getroffen.

***132.** Erreicht das Lehrverhältniß vor Ablauf der verabredeten Lehrzeit sein Ende, so kann von dem Lehrherrn oder von dem Lehrling ein Anspruch auf Entschädigung nur geltend gemacht werden, wenn der Lehrvertrag schriftlich geschlossen ist. In den Fällen des §. 128 Abs. 1 und 4 kann der Anspruch nur geltend gemacht werden, wenn dieses in dem Lehrvertrage unter

Festsetzung der Art und Höhe der Entschädigung vereinbart ist.

Der Anspruch auf Entschädigung erlischt, wenn er nicht innerhalb vier Wochen nach Auflösung des Lehrverhältnisses im Wege der Klage oder Einrede geltend gemacht ist.

Begreift alle Fälle, in welchen ein Lehrverhältniß wirklich beendet wird: die Auflösung nach §. 128 Abs. 1, 3 und §. 131, die Aufhebung nach §. 128 Abs. 4, die Entlassung des Lehrlings nach §. 128 Abs. 2, endlich die Beendigung durch Kündigung oder Vereinbarung. In Abs. 2 ist das Wort „Auflösung" statt „Beendigung" gebraucht.

Die Vereinbarung in Satz 2 muß nach dem Sinn des Gesetzes und einer Bemerkung der Motive ebenfalls schriftlich sein.

***133.** Ist von dem Lehrherrn das Lehrverhältniß aufgelöst worden, weil der Lehrling die Lehre unbefugt verlassen hat, so ist die von dem Lehrherrn beanspruchte Entschädigung, wenn in dem Lehrvertrag ein Anderes nicht ausbedungen ist, auf einen Betrag festzusetzen, welcher für jeden auf den Tag des Vertragsbruches folgenden Tag der Lehrzeit, höchstens aber für sechs Monate, bis auf die Hälfte des in dem Gewerbe des Lehrherrn den Gesellen oder Gehülfen ortsüblich gezahlten Lohnes sich belaufen darf.

Für die Zahlung der Entschädigung sind als Selbstschuldner mitverhaftet der Vater des Lehrlings, sowie derjenige Arbeitgeber, welcher den Lehrling zum Verlassen der Lehre verleitet oder welcher ihn in Arbeit genommen hat, obwohl er wußte, daß der Lehrling zur Fortsetzung eines Lehrverhältnisses noch verpflichtet war.

Hat der Entschädigungsberechtigte erst nach Auflösung des Lehrverhältnisses von der Person des Arbeitgebers, welcher den Lehrling verleitet oder in Arbeit genommen hat, Kenntniß erhalten, so erlischt gegen diese der Entschädigungsanspruch erst, wenn derselbe nicht innerhalb vier Wochen nach erhaltener Kenntniß geltend gemacht ist.

Für den durch §. 133 näher geregelten Entschädigungsfall gelten zunächst auch die Vorschriften des §. 132; vgl. zu §. 132.

## IV. Verhältnisse der Fabrikarbeiter.

***134.** Auf Fabrikarbeiter finden die Bestimmungen der §§. 121 bis 125 oder, wenn die Fabrikarbeiter als Lehrlinge anzusehen sind, die Bestimmungen der §§. 126 bis 133 Anwendung.

Die Anwendung der betreffenden Bestimmungen auf die Arbeitgeber ist selbstverständlich; R.T.B. 1142. Vgl. §. 154, wo Arbeitgeber ausdrücklich genannt sind.

Die Begriffe des Fabrikarbeiters und der Fabrik bestimmt die G.O. nicht, beide sind wesentlich thatsächlicher Natur; vgl. zu §§. 121. 126. 154, ferner Kommiss. Ber. und Motive zu dem Ges., betr. die Verbindlichkeit zum Schadenersatz für die beim Betriebe von Eisenbahnen u. s. w. herbeigeführten Tödtungen und Körperverletzungen, vom 7. Juni 71. R.G.B. 207. Die Begriffe des Lehrlings und Fabrikarbeiters schließen sich nicht aus; der Lehrling in der Fabrik ist auch Fabrikarbeiter R.G. 19. Okt. 82.

Werkmeister in den Fabriken sind nicht mehr, wie früher durch §. 126, in gewissen Beziehungen ausdrücklich von dem Bereich der Fabrikarbeiter ausgeschlossen.

Nach dem auf Fabrikarbeiter anwendbaren §. 120 kann in Betreff der jugendlichen Fabrikarbeiter eine weitergehende Einwirkung von den Landesbehörden ausgeübt werden, als die §§. 135 ff. bestimmen. Es erscheint demgemäß zulässig, für Kinder die Beschäftigung mit gewissen Arbeiten ganz zu verbieten, wie dies in Preußen geschehen für Bergwerksarbeiten aller Art unter Tage und für gewisse Bergwerks- und Hüttenarbeiten über Tage; Pr. Min. 12. Aug. 54. In Uebereinstimmung damit erscheinen die Befugnisse, welche in Preußen durch §. 10 des Regulativs über die Beschäftigung jugendlicher Arbeiter in Fabriken 9. März 39 — ausgedehnt auf die neuen Landestheile durch Verordnung vom 22. Sept. 67 — den Centralbehörden verliehen sind, in vollem Umfang aufrecht erhalten; vgl. die Ausführungsbestimmungen dazu Pr. Min. 18. Aug. 53. Weitergehende Beschränkungen, nicht durch landesbehördliche Anordnung, sondern für das ganze Reich können jetzt eintreten gemäß §. 139 a.

Das Gesetz schließt die Aufstellung von Fabrikordnungen nicht aus. Die ausdrücklich oder durch Annahme von Arbeit nach Mittheilung der Fabrikordnung stillschweigend erfolgte Unterwerfung eines Arbeiters unter die Fabrikordnung ist als Vertrag anzusehen, so daß die Vorschriften der Fabrikordnung über Kündigung u. dgl. den Bestimmungen der G.O. vorgehen. Motive der G.O. zu Tit. VII.

*135. Kinder unter zwölf Jahren dürfen in Fabriken nicht beschäftigt werden.

Die Beschäftigung von Kindern unter vierzehn Jahren darf die Dauer von sechs Stunden täglich nicht überschreiten.

Kinder, welche zum Besuche der Volksschule verpflichtet sind, dürfen in Fabriken nur dann beschäftigt werden, wenn sie in der Volksschule oder in einer von der Schulaufsichtsbehörde genehmigten Schule und nach einem von ihr genehmigten Lehrplane einen regelmäßigen Unterricht von mindestens drei Stunden täglich genießen.

Junge Leute zwischen vierzehn und sechszehn Jahren dürfen in Fabriken nicht länger als zehn Stunden täglich beschäftigt werden.

Wöchnerinnen dürfen während drei Wochen nach ihrer Niederkunft nicht beschäftigt werden.

Das Gesetz unterscheidet „Kinder“ bis 14 Jahre, „junge Leute“ von 14 bis 16 Jahre und bezeichnet beide Klassen zusammen als „jugendliche Arbeiter“; vgl. §. 136.

Die Vorschrift findet nicht Anwendung auf Beschäftigungen außerhalb der Fabrikationsstätten, namentlich nicht auf Feldbau zu Fabrikationszwecken (Rübenzuckerfabriken); Pr. Min. 18. Aug. 58. Wohl aber auf Ziegeleien; Pr. Min. 21. Jan. 69.

Abs. 2 ist auch auf Kinder anzuwenden, die ihrer Schulpflicht schon genügt haben; so lange letzteres nicht der Fall ist, findet gleichzeitig Abs. 3 Anwendung.

Die gesetzlichen Arbeitspausen (§. 129) werden in die zulässige Arbeitszeit nicht eingerechnet. R.T.B. zu G.O. 634, 676.

Wegen der „Volksschule“ vgl. zu §. 107.

Die auf Erfüllung der Schulpflicht bezüglichen Landesgesetze werden durch die G.O. nicht alterirt. Wird durch ihre Bestimmungen thatsächlich die Verwendung schulpflichtiger Kinder noch mehr als durch §§. 128 ff. beschränkt, so liegt darin kein Widerspruch mit der G.O. Diese setzt nur das Minimum der Schulpflicht und das Maximum der Arbeit fest; vgl. Motive der G.O. zu Tit. VII.

Strafvorschrift in §. 146. Strafbarkeit wird dadurch nicht ausgeschlossen, daß ein Werkmeister oder ein Arbeiter der Fabrik die jugendlichen Arbeiter beschäftigt; der Fabrikbesitzer haftet trotzdem. R.G. 12. Okt. 80. 11. Juni 81. 16. März 82.

*136. Die Arbeitsstunden der jugendlichen Arbeiter (§. 135) dürfen nicht vor $5^1/_2$ Uhr Morgens beginnen und nicht über $8^1/_2$ Uhr Abends dauern. Zwischen den Arbeitsstunden müssen an jedem Arbeitstage regelmäßige Pausen gewährt werden. Die Pausen müssen für Kinder eine halbe Stunde, für junge Leute zwischen vierzehn und sechszehn Jahren Mittags eine Stunde, sowie Vor=

mittags und Nachmittags je eine halbe Stunde mindestens betragen.

Während der Pausen darf den jugendlichen Arbeitern eine Beschäftigung in dem Fabrikbetriebe überhaupt nicht und der Aufenthalt in den Arbeitsräumen nur dann gestattet werden, wenn in denselben diejenigen Theile des Betriebes, in welchen jugendliche Arbeiter beschäftigt sind, für die Zeit der Pausen völlig eingestellt werden.

An Sonn- und Festtagen, sowie während der von dem ordentlichen Seelsorger für den Katechumenen- und Konfirmanden-, Beicht- und Kommunion-Unterricht bestimmten Stunden dürfen jugendliche Arbeiter nicht beschäftigt werden.

Abs. 1 verbietet die Nachtarbeit; vgl. aber §§. 139 f.

Abs. 2 ist auch gegen die freiwillig von den jugendlichen Arbeitern in den Pausen übernommene Arbeit gerichtet, gestattet außerdem den Aufenthalt in den Arbeitsräumen während der Pausen nur bedingt.

Abs. 3 ist nur auf solche Arbeiter anzuwenden, die den bezüglichen Unterricht noch nicht absolvirt haben.

Wegen Sonn- und Festtage vgl. §. 105 Abs. 3.

Strafvorschrift in §. 146.

***137.** Die Beschäftigung eines Kindes in Fabriken ist nicht gestattet, wenn dem Arbeitgeber nicht zuvor für dasselbe eine Arbeitskarte eingehändigt ist. Dasselbe gilt hinsichtlich der noch zum Besuche der Volksschule verpflichteten jungen Leute zwischen vierzehn und sechszehn Jahren. Eines Arbeitsbuches bedarf es in diesem Falle nicht.

Die Arbeitskarten werden auf Antrag oder mit Zustimmung des Vaters oder Vormundes durch die Ortspolizeibehörde kosten- und stempelfrei ausgestellt; ist die Erklärung des Vaters nicht zu beschaffen, so kann die Gemeindebehörde die Zustimmung desselben ergänzen. Sie haben den Namen, Tag und Jahr der Geburt, sowie die Religion des Kindes, den Namen, Stand und letzten Wohnort des Vaters oder Vormundes und außerdem die zur Erfüllung der gesetzlichen Schulpflicht (§. 135) getroffenen Einrichtungen anzugeben.

Der Arbeitgeber hat die Arbeitskarte zu verwahren, auf amtliches Verlangen jederzeit vorzulegen und am Ende des Arbeitsverhältnisses dem Vater oder Vormund wieder auszuhändigen. Ist die Wohnung des Vaters nicht zu ermitteln, so erfolgt die Zustellung der Arbeitskarte an die Mutter oder den sonstigen nächsten Angehörigen des Kindes.

Fassung beruht auf dem Ges. betr. Abänderung der G.O. 1. Juli 83. R.G.B. 159.

Der letzte Satz in Abs. 1 bezieht sich auf beide vorhergehenden Fälle; das nicht mehr schulpflichtige „Kind" bedarf auch eines Arbeitsbuches nicht.

Vgl. zu §. 107. Für die Arbeitskarte darf eine Gebühr erhoben werden. Strafvorschrift in §. 150,2.

*138. Sollen jugendliche Arbeiter in Fabriken beschäftigt werden, so hat der Arbeitgeber vor dem Beginn der Beschäftigung der Ortspolizeibehörde eine schriftliche Anzeige zu machen.

In der Anzeige sind die Fabrik, die Wochentage, an welchen die Beschäftigung stattfinden soll, Beginn und Ende der Arbeitszeit und der Pausen, sowie die Art der Beschäftigung anzugeben. Eine Aenderung hierin darf, abgesehen von Verschiebungen, welche durch Ersetzung behinderter Arbeiter für einzelne Arbeitsschichten nothwendig werden, nicht erfolgen, bevor eine entsprechende weitere Anzeige der Behörde gemacht ist.

In jeder Fabrik hat der Arbeitgeber dafür zu sorgen, daß in den Fabrikräumen, in welchen jugendliche Arbeiter beschäftigt werden, an einer in die Augen fallenden Stelle ein Verzeichniß der jugendlichen Arbeiter unter Angabe ihrer Arbeitstage, sowie des Beginns und Endes ihrer Arbeitszeit und der Pausen ausgehängt ist. Ebenso hat er dafür zu sorgen, daß in den bezeichneten Räumen eine Tafel ausgehängt ist, welche in der von der Zentralbehörde zu bestimmenden Fassung und in deutlicher Schrift einen Auszug aus den Bestimmungen über die Beschäftigung jugendlicher Arbeiter enthält.

Strafvorschrift in §. 149.

*139. Wenn Naturereignisse oder Unglücksfälle den regelmäßigen Betrieb einer Fabrik unterbrochen haben, so können Ausnahmen von den in §. 135 Abs. 2 bis 4 und in §. 136 vorgesehenen Beschränkungen auf die Dauer von vier Wochen durch die höhere Verwaltungsbehörde, auf längere Zeit durch den Reichskanzler nachgelassen werden. In dringenden Fällen solcher Art, sowie zur Verhütung von Unglücksfällen kann die Ortspolizeibehörde, jedoch höchstens auf die Dauer von vierzehn Tagen, solche Ausnahmen gestatten.

Wenn die Natur des Betriebes oder Rücksichten auf die Arbeiter in einzelnen Fabriken es erwünscht erscheinen lassen, daß die Arbeitszeit der jugendlichen Arbeiter in einer anderen als der durch §. 136 vorgesehenen Weise geregelt wird, so kann auf besonderen Antrag eine anderweite Regelung hinsichtlich der Pausen durch die höhere Verwaltungsbehörde, im übrigen durch den Reichskanzler gestattet werden. Jedoch dürfen in solchen Fällen die jugendlichen Arbeiter nicht länger als sechs Stunden beschäftigt werden, wenn zwischen den Arbeitsstunden nicht Pausen von zusammen mindestens einstündiger Dauer gewährt werden.

Die auf Grund vorstehender Bestimmungen zu treffenden Verfügungen müssen schriftlich erlassen werden.

Die nach Abs. 2 für einzelne Fabriken statthaften Ausnahmen dürfen außer Dauer und Vertheilung der Pausen nur Anfang und Ende der Arbeitszeit und die Arbeit an Sonn- und Festtagen betreffen; dagegen kann die Zahl der täglichen Arbeitsstunden nicht dem §. 135 zuwider vermehrt werden. Der letzte Satz in Abs. 2 hat nur die Arbeit der „jungen Leute" im Auge.

Strafvorschrift in §. 146.

***139a.** Durch Beschluß des Bundesraths kann die Verwendung von jugendlichen Arbeitern sowie von Arbeiterinnen für gewisse Fabrikationszweige, welche mit besonderen Gefahren für Gesundheit oder Sittlichkeit verbunden sind, gänzlich untersagt oder von besonderen Bedingungen abhängig gemacht werden. Insbesondere kann für gewisse Fabrikationszweige die Nachtarbeit der Arbeiterinnen untersagt werden.

Durch Beschluß des Bundesraths können für Spinnereien, für Fabriken, welche mit ununterbrochenem Feuer betrieben werden, oder welche sonst durch die Art des Betriebes auf eine regelmäßige Tag- und Nachtarbeit angewiesen sind, sowie für solche Fabriken, deren Betrieb eine Eintheilung in regelmäßige Arbeitsschichten von gleicher Dauer nicht gestattet oder seiner Natur nach auf bestimmte Jahreszeiten beschränkt ist, Ausnahmen von den in §. 135 Abs. 2 bis 4 und in §. 136 vorgesehenen Beschränkungen nachgelassen werden. Jedoch darf in solchen Fällen die Arbeitszeit für Kinder die Dauer von sechsunddreißig Stunden und für junge Leute die Dauer von sechszig, in Spinnereien von sechsundsechszig Stunden wöchentlich nicht überschreiten.

Die durch Beschluß des Bundesraths getroffenen Bestimmungen sind dem nächstfolgenden Reichstag vorzulegen. Sie sind außer Kraft zu setzen, wenn der Reichstag dies verlangt.

Solche Bestimmungen sind getroffen: für Walz- und Hammerwerke unter dem 23. April 79, für Glashütten unter dem 23. April 79, für Spinnereien unter dem 20. Mai 79, C.B. 301. 304. 362, für Steinkohlenbergwerke unter dem 10. Juli 81. C.B. 275 u. 12. März 83. C.B. 63.

Zu Abs. 3 vgl. §§. 16 Abs. 3. 56b Abs. 2. Es wird hier eine Beschlußfassung nur für den Fall verlangt, daß der Reichstag seine Zustimmung versagen will. Ist letzteres nicht geschehen, so kann der Reichstag in einer späteren Session den Beschluß des Bundesraths nicht anfechten. Wenn der Bundesrath den eigenen Beschluß durch späteren Beschluß abändert, so muß letzterer dem Reichstag abermals vorgelegt werden, sofern der Beschluß nicht lediglich die zugelassenen Ausnahmen wieder beseitigt; vgl. Motive und Kommiss.-Ber.

Strafvorschrift in §. 146.

*139 b. Die Aufsicht über die Ausführung der Bestimmungen der §§. 135 bis 139 a, sowie des §. 120 Abs. 3 in seiner Anwendung auf Fabriken ist ausschließlich oder neben den ordentlichen Polizeibehörden besonderen von den Landesregierungen zu ernennenden Beamten zu übertragen. Denselben stehen bei Ausübung dieser Aufsicht alle amtlichen Befugnisse der Ortspolizeibehörden, insbesondere das Recht zur jederzeitigen Revision der Fabriken zu. Sie sind, vorbehaltlich der Anzeige von Gesetzwidrigkeiten, zur Geheimhaltung der amtlich zu ihrer Kenntniß gelangenden Geschäfts- und Betriebsverhältnisse der ihrer Revision unterliegenden Fabriken zu verpflichten.

Die Ordnung der Zuständigkeitsverhältnisse zwischen diesen Beamten und den ordentlichen Polizeibehörden bleibt der verfassungsmäßigen Regelung in den einzelnen Bundesstaaten vorbehalten.

Die erwähnten Beamten haben Jahresberichte über ihre amtliche Thätigkeit zu erstatten. Diese Jahresberichte oder Auszüge aus denselben sind dem Bundesrathe und dem Reichstag vorzulegen.

Auf Antrag der Landesregierungen kann für solche Bezirke, in welchen Fabrikbetriebe gar nicht oder nur in geringem Umfange vorhanden sind, durch Beschluß des Bundesraths von der Anstellung besonderer Beamten abgesehen werden.

Die auf Grund der Bestimmungen der §§. 135 bis 139 a, sowie des §. 120 Abs. 3 in seiner Anwendung auf Fabriken auszuführenden amtlichen Revisionen müssen die Arbeitgeber zu jeder Zeit, namentlich auch in der Nacht, während die Fabriken im Betriebe sind, gestatten.

Bezielt die Berufung von Fabrikinspektoren, gilt jedoch für die Fabrikinspektoren der Bergwerke, Salinen u. s. w. nicht bezüglich des §. 120. Vgl. unten §. 154.

Welche Befugnisse in die Aufsicht eingeschlossen sind, stellt das Gesetz nicht klar; die Beamten können nach dem Eingang der Bestimmung auf Ausübung einer Kontrole — ohne ein Recht, mit Anordnungen einzugreifen — beschränkt werden. Für Preußen vgl. Dienstanweisung für die Gewerberäthe Pr. Min. 24. Mai 79.

Von Abs. 4 ist Anwendung gemacht zu Gunsten von Mecklenburg-Strelitz, Schaumburg-Lippe, Lippe und Lübeck.

Strafvorschrift in §. 149.

## Titel VIII.

## Gewerbliche Hülfskassen.

**140.** Die durch Ortsstatut oder Anordnung der Verwaltungsbehörde begründete Verpflichtung der selbständigen Gewerbetreibenden, einer mit einer Innung verbundenen oder außerhalb derselben bestehenden Kranken-, Hülfs- oder Sterbekasse für selbständige Gewerbetreibende beizutreten, wird aufgehoben. Im übrigen wird in den Verhältnissen dieser Kassen durch gegenwärtiges Gesetz nichts geändert.

Neue Kassen der selbständigen Gewerbetreibenden für die erwähnten Zwecke erhalten durch die Genehmigung der höheren Verwaltungsbehörde die Rechte juristischer Personen, soweit es zur Erlangung dieser Rechte einer besondern staatlichen Genehmigung bedarf.

Genehmigung ist für die Statuten freiwilliger Hülfskassen nicht nöthig, sobald die Rechte einer juristischen Person nicht erstrebt werden. Wo diese Rechte nach Landesrecht durch Personenvereine ohne besondere Genehmigung erlangt werden können, bedarf es ebenfalls der Genehmigung nicht; Motive zu Tit. VIII. Wenn aber nach Landesrecht Kassen der hier fraglichen Art staatlicher Genehmigung unbedingt bedürfen, wird diese auch ferner einzuholen sein; vgl. Stf.G. §. 360,$_{9}$; es kann hier also die Nothwendigkeit einer doppelten Genehmigung eintreten. In Preußen wird für alle auf Gegenseitigkeit gegründeten Kassen eine staatliche Genehmigung als nöthig angesehen. In Betreff der Ortsstatuten vgl. §. 142.

Für selbstständige Gewerbetreibende der Hausindustrie ist eine Verpflichtung nach Abs. 1 wieder zulässig nach Ges. betr. die Krankenversicherung der Arbeiter 15. Juni 83 §. 2 R.G.B. 73.

Ueber Innungskassen §§. 97a. 100c.

## 141—141f. (fallen weg.)

Die auf dem Ges. betr. die Abänderung des Tit. VIII der G.O. 8. April 76 R.G.B. 134 Art. 1 beruhenden, vormaligen §§. 141 bis 141f. regelten die ortsstatutarische Begründung von Arbeiter-Krankenkassen. Sie werden aufgehoben durch Ges. betr. die Krankenversicherung der Arbeiter 15. Juni 83 §. 87 R.G.B. 73. Die auf Grund jener §§. getroffenen statutarischen Bestimmungen treten, soweit sie mit dem gedachten Gesetz in Widerspruch stehen, außer Kraft. Krankenkassen, die dem Ges. über eingeschriebene Hülfskassen 7. April 76 R.G.B. 125 entsprechen, müssen nach Maßgabe der neuen Bestimmungen umgewandelt werden, sofern zu ihren Gunsten eine Beitrittspflicht besteht. Fortan können „eingeschriebene Hülfskassen" für gewerbliche Arbeiter zwar noch bestehen und errichtet werden, aber die Mitglieder sind dadurch von der durch das Ges. 15. Juni 83 begründeten Beitrittspflicht zu anderen Kassen nur dann befreit, wenn die Kassen gewisse, durch das Gesetz bestimmte Leistungen gewähren; Ges. 15. Juni 83 §. 75.

Zwar treten alle diese Bestimmungen erst mit dem 1. Dez. 84 in Kraft; Ges. 15. Juni 83 §. 88. Ihre praktische Bedeutung haben die §§. 141ff. gleichwohl schon jetzt verloren.

# Titel IX.

## Ortsstatuten.

**142.** Ortsstatuten können die ihnen durch das Gesetz überwiesenen gewerblichen Gegenstände mit verbindlicher Kraft ordnen. Dieselben werden, nach Anhörung betheiligter Gewerbetreibender, auf Grund eines Gemeindebeschlusses abgefaßt. Sie bedürfen der Genehmigung der höheren Verwaltungsbehörde.

Die Centralbehörde ist befugt, Ortsstatuten, welche mit den Gesetzen in Widerspruch stehen, außer Kraft zu setzen.

Die Ortsstatuten werden „abgefaßt auf Grund eines Gemeindebeschlusses" von der Gemeindebehörde. Dieser steht der formelle Erlaß zu. Was unter Gemeindebeschluß zu verstehen ist, insbesondere welche Gemeindeorgane dabei mitzuwirken haben, beantwortet sich aus den einzelnen Gemeindeverfassungsgesetzen. Wie viele Gewerbetreibende vorher zu hören sind, hängt von dem Ermessen der bei dem Beschluß, der Genehmigung und dem Erlaß der Statuten betheiligten Organe — Gemeinde oder Gemeinderath, Gemeindevorstand, höhere Verwaltungsbehörde — ab. Die Anhörung erfolgt durch den Gemeindevorstand.

Ortsstatuten ordnen, was „das Gesetz", d. h. nicht nur die G.O., sondern auch andere Reichs- oder Landesgesetze ihnen überweisen.

Ueber „Centralbehörde" §. 155. Uebertretungen der Ortsstatuten sind durch die G.O. nicht unter Strafe gestellt; inwieweit Strafen dafür in den Statuten selbst oder in besondern Verordnungen auszusprechen sind, bestimmt das Landesrecht.

# Titel X.

## Strafbestimmungen.

*143. Die Berechtigung zum Gewerbebetriebe kann, abgesehen von den in den Reichsgesetzen vorgesehenen Fällen ihrer Entziehung, weder durch richterliche, noch administrative Entscheidung entzogen werden.

Ausnahmen von diesem Grundsatze, welche durch die Steuergesetze begründet sind, bleiben so lange aufrecht erhalten, als diese Steuergesetze in Kraft bleiben.

Die Bestimmungen der Landesgesetze, nach welchen die Befugniß zur Herausgabe von Druckschriften und zum Vertriebe derselben innerhalb des Reichsgebiets im Verwaltungswege entzogen werden darf, werden hierdurch aufgehoben.

Fassung beruht auf dem Ges. betr. Abänderung der G.O. 1. Juli 83 R.G.B. 159.

Nur den bei Erlaß der G.O. vorhanden gewesenen Steuergesetzen kommt Abs. 2 zu Statten. Vgl. die zu Grunde liegende Vorschrift des Sächs. Ges. 23. Juni 68 §. 12. Vgl. ferner zu Abs. 2 Einführungsges. zum Strf.G. 31. Mai 70 B.G.B. 195 §§. 2. 6; hierdurch ist Abs. 2 nicht alterirt, es kann auch jetzt noch auf die in Steuergesetzen angedrohte Untersagung des Gewerbebetriebes erkannt werden; O.T. 28. April. 7. Dez. 71 u. 14. März 72.

Abs. 3 war bereits in der G.O. nach älterer Fassung enthalten; da die darin berührten landesgesetzlichen Bestimmungen sonach bereits mit Einführung der G.O. aufgehoben wurden, so ist die Wiederaufnahme in die jetzige Fassung gegenstandslos. Auf das Elsaß-Lothringen'sche Landesrecht ist Abs. 3 nicht anwendbar, obwohl er das gesammte Reichsgebiet erwähnt, weil die G.O. in Elsaß-Lothringen nicht gilt.

**144.** Inwiefern, abgesehen von den Vorschriften über die Entziehung des Gewerbebetriebes (§. 143), Zuwiderhandlungen der Gewerbetreibenden gegen ihre Berufspflichten außer den in diesem Gesetz erwähnten Fällen einer Strafe unterliegen, ist nach den darüber bestehenden Gesetzen zu beurtheilen.

Jedoch werden aufgehoben die für Medizinalpersonen bestehenden besonderen Bestimmungen, welche ihnen unter Androhung von Strafen einen Zwang zu ärztlicher Hülfe auferlegen.

Ueber Zuwiderhandlungen der in Abs. 1 bezeichneten Art vgl. namentlich Stf.G. §§. 222. 230. 232. 266, 3. 290. 297 ff. 300. 360, 1, 7, 9, 12. 367, 3—5, 7, 9, 15. 369. Es gehören hierher auch die Zuwiderhandlungen gegen die über den Betrieb der einzelnen Gewerbe erlassenen polizeilichen Verordnungen; vgl. zu §. 1 und insbesondere O.T. 24. Nov. 70.

In Betreff der Medizinalpersonen vgl. §. 80 Abs. 2.

***145.** Für das Mindestmaß der Strafen, das Verhältniß von Geldstrafe zu Freiheitsstrafe, sowie für die Verjährung der in den §§. 146 und 153 verzeichneten Vergehen sind die Bestimmungen des Strafgesetzbuchs für das Deutsche Reich maßgebend.

Die übrigen in diesem Titel mit Strafe bedrohten Handlungen verjähren binnen drei Monaten, von dem Tage an gerechnet, an welchem sie begangen sind.

Fassung, schon geändert durch Ges. betr. die Einführung der G.O. u. s. w. 12. Juni 72 R.G.B. 170, beruht nunmehr auf Ges. betr. Abänderung der G.O. 1. Juli 83 R.G.B. 159.

Vgl. über das Mindestmaß der Strafen Stf.G. §§. 16 f., über das Verhältniß von Geld- zu Freiheitsstrafen §§. 28 f., über die Verjährung des in §. 153 bezeichneten Vergehens §. 67. Für die Berechnung der Freiheitsstrafen ist Stf.G. §. 19 anzuwenden.

Abs. 2 entspricht den Grundsätzen in Stf.G. §§. 66 ff.

Für die Anwendung der Strafbestimmungen der G.O. gelten die allgemeinen Grundsätze des Stf.G. Theil I.; und zwar auch dann, wenn es sich nur um Uebertretungen handelt, soweit jene Grundsätze nicht ausdrücklich nur für Verbrechen und Vergehen anwendbar sind; vgl. Stf.G. §§. 4, 6, 43 ff. 49. 67. 70. 74. Insbesondere gelten für alle durch die G.O. unter Strafe gestellten Handlungen bezüglich des erforderlichen strafbaren Willens die allgemeinen Voraussetzungen, namentlich Stf.G. §. 59. Bei gewerbepolizeilichen Uebertretungen wird indeß als genügend angesehen, daß an sich ein bewußtes, vorsätzliches Thun vorlag, das Bewußtsein der Strafbarkeit der Handlungsweise ist nicht erforderlich; O.T. 12. Dez. 70.

***146.** Mit Geldstrafe bis zu zweitausend Mark und im Unvermögensfalle mit Gefängniß bis zu sechs Monaten werden bestraft:

1. Gewerbetreibende, welche bei der Zahlung des Lohnes oder bei dem Verkaufe von Waaren an die Arbeiter dem §. 115 zuwiderhandeln;
2. Gewerbetreibende, welche den §§. 135, 136 oder den auf Grund der §§. 139, 139a getroffenen Verfügungen zuwider Arbeiterinnen oder jugendlichen Arbeitern Beschäftigung geben.
3. Gewerbetreibende, welche der Bestimmung im §. 111 entgegen die Eintragungen mit einem Merkmale versehen, welches den Inhaber des Arbeitsbuches günstig oder nachtheilig zu kennzeichnen bezweckt;
4. wer §. 56 Ziffer 6 zuwiderhandelt.

Die Geldstrafen fließen der im §. 116 bezeichneten Kasse zu.

Fassung, schon geändert durch Ges. betr. die Abänderung der G.O. 17. Juli 78 Art. 2. R.G.B. 199, beruht jetzt auf Ges. betr. Abänderung der G.O. 1. Juli 83. R.G.B. 159.

Eine Erweiterung der Bestimmung in §. 154 Abs. 4.

*147. Mit Geldstrafe bis zu dreihundert Mark und im Unvermögensfalle mit Haft wird bestraft:

1. wer den selbständigen Betrieb eines stehenden Gewerbes, zu dessen Beginn eine besondere polizeiliche Genehmigung (Konzession, Approbation, Bestallung) erforderlich ist, ohne die vorschriftsmäßige Genehmigung unternimmt oder fortsetzt, oder von den in der Genehmigung festgesetzten Bedingungen abweicht;
2. wer eine gewerbliche Anlage, zu der mit Rücksicht auf die Lage oder Beschaffenheit der Betriebsstätte oder des Lokals eine besondere Genehmigung erforderlich ist (§§. 16 und 24), ohne diese Genehmigung errichtet, oder die wesentlichen Bedingungen, unter welchen die Genehmigung ertheilt worden, nicht innehält, oder ohne neue Genehmigung eine wesentliche Veränderung der Betriebsstätte oder eine Verlegung des Lokals oder eine wesentliche Veränderung in dem Betriebe der Anlage vornimmt;
3. wer, ohne hierzu approbirt zu sein, sich als Arzt (Wundarzt, Augenarzt, Geburtshelfer, Zahnarzt, Thierarzt) bezeichnet oder sich einen ähnlichen

Titel beilegt, durch den der Glauben erweckt wird, der Inhaber desselben sei eine geprüfte Medizinalperson;

4. wer der Aufforderung der Behörde ungeachtet den Bestimmungen des §. 120 zuwiderhandelt.

Enthält die Handlung zugleich eine Zuwiderhandlung gegen die Steuergesetze, so soll nicht außerdem noch auf eine Steuerstrafe erkannt werden, es ist aber darauf bei Zumessung der Strafe Rücksicht zu nehmen.

In dem Falle zu 2. kann die Polizeibehörde die Wegschaffung der Anlage oder die Herstellung des den Bedingungen entsprechenden Zustandes derselben anordnen.

Fassung beruht auf Ges. betr. die Einführung der G.O. u. s. w. 12. Juni 72 R.G.B. 170 und Ges. betr. die Abänderung der G.O. 17. Juli 78 Art. 2 R.G.B. 109.

In Elsaß-Lothringen gilt Abs. 1 Nr. 3 überhaupt, Abs. 1 Nr. 1 bezüglich des Apothekergewerbes; Ges. betr. die Einführung der G.O. u. s. w. 15. Juli 72 §. 3 R.G.B. 350. Bezüglich des Kleinhandels mit Branntwein oder Spiritus gilt dort die entsprechende Vorschrift des Ges. betr. den Kleinhandel mit Branntwein oder mit Spiritus 16. Mai 77 §. 7 G.B.E.L. 20.

Gewerbetreibende, denen die Konzession u. s. w. entzogen ist (§§. 53 ff. 143), sind ebenfalls nach Nr. 1 zu bestrafen. Vgl. auch Stf.G. §. 367, 3, 5, wo es sich nur um die zulässige Betriebsweise, nicht um den Beginn des Gewerbes handelt.

Die Vorschrift unter Nr. 2 ist in Ansehung der Strafbarkeit unzulässiger Veränderungen bestehender Anlagen enger als §. 25 gefaßt; vgl. zu §. 25. Vgl. auch Stf.G. §. 367, 4, 5, die, auf die Errichtung von Anlagen nicht bezüglich, obige Vorschrift nicht modifizirt haben.

In Betreff der Nr. 3 vgl. zu §. 29, wo der Gebrauch eines

„gleichbedeutenden“ Titels untersagt ist, und Stf.G. §. 360, 8, wo „Titel“ — als einen Rang gewährend und auf Verleihung beruhend — in anderem Sinn gebraucht ist.

Exekution nach Abs. 3 erfolgt nach Maßgabe der durch Landesrecht zugelassenen Zwangsmittel. Sie ist nur zulässig, wenn eine Verurtheilung erfolgt ist; andernfalls, auch nach richterlicher Freisprechung, steht der Verwaltung das Recht aus §. 15 Abs. 2 zu.

Zu Abs. 2 vgl. §. 148 Abs. 2.

***148.** Mit Geldstrafe bis zu einhundertfünfzig Mark und im Unvermögensfalle mit Haft bis zu vier Wochen wird bestraft:

1. wer außer den im §. 147 vorgesehenen Fällen ein stehendes Gewerbe beginnt, ohne dasselbe vorschriftsmäßig anzuzeigen;
2. wer die im §. 14 erforderte An- oder Abmeldung einer übernommenen Feuerversicherungs-Agentur unterläßt;
3. wer die im §. 14 erforderten Anzeigen über das Betriebslokal unterläßt;
4. wer der nach §. 35 gegen ihn ergangenen Untersagung eines Gewerbebetriebes zuwiderhandelt, oder die in §. 35 vorgeschriebene Anzeige unterläßt;
5. wer dem §. 33b oder außer den im §. 149 Ziffer 1 vorgesehenen Fällen den §§. 42a bis 44a zuwiderhandelt, oder seine Legitimationskarte (§. 44a) oder seinen Wandergewerbeschein (§. 55) einem Anderen zur Benutzung überläßt;

6. wer zum Zweck der Erlangung einer Legitimationskarte, eines Wandergewerbescheins oder der im §. 62 vorgesehenen Erlaubniß in Bezug auf seine Person, oder die Personen, die er mit sich zu führen beabsichtigt, wissentlich unrichtige Angaben macht;

7. wer ein Gewerbe im Umherziehen ohne den gesetzlich erforderlichen Wandergewerbeschein, imgleichen wer eines der im §. 59 Ziffer 1 bis 3 bezeichneten Gewerbe der nach §. 59a ergangenen Untersagung zuwider betreibt;

7a. wer dem §. 56 Absatz 1, Absatz 2 Ziffer 1 bis 5, 7 bis 9, Absatz 3, §. 56a oder §. 56b zuwiderhandelt;

7b. wer den Vorschriften der §§. 56c, 60a, 60b Absatz 2 oder 60c Absatz 2 und 3 zuwiderhandelt;

7c. wer einer ihm in Gemäßheit des §. 60 Absatz 1, §. 60b Absatz 1 oder des §. 60d Absatz 3 in dem Wandergewerbeschein auferlegten Beschränkung zuwiderhandelt;

7d. wer bei dem Gewerbebetriebe im Umherziehen Kinder unter 14 Jahren zu gewerblichen Zwecken mit sich führt;

7e. ein Ausländer, welcher bei dem Gewerbebetriebe im Umherziehen den in Gemäßheit des §. 56d vom Bundesrath getroffenen Bestimmungen zuwiderhandelt.

8. wer bei dem Betriebe seines Gewerbes die von der Obrigkeit vorgeschriebenen oder genehmigten Taxen überschreitet;

9. wer die gesetzlichen Pflichten gegen die ihm anvertrauten Lehrlinge verletzt;

10. wer wissentlich der Bestimmung im §. 131 Abs. 2 zuwider einen Lehrling beschäftigt, oder wer einer auf Grund des §. 100e Nr. 2 getroffenen Bestimmung zuwiderhandelt.

In allen diesen Fällen bleibt die Strafe ausgeschlossen, wenn die strafbare Handlung zugleich eine Zuwiderhandlung gegen die Steuergesetze enthält.

Fassung, schon geändert durch Ges. betr. die Einführung der G.O. u. s. w. 12. Juni 72 R.G.B. 170 u. Ges. betr. die Abänderung der G.O. 17. Juli 78 R.G.B. 199, beruht jetzt auf Ges. betr. Abänderung der G.O. 1. Juli 83 R.G.B. 159.

Unterlassen der Anmeldung bei nicht konzessionirtem, aber konzessionspflichtigem Betrieb ist nach Nr. 1 straflos; vgl. §. 14. Die Strafe unter Nr. 2 und 3 kann mit derjenigen unter Nr. 1 konkurriren. Unter Nr. 4 ist die Möglichkeit der Untersagung des Gewerbebetriebs in den Fällen des §. 37 übersehen. Die Vorschrift unter Nr. 8 ist nicht korrekt gefaßt; unter die vorgeschriebenen Taxen fallen die der §§. 76—78 80. Abs. 1, unter den genehmigten Taxen sind die festgestellten Preise in §§. 73 f. zu verstehen; vgl. §. 79, wo der Unterschied zwischen Taxen und Preisen beachtet ist. Auf §. 80 Abs. 2 ist Nr. 8 nicht anwendbar.

Zu Nr. 5 vgl. Strf.G. §. 363 Abs. 2, wo ein besonderer Zweck der Täuschung Voraussetzung ist.

Zu Abs. 2 vgl. §. 147 Abs. 2.

*149. Mit Geldstrafe bis zu dreißig Mark und im Unvermögensfalle mit Haft bis zu acht Tagen wird bestraft:

1. wer den im §. 42b vorgesehenen Erlaubnißschein oder den im §. 43 vorgesehenen Legitimationsschein während der Ausübung des Gewerbebetriebes nicht bei sich führt, oder den Bestimmungen des §. 44a Absatz 2 zuwiderhandelt;
2. wer bei dem Gewerbebetriebe im Umherziehen dem letzten Absatz des §. 56 oder §. 60c Absatz 1 zuwiderhandelt;
3. wer ein Gewerbe im Umherziehen, für welches ihm ein auf einen bestimmten Bezirk lautender Wandergewerbeschein ertheilt ist, unbefugt in einem anderen Bezirke betreibt;
4. wer ein Gewerbe im Umherziehen mit anderen Waarengattungen oder unter Darbietung anderer Leistungen betreibt, als sein Wandergewerbeschein angiebt;
5. wer bei dem Gewerbebetriebe im Umherziehen unbefugt Personen mit sich führt, oder einen Gewerbetreibenden, zu welchem er nicht in dem Verhältnisse eines Ehegatten, Kindes oder Enkels steht, unbefugt begleitet;
6. wer den polizeilichen Anordnungen wegen des Marktverkehrs zuwiderhandelt;
7. wer es unterläßt, den durch §§. 138 und 139b für ihn begründeten Verpflichtungen nachzukommen;
8. wer ohne einer Innung als Mitglied anzugehören sich als Innungsmeister bezeichnet.

Die Unterlassung einer durch das Gesetz oder durch Statuten vorgeschriebenen Anzeige über Innungsverhältnisse an die Behörden, sowie Unrichtigkeiten in einer solchen Anzeige werden gegen die Mitglieder des Vorstandes der Innung oder des Innungsverbandes mit der gleichen Strafe geahndet.

In allen diesen Fällen bleibt die Strafe ausgeschlossen, wenn die strafbare Handlung zugleich eine Zuwiderhandlung gegen die Steuergesetze enthält.

Wegen der Fassung vgl. zu §. 148. Zu Abs. 3 vgl. §. 147 Abs. 2.

***150.** Mit Geldstrafe bis zu zwanzig Mark und im Unvermögensfalle mit Haft bis zu drei Tagen für jeden Fall der Verletzung des Gesetzes wird bestraft:

1. wer den Bestimmungen der §§. 106 bis 112 zuwider einen Arbeiter in Beschäftigung nimmt oder behält;
2. wer außer dem in §. 146 Ziffer 3 vorgesehenen Falle den Bestimmungen dieses Gesetzes in Ansehung der Arbeitsbücher und Arbeitskarten zuwiderhandelt;
3. wer vorsätzlich ein auf seinen Namen ausgestelltes Arbeitsbuch unbrauchbar macht oder vernichtet.

Beruht auf Ges. betr. die Abänderung der G.O. 17. Juli 78 R.G.B. 199 und in der jetzigen Fassung auf Ges. betr. Abänderung der G.O. 1. Juli 83. Art. 14 R.G.B. 159.

Vgl. auch wegen falscher oder verfälschter Legitimationen Stf.G. §. 363.

**151.** Sind polizeiliche Vorschriften von dem Stellvertreter eines Gewerbetreibenden bei Ausübung des

Gewerbes übertreten worden, so trifft die Strafe den Stellvertreter, ist die Uebertretung mit Vorwissen des verfügungsfähigen Vertretenen begangen worden, so verfallen beide der gesetzlichen Strafe.

Ist an eine solche Uebertretung der Verlust der Konzession, Approbation oder Bestallung geknüpft, so findet derselbe auch als Folge der von dem Stellvertreter begangenen Uebertretung statt, wenn diese mit Vorwissen des verfügungsfähigen Vertretenen begangen worden. Ist dies nicht der Fall, so ist der Vertretene bei Verlust der Konzession, Approbation u. s. w. verpflichtet, den Stellvertreter zu entlassen.

Vgl. §§. 45 f.

„Stellvertreter" ist nur derjenige, welcher den ganzen Betrieb unter sich hat, nicht schon ein Werkmeister. R.G. 12. Okt. 80.

Unter die „polizeilichen Vorschriften" fallen auch die den Betrieb der Gewerbe betreffenden Bestimmungen der Landesgesetze und der G.O.

Einer besondern Aufforderung, den Vertreter zu entlassen, bedarf es im letzten Fall des Abs. 2 nicht.

**152.** Alle Verbote und Strafbestimmungen gegen Gewerbtreibende, gewerbliche Gehülfen, Gesellen oder Fabrikarbeiter wegen Verabredungen und Vereinigungen zum Behufe der Erlangung günstiger Lohn- und Arbeitsbedingungen, insbesondere mittelst Einstellung der Arbeit oder Entlassung der Arbeiter, werden aufgehoben.

Jedem Theilnehmer steht der Rücktritt von solchen Vereinigungen und Verabredungen frei, und es findet aus letzteren weder Klage noch Einrede statt.

Begründet die sogen. Koalitionsfreiheit.

Die Vorschrift findet keine Anwendung auf ländliche Arbeiterverhältnisse R.T.B. 1114. Dagegen ist sie anwendbar auf die Arbeiterverhältnisse in den Bergwerken und zugehörigen Anstalten §. 154.

**153.** Wer Andere durch Anwendung körperlichen Zwanges, durch Drohungen, durch Ehrverletzung oder durch Verrufserklärung bestimmt oder zu bestimmen versucht, an solchen Verabredungen (§. 152) Theil zu nehmen, oder ihnen Folge zu leisten, oder Andere durch gleiche Mittel hindert oder zu hindern versucht, von solchen Verabredungen zurückzutreten, wird mit Gefängniß bis zu drei Monaten bestraft, sofern nach dem allgemeinen Strafgesetz nicht eine härtere Strafe eintritt.

Ist nur anwendbar, wenn der Zweck der Verabredung auf die Erlangung günstigerer Lohn- oder Arbeitsbedingungen gerichtet ist. Doch genügt eine hierauf beschränkte Abrede; eine Verständigung über die Mittel zu jenem Zwecke ist nicht erforderlich. O.T. 9. Okt. 73. Wegen Anwendung auf die Bergarbeiter vgl. zu §. 152.

In Betreff des allgemeinen Strafgesetzes vgl. insbesondere Stf.G. §§. 123 ff. 240.

## Schlußbestimmungen.

***154.** Die Bestimmungen der §§. 105 bis 133 finden auf Gehülfen und Lehrlinge in Apotheken und Handelsgeschäften keine Anwendung.

Die Bestimmungen der §§. 134 bis 139b finden auf Arbeitgeber und Arbeiter in Werkstätten, in deren Betrieb eine regelmäßige Benutzung von Dampfkraft stattfindet, sowie in Hüttenwerken, in Bauhöfen und Werften entsprechende Anwendung.

In gleicher Weise finden Anwendung die Bestimmungen der §§. 115 bis 119, 135 bis 139 b, 152 und 153 auf die Besitzer und Arbeiter von Bergwerken, Salinen, Aufbereitungsanstalten und unterirdisch betriebenen Brüchen und Gruben.

Arbeiterinnen dürfen in Anlagen der in Absatz 3 bezeichneten Art nicht unter Tage beschäftigt werden. Zuwiderhandlungen unterliegen der Strafbestimmung des §. 146.

Fassung, schon geändert durch Art. 2 des Ges. betr. die Abänderung der G.O. 17. Juli 78. R.G.B. 199, beruht jetzt auf Ges. betr. Abänderung der G.O. 1. Juli 83 Art. 14 R.G.B. 159.

Abs. 2 bezeichnet solche Anlagen, welche eigentlich nicht als Fabriken anzusehen sein und deshalb unter Tit. VII nur insofern fallen würden, als Lehrlinge, Gehülfen oder Gesellen darin beschäftigt sind. In Folge der ausdrücklichen Bestimmung erscheinen nun die letzteren und alle übrigen Arbeiter als Fabrikarbeiter; es finden demzufolge auf sämmtliche Arbeiter auch die Bestimmungen der §§. 105 bis 120a Anwendung.

Abs. 3 betrifft solche Werke, deren Arbeiter nicht als gewerbliche Arbeiter im Sinne des Tit. VII und insbesondere nicht als Fabrikarbeiter angesehen, gleichwohl aber, ebenso wie die Arbeitgeber, unter gewisse, für die gewerblichen Arbeiter überhaupt (§§. 115—119) und für die Fabrikarbeiter insbesondere (§§. 135—139 b) erlassenen Vorschriften fallen sollen. Abs. 3 bezieht sich auch auf diejenigen Bergwerke u. s. w., welche nach der Natur des geförderten Materials nicht unter die Berggesetze fallen, vgl. Pr. Bergges. 24. Juni 65 §. 1, dagegen nicht auf oberirdische Brüche und Gruben, die, wie Steinbrüche, Thongruben, als Bergwerke nicht anzusehen sind. Ihr Betrieb fällt unter den Gewerbebetrieb nur dann, wenn er sich nicht auf die Förderung des Materials beschränkt, sondern eine Verarbeitung einschließt.

Salinen fallen unter Tit. VII nur in den ausdrücklich gedachten

Beziehungen. Soweit die Berggesetzgebung in sonstiger Hinsicht ihre Arbeiterverhältnisse nicht berücksichtigt, können dafür nur die Bestimmungen des Landesrechts über den Arbeitsvertrag in Anwendung gebracht werden.

Für Bergwerke können nach §. 139 b auch Fabrikinspektoren angestellt werden; doch sollen die Bergpolizeibeamten (Revierbeamten) als solche gelten. R.T.B. 1194.

Die landesrechtlichen Bestimmungen über Bestrafung des Ungehorsams und Vertragbruchs der Arbeiter sind durch das Gesetz in seiner früheren Fassung beseitigt worden.

**155.** Wo in diesem Gesetze auf die Landesgesetze verwiesen ist, sind unter den letzteren auch die verfassungs- oder gesetzmäßig erlassenen Verordnungen verstanden.

Welche Behörden in jedem Bundesstaate unter der Bezeichnung: höhere Verwaltungsbehörde, untere Verwaltungsbehörde, Gemeindebehörde, Ortsbehörde, Unterbehörde, Polizeibehörde, Ortspolizeibehörde zu verstehen sind, wird von der Zentralbehörde des Bundesstaates bekannt gemacht.

Unter den Verordnungen des Abs. 1 sind auch Verfügungen der Zentralbehörden zu verstehen.

Die Bekanntmachung nach Abs. 2 ist in den Ausführungsverordnungen der einzelnen Staaten enthalten. Die G.O. enthält nur wenige Andeutungen über das Verhältniß der Instanzen. Sie gebraucht: höhere Verwaltungsbehörde, untere Verwaltungsbehörde, Polizeibehörde, Ortsbehörde, Gemeindebehörde, Ortspolizeibehörde. Einzelne Ausführungsverordnungen haben diese Instanzen auseinandergehalten; die meisten dagegen verstehen unter den verschiedenen Namen vielfach dieselben Behörden, wodurch die Nomenklatur der G.O. eine willkürliche wird. Neben der „Zentralbehörde" kommt noch die „Landesregierung" vor. Diese steht im Gegensatz zur

„Landesgesetzgebung"; inwieweit sie mit der „Zentralbehörde" zusammenfällt, entscheidet das Landesstaatsrecht. O.V. 5. Juni 80.

**156.** (fällt weg).

Der frühere §. 156 ist beseitigt durch die auf Grund des Ges. betr. Abänderung der G.O. 1. Juli 83 Art. 16 R.G.B. 159 vom Reichskanzler ausgegangene Feststellung des Textes der G.O.

Die G.O. hat über die Beseitigung der mit ihr konkurrirenden, gewerbepolizeilichen Vorschriften grundsätzlich nichts bestimmt. Seitens einzelner Regierungen ist angenommen, daß landesrechtliche Vorschriften, welche neben der G.O. bestehen können, noch in Kraft bleiben sollen; Pr. Anw. Eingang. Dies darf jedenfalls nur für solche Vorschriften, welche sich mit den Prinzipien der G.O., nicht für solche, welche an sich mit einzelnen Bestimmungen vereinbar sind, gelten.

Die Bestimmungen zur Ausführung der G.O. sind fast überall im Verwaltungswege erlassen. Nur einzelne Staaten haben — hauptsächlich zur Regelung der Prozedur und der Kompetenz — Anordnungen im Gesetz- und Verordnungswege getroffen; so namentlich Bayern Verordn. 4. Dez. 72, Württemberg Verordn. 19. Juni 73, Baden Ges. 21. Dez. 71, Hessen Verordn. 1. Nov. 69, Mecklenburg Verordn. 14. Sept. 69, Weimar Ges. 18. Sept. 69, Oldenburg Verordn. 14. Sept. 69, Braunschweig Verordn. 15. Sept. 69, Meiningen Ges. 22. Dez. 69, Altenburg Verordn. 17. Sept. 69, Anhalt Verordn. 18. Sept. 69, Bremen Ges. 17. Nov. 69. Von den Administrativbestimmungen vgl. für Preußen die beiden mit Min. Verfüg. v. 4. Sept. und 24. Nov. 69 publizirten Anweisungen, letztere zu Tit. III. der G.O.

# II.

# Ausführungsbestimmungen.

## 1.

## Bekanntmachung, betreffend allgemeine polizeiliche Bestimmungen über die Anlegung von Dampfkesseln.

Vom 29. Mai 1871.

(R.G.B. 71, 122. 83, 245.)

Auf Grund der Bestimmung im §. 24 der Gewerbeordnung für den Norddeutschen Bund vom 21. Juni 1869 hat der Bundesrath nachstehende

Allgemeine polizeiliche Bestimmungen über die Anlegung von Dampfkesseln

erlassen.

### I. Bau der Dampfkessel.

Kesselwandungen.

1. Die vom Feuer berührten Wandungen der Dampfkessel, der Feuerröhren und der Siederöhren dürfen nicht aus Gußeisen hergestellt werden, sofern

deren lichte Weite bei cylindrischer Gestalt 25 Centimeter, bei Kugelgestalt 30 Centimeter übersteigt.

Die Verwendung von Messingblech ist nur für Feuerröhren, deren lichte Weite 10 Centimeter nicht übersteigt, gestattet.

Den Fabrikanten sind in der Wahl des Materials und der Konstruktion Beschränkungen nicht mehr auferlegt. Die Stärke des Materials ist dem Ermessen der Fabrikanten überlassen. Für schuldbare Versehen haften sie nach allgemeinen gesetzlichen Regeln; Pr.Min. 11. Juni 71. Im Uebrigen vgl. Stf.G. §§. 222, 230 ff.

Feuerzüge.

**2.** Die um oder durch einen Dampfkessel gehenden Feuerzüge müssen an ihrer höchsten Stelle in einem Abstand von mindestens 10 Centimetern unter dem festgesetzten niedrigsten Wasserspiegel des Kessels liegen. Dieser Minimalabstand muß für Kessel auf Fluß- und Landseeschiffen bei einem Neigungswinkel der Schiffsbreite gegen die Horizontalebene von 4°, für Kessel auf Seeschiffen bei einem Neigungswinkel von 8° noch gewahrt sein.

Diese Bestimmungen finden keine Anwendung auf Dampfkessel, welche aus Sieberöhren von weniger als 10 Centimeter Weite bestehen, sowie auf solche Feuerzüge, in welchen ein Erglühen des mit dem Dampfraum in Berührung stehenden Theiles der Wandungen nicht zu befürchten ist. Die Gefahr des Erglühens ist in der Regel als ausgeschlossen zu betrachten, wenn die vom Wasser bespülte Kesselfläche, welche von dem Feuer vor Erreichung der vom Dampf bespülten Kesselfläche bestrichen wird, bei natürlichem Luftzug mindestens zwanzigmal, bei künstlichem Luftzug mindestens vierzigmal so groß ist, als die Fläche des Feuerrostes.

Fassung von Satz 2 in Abs. 1 ist auf Grund Beschlusses des Bundesraths eingeführt durch Bekanntmachung des Reichskanzlers 18. Juli 83 R.G.B. 245. Dampfkessel, welche bei Erlaß dieser Bekanntmachung schon fertig waren, unterliegen der Vorschrift nicht; es genügt, wenn sie der früheren Anforderung entsprechen, wonach der Minimalabstand bei 1 bis 2 m breiten Kesseln 15 cm, bei breiteren Kesseln 25 cm betragen mußte.

Die über die Zulässigkeit der Dampfkesselanlage befindende Behörde ist einerseits befugt, die Gefahr des Erglühens auch in anderen als den in Abs. 2 gedachten Fällen, und andrerseits nicht gebunden, sie in den hier gedachten Fällen für ausgeschlossen zu erachten.

## II. Ausrüstung der Dampfkessel.

### Speisung.

3. An jedem Dampfkessel muß ein Speiseventil angebracht sein, welches bei Abstellung der Speisevorrichtung durch den Druck des Kesselwassers geschlossen wird.

4. Jeder Dampfkessel muß mit zwei zuverlässigen Vorrichtungen zur Speisung versehen sein, welche nicht von derselben Betriebsvorrichtung abhängig sind, und von denen jede für sich im Stande ist, dem Kessel die zur Speisung erforderliche Wassermenge zuzuführen. Mehrere zu Einem Betriebe vereinigte Dampfkessel werden hierbei als ein Kessel angesehen.

### Wasserstandszeiger.

5. Jeder Dampfkessel muß mit einem Wasserstandsglase und mit einer zweiten geeigneten Vorrichtung zur

Erkennung seines Wasserstandes versehen sein. Jede dieser Vorrichtungen muß eine gesonderte Verbindung mit dem Innern des Kessels haben, es sei denn, daß die gemeinschaftliche Verbindung durch ein Rohr von mindestens 60 Quadratcentimeter lichtem Querschnitt hergestellt ist.

Auch die zweite Vorrichtung darf ein Wasserstandsglas sein.

6. Werden Probirhähne zur Anwendung gebracht, so ist der unterste derselben in der Ebene des festgesetzten niedrigsten Wasserstandes anzubringen. Alle Probirhähne müssen so eingerichtet sein, daß man behufs Entfernung von Kesselstein in gerader Richtung hindurchstoßen kann.

Wasserstandsmarke.

7. Der für den Dampfkessel festgesetzte niedrigste Wasserstand ist an dem Wasserstandsglase, sowie an der Kesselwandung oder dem Kesselmauerwerk durch eine in die Augen fallende Marke zu bezeichnen.

An der Außenwand jedes Dampfschiffskessels ist die Lage der höchsten Feuerzüge nach der Richtung der Schiffsbreite in leicht erkennbarer, dauerhafter Weise kenntlich zu machen; ferner sind an derselben zwei Wasserstandsgläser in einer zur Längenrichtung des Schiffes normalen Ebene, in gleicher Höhe, symmetrisch zur Kesselmitte und möglichst weit von ihr nach rechts und links abstehend anzubringen. Durch das hierdurch bei Dampfschiffskesseln geforderte zweite Wasserstandsglas wird die in §. 5 angeordnete zweite Vorrichtung zur Erkennung des Wasserstandes nicht entbehrlich gemacht.

Satz 2 ist hinzugefügt auf Grund Beschlusses des Bundesraths durch Bekanntmachung des Reichskanzlers 18. Juli 83 R.G.B. 245. Dampfkessel, welche bei Erlaß dieser Bekanntmachung schon fertig waren, unterliegen der Vorschrift insoweit nicht, als dadurch eine Abänderung des Kessels bedingt sein würde.

Sicherheitsventil.

8. Jeder Dampfkessel muß mit wenigstens Einem zuverlässigen Sicherheitsventil versehen sein.

Wenn mehrere Kessel einen gemeinsamen Dampfsammler haben, von welchem sie nicht einzeln abgesperrt werden können, so genügen für dieselben zwei Sicherheitsventile.

Dampfschiffs-, Lokomobil- und Lokomotivkessel müssen immer mindestens zwei Sicherheitsventile haben. Bei Dampfschiffskesseln, mit Ausschluß derjenigen auf Seeschiffen, ist dem einen Ventil eine solche Stellung zu geben, daß die vorgeschriebene Belastung vom Verdeck aus mit Leichtigkeit untersucht werden kann.

Die Sicherheitsventile müssen jederzeit gelüftet werden können. Sie sind höchstens so zu belasten, daß sie bei Eintritt der für den Kessel festgesetzten Dampfspannung den Dampf entweichen lassen.

Minimalweiten sind für die Sicherheitsventile nicht vorgeschrieben. Den gewählten Dimensionen der Oeffnungen wird so lange kein Bedenken entgegenzustellen sein, als nach Ueberzeugung der Behörde die Zuverlässigkeit der Ventile nicht beeinträchtigt oder ihr Zweck nicht vereitelt wird; Pr.Min. 11. Juni 71.

Die zulässige Belastung der Ventile ist nach Aufstellung der Kessel mittelst eines Manometers (§. 13) der gestatteten Dampfspannung gemäß zu regeln. Spätere Ueberlastung der Ventile macht straffällig nach G.O. §. 147, 2. Pr.Min. 11. Juni 71.

Unter Lokomotivkesseln sind nur die für den Eisenbahnbetrieb bestimmten Kessel zu verstehen; die übrigen sind nur „nach Art der Lokomotivkessel gebaut" (§. 12) und, wenn sie stationär aufgestellt sind, feststehende Dampfkesselanlagen, sonst Lokomobilkessel.

Manometer.

**9.** An jedem Dampfkessel muß ein zuverlässiges Manometer angebracht sein, an welchem die festgesetzte höchste Dampfspannung durch eine in die Augen fallende Marke zu bezeichnen ist.

An Dampfschiffskesseln müssen zwei dergleichen Manometer angebracht werden, von denen sich das eine im Gesichtskreise des Kesselwärters, das andere mit Ausnahme der Seeschiffe auf dem Verdeck an einer für die Beobachtung bequemen Stelle befindet. Sind auf einem Dampfschiffe mehrere Kessel vorhanden, deren Dampfräume mit einander in Verbindung stehen, so genügt es, wenn außer den an den einzelnen Kesseln befindlichen Monometern auf dem Verdeck ein Manometer angebracht ist.

Das Manometer braucht nicht in Art des in §. 13 erwähnten, amtlichen Manometers konstruirt zu sein.

Kesselmarke.

**10.** An jedem Dampfkessel muß die festgesetzte höchste Dampfspannung, der Name des Fabrikanten, die laufende Fabriknummer und das Jahr der Anfertigung, bei Dampfschiffskesseln außerdem die Maßziffer des festgesetzten niedrigsten Wasserstandes in leicht erkennbarer und dauerhafter Weise angegeben sein.

Die besondere Anforderung für Dampfschiffskessel ist eingeschaltet auf Grund Beschlusses des Bundesraths durch Bekanntmachung des Reichskanzlers, 18. Juli 83. R.G.B. 245.

## III. Prüfung der Dampfkessel.

Druckprobe.

**11.** Jeder neu aufzustellende Dampfkessel muß nach seiner letzten Zusammensetzung vor der Einmauerung oder Ummantelung unter Verschluß sämmtlicher Oeffnungen mit Wasserdruck geprüft werden.

Die Prüfung erfolgt bei Dampfkesseln, welche für eine Dampfspannung von nicht mehr als fünf Atmosphären Ueberdruck bestimmt sind, mit dem zweifachen Betrage des beabsichtigten Ueberdruckes, bei allen übrigen Dampfkesseln mit einem Drucke, welcher den beabsichtigten Ueberdruck um fünf Atmosphären übersteigt. Unter Atmosphärendruck wird ein Druck von einem Kilogramm auf den Quadratcentimeter verstanden.

Die Kesselwandungen müssen dem Probedruck widerstehen, ohne eine bleibende Veränderung ihrer Form zu zeigen und ohne undicht zu werden. Sie sind für undicht zu erachten, wenn das Wasser bei dem höchsten Druck in anderer Form als der von Nebel oder feinen Perlen durch die Fugen dringt.

Auch solche Kessel, die schon im Betrieb gewesen sind und an anderer Stelle in Betrieb gebracht werden sollen, gehören unter die „neu aufzustellenden" Kessel. Pr.Min. 21. Juni 72.

Die Prüfung der Kessel kann ebensowohl in der Fabrik als an dem Aufstellungsorte erfolgen. Dampfkessel, die vor der Aufstellung der Druckprobe unterworfen sind, brauchen am Orte der Aufstellung nicht nochmals geprobt zu werden, auch wenn die Probe in einem anderen Bundesstaate geschah. So Pr.Min. 7. Juni 72.

**12.** Wenn Dampfkessel eine Ausbesserung in der Kesselfabrik erfahren haben, oder wenn sie behufs der Ausbesserung an der Betriebsstätte ganz blos gelegt worden sind, so müssen sie in gleicher Weise, wie neu aufzustellende Kessel, der Prüfung mittelst Wasserdrucks unterworfen werden.

Wenn bei Kesseln mit innerem Feuerrohr ein solches Rohr und bei den nach Art der Lokomotivkessel gebauten Kesseln die Feuerbüchse behufs Ausbesserung oder Erneuerung herausgenommen, oder wenn bei cylindrischen und Siederkesseln eine oder mehrere Platten neu eingezogen werden, so ist nach der Ausbesserung oder Erneuerung ebenfalls die Prüfung mittelst Wasserdrucks vorzunehmen. Der völligen Bloslegung des Kessels bedarf es hier nicht.

### Prüfungsmanometer.

**13.** Der bei der Prüfung ausgeübte Druck darf nur durch ein genügend hohes offenes Quecksilbermanometer oder durch das von dem prüfenden Beamten geführte amtliche Manometer festgestellt werden.

An jedem Dampfkessel muß sich eine Einrichtung befinden, welche dem prüfenden Beamten die Anbringung des amtlichen Manometers gestattet.

Die Einrichtung der amtlichen Manometer zu bestimmen, ist jedem Staate überlassen. Für die Beschaffung der Quecksilbermanometer muß der Unternehmer sorgen. Vgl. Pr.Min. 11. Juni 71.

## IV. Aufstellung der Dampfkessel.

### Aufstellungsort.

**14.** Dampfkessel, welche für mehr als vier Atmosphären Ueberdruck bestimmt sind, und solche, bei welchen das Produkt aus der feuerberührten Fläche in Quadratmetern und der Dampfspannung in Atmosphären Ueberdruck mehr als zwanzig beträgt, dürfen unter Räumen, in welchen Menschen sich aufzuhalten pflegen, nicht aufgestellt werden. Innerhalb solcher Räume ist ihre Aufstellung unzulässig, wenn dieselben überwölbt oder mit fester Balkendecke versehen sind.

An jedem Dampfkessel, welcher unter Räumen, in welchen Menschen sich aufzuhalten pflegen, aufgestellt wird, muß die Feuerung so eingerichtet sein, daß die Einwirkung des Feuers auf den Kessel sofort gehemmt werden kann.

Dampfkessel, welche aus Siederöhren von weniger als zehn Centimeter Weite bestehen, und solche, welche in Bergwerken unterirdisch oder in Schiffen aufgestellt werden, unterliegen diesen Bestimmungen nicht.

### Kesselmauerung.

**15.** Zwischen dem Mauerwerk, welches den Feuerraum und die Feuerzüge feststehender Dampfkessel einschließt und den dasselbe umgebenden Wänden muß ein Zwischenraum von mindestens acht Centimeter verbleiben, welcher oben abgedeckt und an den Enden verschlossen werden darf.

## V. Allgemeine Bestimmungen.

16. Wenn Dampfkesselanlagen, die sich zur Zeit bereits im Betriebe befinden, den vorstehenden Bestimmungen aber nicht entsprechen, eine Veränderung der Betriebsstätte erfahren sollen, so kann bei deren Genehmigung eine Abänderung in dem Bau der Kessel nach Maßgabe der §§. 1. und 2. nicht gefordert werden. Dagegen finden im Uebrigen die vorstehenden Bestimmungen auch für solche Fälle Anwendung.

Kesselkonstruktionen, die vorstehenden Bestimmungen nicht zuwiderlaufen, sind deshalb als unbedenklich noch nicht anzusehen. Die Behörde hat über deren Zulässigkeit, nach allen Richtungen hin, frei zu befinden; Pr.Min. 11. Juni 71.

17. Die Centralbehörden der einzelnen Bundesstaaten sind befugt, in einzelnen Fällen von der Beachtung der vorstehenden Bestimmungen zu entbinden.

18. Die vorstehenden Bestimmungen finden keine Anwendung:

1) auf Kochgefäße, in welchen mittelst Dampfes, der einem anderweitigen Dampfentwickler entnommen ist, gekocht wird;
2) auf Dampfüberhitzer oder Behälter, in welchen Dampf, der einem anderweitigen Dampfentwickler entnommen ist, durch Einwirkung von Feuer besonders erhitzt wird;
3) auf Kochkessel, in welchen Dampf aus Wasser durch Einwirkung von Feuer erzeugt wird, wofern dieselben mit der Atmosphäre durch ein unverschließbares, in den Wasserraum hinab-

reichendes Standrohr von nicht über fünf Meter Höhe und mindestens acht Centimeter Weite verbunden sind.

Die bezeichneten Gefäße sind im Sinne der G.O. als Dampfkessel nicht anzusehen; vgl. zu §. 24.

Die für Dampfschiffskessel getroffenen Bestimmungen gelten für Kessel nicht, welche vorübergehend auf ein Schiff gebracht werden, wohl aber für solche, welche, zum Laden, Löschen u. s. w. bestimmt, dauernd mit dem Schiffe verbunden sind. Bekanntmachung des Reichskanzlers, 18. Juli 83. R.G.B. 245.

19. In Bezug auf die Kessel in Eisenbahn-Lokomotiven bleiben auch ferner noch die Bestimmungen des Bahnpolizei-Reglements für Eisenbahnen vom 3. Juni 1870. in Geltung.

Die hier gedachten Vorschriften sind ersetzt durch §§. 8 f. des Bahnpolizei-Reglements für die Eisenbahnen Deutschlands. C.B. 75. 57. Vgl. ferner Bahnordnung für deutsche Eisenbahnen untergeordneter Bedeutung. C.B. 80. 341.

---

## 2.

## Bekanntmachung, betreffend den Gewerbebetrieb der Ausländer im Umherziehen.

### Vom 7. März 1877.

(C.B. 77. 142.)

Auf Grund der Bestimmung im §. 57 Abs. 3 der Gewerbeordnung hat der Bundesrath nachstehende

Bestimmungen über den Gewerbebetrieb der Ausländer im Umherziehen

erlassen:

Dem §. 57 Abs. 3 der G.O. in der früheren Fassung entspricht jetzt §. 56 d. Die dem Bundesrath verliehene Vollmacht ist nur dahin zu verstehen, daß vermöge derselben der Ausländer nicht günstiger als der Inländer gestellt werden kann. Jener muß daher jedenfalls denselben persönlichen Anforderungen genügen, den Gewerbebetrieb in denselben sachlichen Beschränkungen halten, bei dem Betriebe dieselben Pflichten beachten, wie die Inländer. Von diesen Gesichtspunkten aus sind jetzt, nachdem der Gewerbebetrieb im Umherziehen für Inländer strengeren Regeln unterworfen ist, die nachfolgenden Vorschriften zum Theil unanwendbar oder entbehrlich geworden.

1. Ausländer, welche ein Gewerbe im Umherziehen (§§. 55 und 56 der Gewerbeordnung) betreiben wollen, bedürfen eines Legitimationsscheines. Ausgenommen sind solche Ausländer, welche ausschließlich den Verkauf oder Ankauf roher Erzeugnisse der Land- und Forstwirthschaft, des Garten- und Obstbaues im gewöhnlichen Grenzverkehr betreiben wollen.

Das Citat §§. 55 u. 56 trifft nicht mehr zu. Auch Ausländer können das Gewerbe nur in den Grenzen der §§. 55–56 c. G.O. jetziger Fassung betreiben.

An die Stelle des Legitimationsscheins ist der Wandergewerbeschein getreten.

Satz 2 ist unanwendbar, soweit Inländer für diesen Betrieb einer Legitimation bedürfen; er gilt nur noch für den Verkauf von Erzeugnissen der hier bezeichneten Art; vgl. G.O. §. 59, 1. Die Befreiungen von der Legitimationspflicht, welche Inländern durch G.O. §. 59 im Uebrigen gewährt sind, kommen Ausländern nicht zu Statten.

2. Die Ertheilung eines Legitimationsscheines ist zu versagen, sobald für das Gewerbe, für welches der Schein nachgesucht wird, der den Verhältnissen des Verwaltungsbezirkes der Behörde entsprechenden Anzahl von Personen Legitimationsscheine ertheilt sind.

Für das Gewerbe der Topfbinder, der Kesselflicker, der Händler mit Drahtwaaren und ähnlichen Gegenständen darf ein Legitimationsschein nur solchen Personen ertheilt werden, welche nachweislich in dem nächst vorangegangenen Kalenderjahre einen Legitimationsschein für dieses Gewerbe erhalten haben.

3. Ausländer, welche entweder das 21. Lebensjahr noch nicht überschritten haben oder durch ihre Persönlichkeit zu erheblichen polizeilichen Bedenken Anlaß geben, insbesondere also solche Ausländer, bei welchen einer der im §. 57 der Gewerbeordnung unter 1 bis 4 bezeichneten Fälle vorliegt, sind zum Gewerbebetrieb im Umherziehen nicht zuzulassen.

Umherziehende Schauspieler-Gesellschaften sind nur dann zuzulassen, wenn der Unternehmer die in §. 32 der Gewerbeordnung vorgeschriebene Erlaubniß besitzt.

Vgl. G.O. §§. 57. 57a. 60d. Abs. 4. Der Wandergewerbeschein kann nach G.O. §. 58 zurückgenommen und der legitimationsfreie Betrieb des Gewerbes nach G.O. §. 59a. untersagt werden. Die Ausdehnung des Scheines auf einen anderen Bezirk kann ebenfalls zurückgenommen werden nach §. 60 Abs. 3. Zuständige Behörden: G.O. §. 61. Verfahren: G.O. §. 63, dessen Abs. 2 auch im Falle der Versagung aus einem der vorstehend unter Nr. 2 bezeichneten Gründe anwendbar wird.

Abs. 2 gilt schon für Inländer: G.O. §. 60d. Abs. 4.

4. Personen, welche den unter Nr. 3 Abs. 1 bezeichneten Anforderungen an die selbständigen Gewerbetreibenden nicht entsprechen, dürfen weder als Begleiter (§. 62 Abs. 2 der Gewerbeordnung) zugelassen noch zu anderen Zwecken mitgeführt werden. Diese Be-

stimmung findet auch auf die Begleitung eines ausländischen Gewerbetreibenden durch einen Inländer oder eines inländischen Gewerbetreibenden durch einen Ausländer Anwendung.

Die Mitführung nicht nur von Kindern, sondern überhaupt von Leuten unter 21 Jahren — gleichviel ob diese Inländer oder Ausländer sind — ist hiernach dem ausländischen Gewerbetreibenden ganz untersagt; den inländischen Gewerbetreibenden ist die Mitführung ausländischer Leute unter 21 Jahren nicht gestattet.

Von den unter Nr. 4 aufgeführten Gründen abgesehen kann die Erlaubniß zur Mitführung von Begleitern in allen Fällen versagt werden, in welchen sie beim Inländer versagt werden kann; vgl. G.O. §. 62 Abs. 2 u. 5.

In G.O. §. 62 wird jetzt bei Erwachsenen nicht mehr wie in dem citirten §. 62 Abs. 2 zwischen Begleitern für bestimmte Zwecke und anderen den Gewerbetreibenden begleitenden Personen unterschieden.

5. Der Legitimationsschein gewährt die Befugniß zum Gewerbebetrieb im Umherziehen in dem Bezirke derjenigen Behörde, welche den Legitimationsschein ertheilt hat. Zu dem Gewerbebetrieb in einem anderen Bezirke ist die Ausdehnung des Legitimationsscheines durch die zuständige Behörde dieses Bezirks erforderlich. Die Ausdehnung wird versagt, sobald für die den Verhältnissen des Bezirks entsprechende Anzahl von Personen Legitimationsscheine bereits ertheilt oder auf den betreffenden Bezirk ausgedehnt sind. Die Bestimmungen des §. 59 Abs. 1 der Gewerbeordnung kommen auch hier zur Anwendung. Das Recht, einen Ausländer aus dem Bundesgebiete auszuweisen, wird durch diese Bestimmung nicht berührt.

Die Versagung kann, gemäß G.O. §. 63 Abs 2, nur im Wege einfacher Beschwerde angefochten werden.

Das Citat des §. 59 Abs. 1 der G.O. früherer Fassung trifft jetzt für §. 60a zu.

6. Die Legitimationsscheine werden durch diejenigen Behörden ertheilt, welche zur Ertheilung von Legitimationsscheinen an Inländer ermächtigt sind. Für den im §. 58 der Gewerbeordnung unter 1 und 2 bezeichneten Gewerbebetrieb steht die Ertheilung derjenigen Unterbehörde zu, in deren Bezirk der Gewerbebetrieb beabsichtigt ist.

Wegen der zuständigen Behörden vgl. G.O. §. 61. Satz 2 ist nicht mehr anwendbar, nachdem die s. g. kleinen Legitimationsscheine mit der Vorschrift des früheren §. 58 weggefallen sind; vgl. G.O. §§. 60. 61.

Die Nr. 7 bis 9 sind weggelassen. Nr. 7 bestimmte über den Inhalt des Legitimationsscheins — jetzt sind dafür G.O. §§. 60 Abs. 4. 60b. 60d. Abs. 3 u. 4. §. 62 Abs. 1 maßgebend — Nr. 8 über das Verhalten des Gewerbetreibenden — wofür jetzt G.O. §§. 56 Abs. 4. 60c. 60d. Abs. 1 gilt — Nr. 9 endlich den Geltungsbeginn der Bestimmungen, 1. Jan. 78.

## 3.

## Bekanntmachung, betreffend die ärztliche Prüfung.

### Vom 2. Juni 1883.

(C.B. 83. 191.)

Auf Grund der Bestimmungen im §. 29 der Gewerbeordnung vom 21. Juni 1869 hat der Bundesrath beschlossen, wie folgt:

## A. Zentralbehörden, welche Approbationen ertheilen.

**1.** Zur Ertheilung der Approbation als Arzt für das Reichsgebiet sind befugt:

1. die Zentralbehörden derjenigen Bundesstaaten, welche eine oder mehrere Landesuniversitäten haben, mithin zur Zeit die zuständigen Ministerien des Königreichs Preußen, des Königreichs Bayern, des Königreichs Sachsen, des Königreichs Württemberg, des Großherzogthums Baden, des Großherzogthums Hessen, des Großherzogthums Mecklenburg-Schwerin und in Gemeinschaft die Ministerien des Großherzogthums Sachsen und der sächsischen Herzogthümer;
2. das Ministerium für Elsaß-Lothringen.

Die Approbation wird nach dem beigefügten Formular ausgestellt.

Approbationen für Spezialärzte, mit Ausnahme der Zahnärzte, werden nicht ertheilt; wegen der Zahnärzte vgl. die Bekanntmachung, betr. die Prüfung der Zahnärzte vom 25. Sept. 69 B.G.B. S. 635.

Das Formular ist nicht abgedruckt; es spricht in einfacher Form, ausdrücklich für das Gebiet des Reiches, die Approbation aus.

## B. Vorschriften über den Nachweis der Befähigung als Arzt.

**2.** Die Approbation wird demjenigen ertheilt, welcher die ärztliche Prüfung vollständig bestanden hat.

**3.** Die Prüfung kann von jeder ärztlichen Prüfungskommission bei einer Universität des Deutschen Reichs abgelegt werden.

Die Kommission, einschließlich des Vorsitzenden und seines Stellvertreters, wird von der zuständigen Behörde (§. 1) für jedes Prüfungsjahr (§. 4 Abs. 1) nach Anhörung der medizinischen Fakultät der betreffenden Universität aus geeigneten Fachmännern ernannt.

Der Vorsitzende leitet die Prüfung, ist berechtigt, derselben in allen Abschnitten beizuwohnen, achtet darauf, daß die Bestimmungen der Prüfungsordnung genau befolgt werden, ordnet bei vorübergehender Behinderung eines Mitgliedes dessen Stellvertretung an, berichtet unmittelbar nach dem Schlusse jedes Prüfungsjahres der vorgesetzten Behörde über die Thätigkeit der Kommission und legt Rechnung über die Gebühren.

4. Die Prüfungen beginnen jährlich im November und sollen nicht über Mitte Juli des folgenden Jahres ausgedehnt werden.

Die Anträge auf Zulassung zur Prüfung sind bei der zuständigen Behörde (§. 1) bis zum 1. November jedes Jahres einzureichen. Verspätete Meldungen können nur aus besonderen Gründen berücksichtigt werden.

Kandidaten, welche die vorgeschriebene Studienzeit zu Ostern beendigen, bedürfen für die Zulassung zur Prüfung in dem laufenden Prüfungsjahre einer besonderen Genehmigung, welche nur ausnahmsweise und jedenfalls nur dann ertheilt wird, wenn die Meldung bis zum 1. April erfolgt ist.

Der Meldung sind in Urschrift beizufügen:

1. das Zeugniß der Reife von einem humanistischen Gymnasium des Deutschen Reichs.

   Das Zeugniß der Reife von einem humanistischen Gymnasium außerhalb des Deutschen Reichs darf nur ausnahmsweise als ausreichend erachtet werden;

2. der durch Universitäts-Abgangszeugnisse zu führende Nachweis eines medizinischen Studiums von mindestens neun Halbjahren auf Universitäten des Deutschen Reichs.

   Nur ausnahmsweise darf das medizinische Studium auf einer Universität außerhalb des Deutschen Reichs oder die einem anderen Universitätsstudium gewidmete Zeit theilweise oder ganz in Anrechnung gebracht werden;

3. der Nachweis, daß der Kandidat bei einer Universität des Deutschen Reichs die ärztliche Vorprüfung vollständig bestanden und demnächst noch mindestens vier Halbjahre dem medizinischen Universitätsstudium gewidmet hat;

4. der durch besondere Zeugnisse der klinischen Dirigenten geführte Nachweis, daß der Kandidat mindestens je zwei Halbjahre hindurch an der chirurgischen, medizinischen und geburtshülflichen Klinik als Praktikant theilgenommen, mindestens zwei Kreißende in Gegenwart des Lehrers oder Assistenzarztes selbständig entbunden und ein

Halbjahr als Praktikant die Klinik für Augenkrankheiten besucht hat.

Für die Studirenden der militärärztlichen Bildungsanstalten in Berlin werden die zu 2 und 4 erforderten Zeugnisse von der Direktion der Anstalten ausgestellt;

5. ein kurzer Lebenslauf.

Der Zulassungsverfügung ist ein Abdruck der gegenwärtigen Bekanntmachung beizulegen.

Der Kandidat hat sich binnen drei Wochen nach Empfang der Zulassungsverfügung, unter Vorzeigung derselben sowie der Quittung über die eingezahlten Gebühren (§. 24), bei dem Vorsitzenden der Prüfungskommission ohne besondere Aufforderung persönlich zu melden.

Ueber die Bedingungen, den Verlauf und die Kosten der ärztlichen Vorprüfung hat der Bundesrath, unter Aufhebung aller älteren Bestimmungen, gleichmäßige Vorschriften beschlossen; Bekanntmachung des Reichskanzlers 2. Juni 83 C.B. 198.

5. Die Prüfung umfaßt folgende Abschnitte:

I. die anatomische Prüfung;
II. die physiologische Prüfung;
III. die Prüfung in der pathologischen Anatomie und in der allgemeinen Pathologie;
IV. die chirurgisch-ophthalmiatrische Prüfung;
V. die medizinische Prüfung;
VI. die geburtshülflich-gynäkologische Prüfung;
VII. die Prüfung in der Hygiene.

In den §§. 6 bis 19 finden sich nähere Bestimmungen über den

Inhalt der Prüfungsabschnitte, die Wahl der Aufgaben, die Oeffentlichkeit der Prüfungen und die Zensuren.

**20.** Ist ein Prüfungsabschnitt oder ein Theil eines Prüfungsabschnitts ungenügend oder schlecht bestanden, so muß er wiederholt werden.

Die Zensur „ungenügend" für einen ganzen Prüfungsabschnitt hat zur Folge, daß erst nach drei Monaten, die Zensur „schlecht", daß erst nach sechs Monaten die Wiederholung stattfinden darf.

Handelt es sich um Theile eines Prüfungsabschnitts, so gelten für die Wiederholung die Fristen von mindestens sechs Wochen, beziehungsweise von mindestens drei Monaten.

In allen Fällen muß die Wiederholung spätestens in dem nächsten Prüfungsjahre stattfinden, widrigenfalls auch die früher bestandenen Prüfungen zu wiederholen sind. Eine Ausnahme kann nur aus besonderen Gründen gestattet werden. Die Frist zur Wiederholung wird von der Behörde (§. 1) festgesetzt und durch den Vorsitzenden dem Kandidaten mitgetheilt. Der Behörde werden zu diesem Zwecke die Prüfungsakten mit gutachtlichem Bericht eingereicht.

Die zweite Wiederholung eines Prüfungsabschnitts oder eines Theils desselben findet in Gegenwart des Vorsitzenden statt.

Wer auch bei der zweiten Wiederholung nicht besteht, wird zu einer weiteren Prüfung nicht zugelassen. Ausnahmen hiervon können nur aus besonderen Gründen gestattet werden.

**21.** Hat der Kandidat sämmtliche Prüfungsabschnitte bestanden, so wird aus den für die Prüfungsabschnitte ertheilten Prädikaten die Gesammtzensur ebenso festgesetzt, wie dies in §. 19 vorgeschrieben ist.

Der Vorsitzende überreicht die Prüfungsakten der Behörde (§. 1) zur Ertheilung der Approbation.

**22.** Wer sich nicht rechtzeitig (§. 4) persönlich bei dem Vorsitzenden meldet, die Termine oder Fristen ohne hinreichende Entschuldigung versäumt, kann auf Antrag des Vorsitzenden von der Behörde (§. 1) bis zum folgenden Prüfungsjahre zurückgestellt werden.

**23.** Die Prüfung darf nur bei der Kommission fortgesetzt oder wiederholt werden, bei welcher sie begonnen ist. Ausnahmen können nur aus besonderen Gründen gestattet werden.

Die mit dem Zulassungsgesuch eingereichten Zeugnisse (§. 4 Ziffer 1 bis 4) sind dem Kandidaten erst nach bestandener Gesammtprüfung zurückzugeben. Verlangt er sie früher zurück, so sind vor der Rückgabe sämmtliche Behörden (§. 1) durch Vermittelung des Reichskanzlers zu benachrichtigen, daß der Kandidat die Prüfung begonnen, aber nicht beendigt hat, und daß ihm auf seinen Antrag die Zeugnisse zurückgegeben worden sind. In die Urschrift des letzten Universitäts-Abgangszeugnisses ist ein Vermerk über den Ausfall der bisherigen Prüfung einzutragen.

**24.** Die Gebühren für die gesammte Prüfung betragen 200 Mark.

Davon sind zu berechnen:

für den Prüfungsabschnitt I 20 Mark, und zwar

| | | |
|---|---|---|
| für Theil 1 | 6 Mark, | |
| " " 2 | 7 " | |
| " " 3 | 7 " ; | |

für den Prüfungsabschnitt II 12 Mark,

für den Prüfungsabschnitt III 16 Mark, und zwar

| | |
|---|---|
| für Theil 1 | 10 Mark, |
| " " 2 | 6 " ; |

für den Prüfungsabschnitt IV 57 Mark, und zwar

| | |
|---|---|
| für Theil 1a und 1b | 25 Mark, |
| " " 2 | 10 " |
| " " 3 | 10 " |
| " " 4 | 12 " ; |

für den Prüfungsabschnitt V 35 Mark, und zwar

| | |
|---|---|
| für Theil 1a und 1b | 25 Mark, |
| " " 2 | 10 " ; |

für den Prüfungsabschnitt VI 24 Mark, und zwar

| | |
|---|---|
| für Theil 1a und 1b | 12 Mark, |
| " " 2 | 12 " ; |

für den Prüfungsabschnitt VII 6 Mark, für sächliche und Verwaltungskosten 30 Mark, zusammen 200 Mark.

Bei Wiederholungen kommen für den betreffenden Abschnitt oder Theil eines Abschnitts außer den anzusetzenden Gebühren jedesmal vier Mark für sächliche Ausgaben und Verwaltungskosten zur nochmaligen Erhebung.

**25.** Wer von der Prüfung zurücktritt oder zurückgestellt wird, erhält die Gebühren für die noch nicht begonnenen Prüfungsabschnitte ganz, die sächlichen Gebühren nach Verhältniß zurück.

26. Dem Reichskanzler werden von der Behörde (§. 1) Verzeichnisse der in dem abgelaufenen Prüfungsjahre Approbirten mit den Prüfungsakten eingereicht. Die letzteren werden der Behörde zurückgesendet.

## C. Dispensationen.

27. Ueber Zulassung der in §. 4 Absatz 3, Absatz 4 Ziffer 1 und 2, §. 20 Absatz 4 und 6, §. 23 Absatz 1 vorgesehenen Ausnahmen entscheidet der Reichskanzler in Uebereinstimmung mit der zuständigen Landes-Zentralbehörde (§. 1).

## D. Schluß- und Uebergangsbestimmungen.

28. Vorstehende Bestimmungen treten am 1. November 1883 in Kraft.

29. Diejenigen Kandidaten, welche bereits vor dem 1. Dezember 1883 die ärztliche Vorprüfung bestanden haben, sind zur Prüfung zuzulassen, wenn sie auch nur die Erfüllung der nach den bisherigen Vorschriften hierfür erforderlichen Vorbedingungen nachweisen.

30. Alle früheren, dieser Bekanntmachung entgegenstehenden Bestimmungen über die ärztliche Prüfung sind aufgehoben.

Vgl. zu G.O. §. 29. Die aus der Bekanntmachung, betr. die Prüfung der Aerzte, Zahnärzte . . . 25. Sept. 69 B.G.B. 695 in Gültigkeit verbliebenen Vorschriften über die Prüfung der Zahnärzte verlangen eine besondere Approbation (§. 1.), auf Grund einer besonderen Prüfung (§. 4), die aber für approbirte Aerzte erleichtert ist (§. 6). Die allgemeinen Prüfungskommissionen prüfen, jedoch unter Zuziehung eines Zahnarztes, auch hier (§. 2). Für andere als approbirte Aerzte ist der Nachweis einer bestimmten Vorbildung verlangt (§§. 3. 6; vgl. dazu Bekanntmachung des Reichskanzlers 28. Juni 72 R.G.B. 243 u. 15. Juli 73 R.G.B. 299.) Ueber die Meldung zur Prüfung und den Gang der letzteren sind die allgemeinen Vorschriften analog anzuwenden (§. 5); Gebühren 15 M. für jeden Prüfungsabschnitt (§. 7).

---

## 4.

## Bekanntmachung, betreffend die Entbindung von den im §. 29. der Gewerbe-Ordnung für den Norddeutschen Bund vorgeschriebenen ärztlichen Prüfungen.

### Vom 9. Dezember 1869.

(B.G.B. 69. 687. G.B.E.L. 72. 557.)

Auf Grund der Bestimmung im §. 29. der Gewerbe-Ordnung für den Norddeutschen Bund vom 21. Juni d. J. (Bundesgesetzbl. S. 245.) hat der Bundesrath die nachstehenden Beschlüsse gefaßt:

1) Die Entbindung von den im §. 29. der Gewerbe-Ordnung für den Norddeutschen Bund vorgeschriebenen ärztlichen Prüfungen auf Grund wissenschaftlich erprobter Leistungen ist nur dann zulässig, wenn der Nachsuchende nachweist, daß ihm von Seiten eines Staates oder einer Gemeinde amtliche Funktionen übertragen werden sollen.

2) Ueber Gesuche um Entbindung von der vorgeschriebenen Prüfung entscheiden die in der Bekanntmachung vom 25. September d. J., betreffend die Prüfung der Aerzte ꝛc. (Bundesgesetzbl. S. 635.), unter Nummer 1. und 2. genannten Centralbehörden.

3) Diese Entscheidung erfolgt ohne vorgängiges Gutachten der in der Bekanntmachung vom 25. September d. J. angeordneten Prüfungsbehörde, wenn es sich um die Dispensation eines als Lehrer an eine Norddeutsche Universität zu berufenden Gelehrten handelt. In allen anderen Fällen wird zuvor ein Gutachten der gedachten Prüfungsbehörden eingeholt. Den letzteren bleibt es überlassen, ihre Information für das Gutachten durch ein mit dem Nachsuchenden abzuhaltendes Kolloquium zu ergänzen.

4) Die Centralbehörde stellt über die Ertheilung der Dispensation eine Bescheinigung aus und zeigt den Namen des Dispensirten dem Bundesrathe des Norddeutschen Bundes zum Zweck der Veröffentlichung an.

Die Bestimmungen gelten, obwohl formell dahin nicht erweitert, auch für die süddeutschen Staaten und für Elsaß-Lothringen. Die unter 2 u. 4 gedachten Zentralbehörden sind jetzt bezeichnet in der Bekanntmachung betr. die ärztliche Prüfung 2. Juni 83 §. 1 C.B. 191 und in der Bekanntmachung betr. die Prüfung der Thierärzte 27. März 78 §. 1 C.B. 160. Die unter 3 gedachten Prüfungsbehörden sind jetzt ebenfalls nicht mehr durch die Bekanntmachung vom

25. Sept. 69, sondern durch die beiden vorerwähnten Bekanntmachungen bezeichnet. Nur in Betreff der Zahnärzte kommt nach §. 2 jener älteren Bekanntmachungen in Betracht; vgl. zu §. 30 der Bekanntmachung betr. die ärztliche Prüfung 2. Juni 83.

---

## 5.

## Bekanntmachung, betreffend die Prüfung der Thierärzte.

### Vom 27. März 1878.

(R.G.B. 78. 10. C.B. 78. 160.)

Auf Grund der Bestimmungen im §. 29 der Gewerbe-Ordnung vom 21. Juni 1869 (Bundes-Gesetzbl. S. 245) hat der Bundesrath beschlossen, wie folgt:

### I. Zentralbehörden, welche Approbationen ertheilen.

**1.** Zur Ertheilung der Approbation als Thierarzt für das Reichsgebiet sind nur die Zentralbehörden derjenigen Bundesstaaten befugt, welche eine oder mehrere thierärztliche Lehranstalten haben, mithin zur Zeit die zuständigen Ministerien von Preußen, Bayern, Königreich Sachsen, Württemberg und Hessen.

Die Approbation wird nach dem beigefügten Formular ausgestellt.

Das Formular ist nicht abgedruckt; es wird darin kurz die Approbation als Thierarzt für das Deutsche Reich bekundet.

## II. Vorschriften über den Nachweis der Befähigung.

**2.** Die Approbation als Thierarzt darf nur denjenigen Kandidaten ertheilt werden, welche die thierärztliche Prüfung vollständig bestanden haben.

**3.** Die Prüfung besteht in der naturwissenschaftlichen Prüfung (§§. 5 bis 11) und in der thierärztlichen Fachprüfung (§§. 12 bis 23).

**4.** Die Ablegung der Prüfung hat bei einer deutschen thierärztlichen Lehranstalt zu erfolgen.

Die Prüfungsbehörde besteht aus dem Direktor und dem Lehrerkollegium der Anstalt unter Hinzutritt derjenigen Personen, welche von der zuständigen Zentralbehörde etwa noch beigeordnet werden.

Die Zusammensetzung der Kommissionen für die Prüfung in den einzelnen Prüfungsfächern geschieht nach Maßgabe der Anordnungen der zuständigen Zentralbehörde.

Die obere Leitung der gesammten Prüfungsverhandlungen liegt dem Direktor der Anstalt ob.

**5.** Die Zulassung zur naturwissenschaftlichen Prüfung ist bedingt durch den Nachweis, daß der Kandidat

a) die erforderliche wissenschaftliche Vorbildung besitzt. — Derselbe ist zu führen durch das Zeugniß der Reife für die Prima eines Gymnasiums oder einer Realschule erster Ordnung, bei welcher das Latein obligatorischer Unterrichtsgegenstand ist, oder einer durch die zuständige Zentral=

behörde als gleichstehend anerkannten höheren Lehranstalt; —

b) nach erlangter wissenschaftlicher Vorbildung mindestens drei Semester hindurch thierärztliche oder andere höhere wissenschaftliche deutsche Lehranstalten besucht hat.

In den §§. 6—10 findet sich Näheres über die Meldung zur Prüfung, das Prüfungsverfahren, die Zensuren und die Wiederholung der Prüfung.

**11.** Die Gebühren für die naturwissenschaftliche Prüfung betragen 20 Mark, für die Wiederholung der Prüfung in einzelnen Fächern 10 Mark.

**12.** Die Zulassung zur Fachprüfung ist bedingt durch den Nachweis, daß der Kandidat

a) die naturwissenschaftliche Prüfung bestanden,

b) nach deren Ablegung mindestens 3 Semester deutsche thierärztliche Lehranstalten, im ganzen aber mindestens 7 Semester thierärztliche oder andere höhere wissenschaftliche deutsche Lehranstalten besucht und auf denselben das Studium der nachstehend verzeichneten Fächer erledigt hat.

Die hier aufgeführten 23 Fächer sind nicht abgedruckt. In den §§. 13—21 findet sich Näheres über die Meldung, die Prüfungsabschnitte und das Prüfungsverfahren, die Zensuren und die Wiederholung der Prüfung.

**22.** Die schriftlichen Prüfungsarbeiten und Prüfungsprotokolle sind nach jeder Prüfung der zuständigen Zentralbehörde einzusenden.

**23.** Die Gebühren für die Fachprüfung betragen

60 Mark. Hiervon entfallen auf jeden Prüfungsabschnitt und auf Verwaltungskosten je 15 Mark.

Tritt ein Kandidat während der Prüfung zurück, so werden ihm die Gebühren für diejenigen Abschnitte, in denen er die Prüfung noch nicht begonnen hat, wiedererstattet.

In §. 24 findet sich Näheres über die Schlußzensur für die Prüfung.

## III. Schluß- und Uebergangsbestimmungen.

**25.** Der Reichskanzler ist ermächtigt, in Ausnahmefällen in Uebereinstimmung mit der zuständigen Landesregierung von einzelnen der Bedingungen für die Zulassung zu den Prüfungen (§§. 5 und 12) Dispensation zu ertheilen.

**26.** Nach dem Schluß der Fachprüfung im Sommerhalbjahr werden die Namen der im letzten Jahre Approbirten von der die Approbation ausstellenden Behörde dem Reichskanzler-Amt mitgetheilt.

**27.** Die gegenwärtigen Bestimmungen treten mit dem 1. Oktober 1879 in Kraft.

Diejenigen Kandidaten der Thierheilkunde, welche bereits vor dem 1. Oktober 1879 das Studium der Thierheilkunde begonnen haben, sind zu den Prüfungen auch dann zuzulassen, wenn sie nur das im §. 3. III. der Bekanntmachung vom 25. September 1869 (Bundes-Gesetzbl. S. 635) bezeichnete Maß wissenschaftlicher Vorbildung besitzen.

Von der Verpflichtung zur Ablegung der naturwissenschaftlichen Prüfung sind diejenigen Kandidaten entbunden, welche bereits vor der Veröffentlichung dieser Bekanntmachung an einer thierärztlichen Lehranstalt inskribirt sind, dieselben sind dagegen bei der Schlußprüfung auch in den Naturwissenschaften zu prüfen.

**28.** Die vorstehenden Bestimmungen finden auf die zum Dienste im Reichsheere bestimmten Roßärzte mit nachfolgenden Vorbehalten Anwendung:

a) die Militär-Eleven sind von der Prüfung im Hufbeschlage zu entbinden, falls sie eine solche Prüfung an einer Militär-Roßarztschule oder an einer andern thierärztlichen Lehranstalt bereits bestanden haben;

b) dieselben sind, falls sie das Studium der Thierheilkunde vor dem 1. Oktober 1881 beginnen, zu den Prüfungen auch dann zuzulassen, wenn sie nur das durch die bisherigen Vorschriften erforderte Maß wissenschaftlicher Vorbildung besitzen.

**29.** Alle früheren über die Prüfung der Thierärzte ergangenen Vorschriften sind aufgehoben.

## 6.

# Bekanntmachung, betreffend die Prüfung der Apotheker.

### Vom 5. März 1875.

(R.G.B. 75. 174. C.B. 75. 167.)

Auf Grund der Bestimmungen im §. 29 der Gewerbeordnung hat der Bundesrath beschlossen, wie folgt:

## I. Zentralbehörden, welche Approbationen ertheilen.

1. Zur Ertheilung der Approbation als Apotheker für das Reichsgebiet sind befugt:

1. die Centralbehörden derjenigen Bundesstaaten, welche eine oder mehrere Landes-Universitäten haben, mithin zur Zeit die zuständigen Ministerien des Königreichs Preußen, des Königreichs Bayern, des Königreichs Sachsen, des Königreichs Württemberg, des Großherzogthums Baden, des Großherzogthums Hessen, des Großherzogthums Mecklenburg-Schwerin und in Gemeinschaft die Ministerien des Großherzogthums Sachsen-Weimar und der sächsischen Herzogthümer;
2. das zuständige Herzoglich braunschweigische Ministerium und der Oberpräsident von Elsaß-Lothringen.

Die Approbation wird nach dem beigefügten Formular ausgestellt.

An die Stelle des Oberpräsidenten ist das Ministerium für Elsaß-Lothringen getreten; vgl. Bekanntmachung betr. die Prüfung der Aerzte 2. Juni 83 §. 1 C.B. 191.

Das Formular ist nicht abgedruckt. Es spricht die Approbation zum selbständigen Betriebe einer Apotheke im Gebiete des Deutschen Reiches aus.

## II. Vorschriften über den Nachweis der Befähigung der Apotheker.

**2.** Der selbständige Betrieb einer Apotheke im Gebiete des Deutschen Reichs erfordert — unbeschadet der Bestimmung im letzten Satze des §. 29 der Gewerbeordnung — eine Approbation seitens einer der vorstehend genannten Behörden. Dieselbe darf nur denjenigen Kandidaten ertheilt werden, welche die pharmazeutische Prüfung vollständig bestanden haben.

**3.** Die pharmazeutische Prüfung kann vor jeder pharmazeutischen Prüfungs-Kommission, welche bei einer deutschen Universität, dem Collegium Carolinum in Braunschweig und bei den polytechnischen Schulen in Stuttgart und Karlsruhe eingerichtet ist, abgelegt werden. Die Prüfungs-Kommissionen, welche aus einem Lehrer der Chemie, einem Lehrer der Physik, einem Lehrer der Botanik und zwei Apothekern bestehen sollen, werden alljährlich von der zuständigen Behörde (vergl. §. 1) berufen. An Stelle eines der Apotheker kann ein Lehrer der Pharmazie berufen werden.

Die zuständige Behörde ernennt den Vorsitzenden der Kommission. Derselbe kann aus der Zahl der Mitglieder der Kommission gewählt werden.

Es finden in jedem Jahre zwei Prüfungen, die eine im Sommer-, die andere im Winterhalbjahr statt.

4. Die Anträge auf Zulassung zur Prüfung sind bei der der Prüfungs-Kommission zunächst vorgesetzten Behörde zu stellen.

Die Meldung zur Prüfung im Sommerhalbjahr muß spätestens im April, die Meldung zur Prüfung im Winterhalbjahr spätestens im November unter Beifügung der erforderlichen Zeugnisse eingehen. Wer sich später meldet, wird zur Prüfung im folgenden Halbjahr verwiesen. Der Meldung ist ein kurzer Lebenslauf beizufügen.

Die Zulassung zur Prüfung ist bedingt durch den Nachweis

1. der erforderlichen wissenschaftlichen Vorbildung. Der Nachweis ist zu führen durch das von einer als berechtigt anerkannten Schule, auf welcher das Latein obligatorischer Lehrgegenstand ist, ausgestellte wissenschaftliche Qualifikations-Zeugniß für den einjährig freiwilligen Militärdienst. Außerdem wird zur Prüfung nur zugelassen, wer auf einer anderen als berechtigt anerkannten Schule dies Zeugniß erhalten hat, wenn er bei einer der erstgedachten Anstalten sich noch einer Prüfung im Latein unterzogen hat und auf Grund derselben nachweist, daß er auch in diesem Gegenstande die Kenntnisse besitzt, welche behufs Erlangung der bezeichneten Qualifikation erfordert werden;

2. der nach einer dreijährigen — für die Inhaber eines von einem deutschen Gymnasium oder von einer im Sinne des §. 90 Ziffer 2a der Wehrordnung vom 28. September 1875 als berechtigt anerkannten Realschule erster Ordnung mit obligatorischem Unterricht im Lateinischen ausgestellten Zeugnisses der Reife zweijährigen — Lehrzeit vor einer deutschen Prüfungsbehörde zurückgelegten Gehilfenprüfung und einer dreijährigen Servirzeit, von welcher mindestens die Hälfte in einer deutschen Apotheke zugebracht sein muß;
3. eines durch ein Abgangszeugniß als vollständig erledigt bescheinigten Universitätsstudiums von mindestens drei Semestern.

Dem Besuche einer Universität steht der Besuch der pharmazeutischen Fachschule bei der Herzoglich braunschweigischen polytechnischen Schule (Collegium Carolinum) sowie der Besuch der polytechnischen Schulen zu Stuttgart und Karlsruhe gleich.

Die Zeugnisse (1—3) sind in beglaubigter Form beizubringen.

Der Kandidat hat sich binnen 3 Wochen nach Behändigung der Zulassungsverfügung mit dieser Verfügung und der Quittung über die eingezahlten Gebühren (§. 18) bei dem Vorsitzenden der Prüfungs-Kommission ohne besondere Aufforderung persönlich zu melden.

Fassung von Abs. 3 Nr. 2 beruht auf der Bekanntmachung des Reichskanzlers 25. Dez. 79 C.B. 850.

Ueber die Bedingungen, den Verlauf und die Kosten der Gehilfenprüfung hat der Bundesrath, unter Aufhebung aller älteren Bestimmungen, gleichmäßige Vorschriften beschlossen; Bekanntmachung des Reichskanzlers, betr. die Prüfung der Apothekergehilfen 13. Nov. 75 C.B. 761. Dazu ergänzende Bekanntmachungen 23. Dez. 82 C.B. 458 und 13. Jan. 83 C.B. 12.

5. Die Prüfung zerfällt in folgende Abschnitte:

I. die Vorprüfung;
II. die pharmazeutisch-technische Prüfung;
III. die analytisch-chemische Prüfung;
IV. die pharmazeutisch-wissenschaftliche Prüfung;
V. die Schlußprüfung.

In den §§. 6—15 findet sich Näheres über die Prüfungsabschnitte, das Prüfungsverfahren, die Zensuren und die Wiederholung der Prüfung.

16. Hat der Kandidat die Schlußprüfung bestanden, so wird unmittelbar nach Beendigung derselben die Gesammt-Zensur nach dem im §. 13 angegebenen Modus bestimmt und das Resultat mit einem der im §. 12 angegebenen Prädikate bezeichnet.

Die Gesammt-Zensur wird im Protokoll über die Schlußprüfung (§§. 10, 11) vermerkt.

Der Vorsitzende überreicht hierauf die vollständigen Prüfungsverhandlungen, einschließlich der die Meldung und Zulassung des Kandidaten betreffenden Urkunden, der zuständigen Behörde (§. 1) behufs Ausstellung der Approbation.

17. Wer sich in Gemäßheit des §. 4 nicht rechtzeitig persönlich meldet, oder die ihm für die Anfertigung der Arbeiten oder für die mündlichen Prüfungen

gesetzten Termine ohne hinreichende Gründe versäumt, kann auf den Antrag des Vorsitzenden von der zuständigen Behörde (§. 1) bis zum folgenden Prüfungshalbjahr zurückgestellt werden.

18. Die Gebühren für die gesammte Prüfung betragen 140 Mark. Davon sind für die Prüfungen I, II, III und IV je 18 Mark . . . . . . . . . . 72 Mark,
für Prüfung V . . . . . . . . . . . . . . . . . . 24 „
für Verwaltungskosten, Anschaffung von Prüfungsgegenständen u. s. w. . . . . . . . 44
berechnet.

Bei Wiederholung einzelner Prüfungen sind nach diesen Sätzen auch die betreffenden Gebühren, für Verwaltungskosten jedoch nur im Fall einer Wiederholung der Prüfungen II, III und V je 10 Mark nochmals zu entrichten.

19. Wer während der Prüfung von derselben zurücktritt oder zurückgestellt wird, erhält die nach §. 18 zu berechnenden Gebühren für die noch nicht begonnenen Prüfungen zurück.

20. Nach dem Schlusse der Prüfung im Sommerhalbjahr werden die Namen der im letzten Jahre Approbirten von der die Approbation ausstellenden Behörde dem Reichskanzler-Amte mitgetheilt.

Schluß und Uebergangsbestimmungen sind weggelassen. Sie setzen die Vorschriften vom 1. Okt. 75 ab an Stelle aller früheren Bestimmungen und regeln die Verhältnisse der vor dem 1. Okt. 75 in die Lehre getretenen Kandidaten.

## 7.

# Bekanntmachung, betreffend die Prüfung der Seeschiffer und Seesteuerleute auf Deutschen Kauffahrteischiffen.

### Vom 25. September 1869.

(B.G.B. 69. 660.)

Auf Grund der Bestimmung im §. 31. der Gewerbe-Ordnung für den Norddeutschen Bund vom 21. Juni d. J. (Bundesgesetzbl. S. 245.) in Verbindung mit Artikel 54. der Bundesverfassung hat der Bundesrath die nachstehenden

Vorschriften über den Nachweis der Befähigung als Seeschiffer und Seesteuermann auf Deutschen Kauffahrteischiffen

ertheilt:

1. Küstenschiffahrt im Sinne dieser Vorschriften ist die Fahrt in der Nordsee bis zum 61. Grade nördlicher Breite und in der Ostsee

a) mit Seeschiffen unter 30 Tonnen (zu 1000 Kilogramm) Tragfähigkeit,

b) mit solchen Fahrzeugen jeder Größe, welche sich nicht über 20 Seemeilen von der Küste entfernen und nicht zur Beförderung von Reisenden dienen,

c) mit kleinen, zur Fischerei dienenden Fahrzeugen (Kuttern, Schaluppen rc.) und mit Lootsen- und Lustfahrzeugen.

2. Kleine Fahrt im Sinne dieser Vorschriften ist die Fahrt in der Nordsee bis zum 61. Grade nördlicher Breite und in der Ostsee mit Seeschiffen von 30 bis ausschließlich 100 Tonnen (zu 1000 Kilogramm) Tragfähigkeit.

3. Große Fahrt im Sinne dieser Vorschriften ist diejenige Seeschiffahrt, welche die Grenzen der Küstenschiffahrt (§. 1.) und der kleinen Fahrt (§. 2.) überschreitet. Die große Fahrt ist entweder

a) Europäische Fahrt,
wenn sie nur Europäische Häfen und Häfen des Mittelländischen, Schwarzen und Azowschen Meeres berührt,

oder

b) Außereuropäische Fahrt,
wenn sie diese Grenzen überschreitet.

4. Ob und welcher Nachweis der Befähigung als Führer von Küstenschiffen (§. 1.) erforderlich ist, bleibt einstweilen der Bestimmung der Landesregierungen überlassen.

Es bleiben die bisherigen gesetzlichen wie administrativen Vorschriften in Geltung. In Preußen ist von einem Befähigungsnachweise abgesehen. Pr. Min. 13. Nov. 69.

5. Die Zulassung als Schiffer auf kleiner Fahrt wird bedingt durch

die Ablegung einer Prüfung in den in Anlage I. bezeichneten Gegenständen (Schifferprüfung für kleine Fahrt). Diese Prüfung wird denjenigen erlassen, welche die Steuermanns-prüfung (§. 7. b.) bestanden haben.

Die Anlage ist nicht abgedruckt. Die darin bezeichneten Gegenstände beziehen sich auf Sprachen, Mathematik, Nautik und Seemannschaft.

Erlaß dieser Prüfung nach Bekanntmachung des Reichskanzlers betr. die Zulassung ehemaliger Offiziere ꝛc. der Kaiserlichen Marine als Seeschiffer und Seesteuerleute auf Deutschen Kauffahrteischiffen 21. Dez. 74 C.B. 75. 51.

6. Um zur Schifferprüfung für kleine Fahrt zugelassen zu werden, ist erforderlich

die Zurücklegung einer auf den Ablauf des fünfzehnten Lebensjahres folgenden, mindestens 60monatlichen Fahrzeit zur See.

7. Die Zulassung als Steuermann auf großer Fahrt wird bedingt durch:

a) die Zurücklegung einer auf den Ablauf des fünfzehnten Lebensjahres folgenden, mindestens 45monatlichen Fahrzeit zur See, von welcher mindestens 24 Monate entweder als Vollmatrose auf Kauffahrteischiffen oder als Matrose I. oder II. Klasse in der Bundes-Kriegsmarine, und zwar mindestens zwölf Monate auf einem Segelschiffe, zugebracht sein müssen,

b) die Ablegung einer Prüfung in den in Anlage II bezeichneten Gegenständen (Steuermanns-prüfung).

Die Anlage ist nicht abgedruckt. Die darin bezeichneten Gegenstände beziehen sich auf die zu §. 5 erwähnten Gebiete, sind aber umfassender wie in dem dort berührten Fall.

Erlaß dieser Prüfung nach Bekanntmachung des Reichskanzlers, betr. die Zulassung ehemaliger Offiziere der Kaiserlichen Marine als Seeschiffer und Seesteuerleute auf Deutschen Kauffahrteischiffen 21. Dez. 74 C.B. 75. 51.

8. Um zur Steuermannsprüfung zugelassen zu werden, ist erforderlich

die Zurücklegung einer auf den Ablauf des fünfzehnten Lebensjahres folgenden, mindestens 33 monatlichen Fahrzeit zur See, von welcher mindestens zwölf Monate entweder als Vollmatrose auf Segelschiffen der Handelsmarine oder als Matrose I. oder II. Klasse in der Bundes-Kriegsmarine zugebracht sein müssen.

9. Die Zulassung als Schiffer auf großer Fahrt wird bedingt durch

die Ablegung einer Prüfung in den in der Anlage III. bezeichneten Gegenständen (Schifferprüfung für große Fahrt), vorbehaltlich der nach §. 11. eintretenden Ausnahme.

Die Anlage ist nicht abgedruckt. Ihr Inhalt bezieht sich auf die zu §§. 5. 7 bezeichneten Gebiete, ist aber erheblich umfassender.

Erlaß dieser Prüfung nach Bekanntmachung des Reichskanzlers, betr. die Zulassung ehemaliger Offiziere 2c. der Kaiserlichen Marine als Seeschiffer und Seesteuerleute auf deutschen Kauffahrteischiffen 21. Dez. 74 C.B. 75. 51.

10. Um zur Schifferprüfung für große Fahrt zugelassen zu werden, ist erforderlich:

a) die Ablegung der Steuermannsprüfung (§. 7. b.),
b) die Zurücklegung einer auf die Zulassung als Steuermann (§. 7.) folgenden mindestens 24 mo-

natlichen Fahrzeit zur See als Steuermann auf Kauffahrteischiffen,

c) die Ausführung und schriftliche Aufzeichnung von Beobachtungen und Berechnungen über Kurse und Distanzen, Breite und Länge während dieser Fahrzeit.

11. Für die Zulassung als Schiffer auf Europäischer Fahrt (§. 3. a.) mit Segelschiffen unter 250 Tonnen (zu 1000 Kilogramm Tragfähigkeit) und mit Dampfschiffen jeder Größe genügt:

a) die Ablegung der Steuermannsprüfung (§. 7. b.),
b) die Zurücklegung einer auf die Zulassung als Steuermann (§. 7.) folgenden mindestens 36 monatlichen Fahrzeit zur See als Steuermann, von welcher mindestens 24 Monate als Einzelsteuermann zugebracht sein müssen.

12. Der Schiffer auf großer Fahrt darf auf Schiffen von 100 Tonnen (zu 1000 Kilogramm) und mehr Tragfähigkeit nicht ohne einen Steuermann fahren.

13. Hat ein Schiff in großer Fahrt mehrere Steuerleute, so muß einer derselben (der Obersteuermann) die Schifferprüfung für große Fahrt (§. 9.) abgelegt haben.

14. Seeleute, welche vor dem 1. Mai 1870. in einem Bundesstaate oder in einem zu einem Bundesstaate gehörigen Gebiete als Schiffer oder Steuerleute zugelassen sind, dürfen diese Befugniß auf Schiffen, welche in dem betreffenden Staate oder Gebiete hei-

mathsberechtigt sind, im bisherigen Umfange auch ferner ausüben.

Beispielsweise bleiben also befugt:

a) die in den Preußischen Provinzen Preußen und Pommern mit beschränkter Befugniß zugelassenen Schiffer II. und III. Klasse zur Führung von Schiffen jeder Größe in der Ostsee;

b) diejenigen Schiffer, welche bisher Watt- und Küstenfahrt betrieben haben, sowie die zur Schiffsführung auf Nord- und Ostsee zugelassenen früheren Kahnschiffer im Preußischen Amte Blumenthal zur ferneren Ausübung ihres Gewerbes im bisherigen Umfange;

c) die in Bremen mit beschränkter Befugniß zugelassenen Schiffer zur Führung Bremischer Schiffe ohne Steuermann in den Europäischen Meeren bis zum Kap Finisterre.

15. Vom 1. Mai 1870. ab stehen die bis dahin in einem Bundesstaate oder in einem zu einem Bundesstaate gehörigen Gebiete zugelassenen Untersteuerleute, Steuerleute aller Klassen und Obersteuerleute in Ansehung ihrer Befugnisse den nach §. 7. dieser Vorschriften zugelassenen Steuerleuten gleich.

Nach dem Beschluß des Bundesraths sollen die älteren Befähigungs- und Befugnißausweise gegen ein den neuen Bestimmungen entsprechendes Zeugniß umgetauscht werden können. Pr. Min. 11. Juli 70.

16. Diejenigen Seeleute, welche vor dem 1. Mai 1870. die Oldenburgische oder die Bremische Prüfung

zum Untersteuermann bestanden haben, jedoch wegen Mangels des erforderlichen Lebensalters oder der vorschriftsmäßigen Fahrzeit noch nicht als Steuerleute zugelassen sind, erlangen die Befugnisse der nach §. 7 dieser Vorschriften zugelassenen Steuerleute, sobald sie die in §. 7.a. bezeichnete Fahrzeit zurückgelegt haben.

Vgl. vorher zu §. 15.

17. Denjenigen Seeleuten, welche vor dem 1. Mai 1870. in einem Bundesstaate oder in einem zu einem Bundesstaate gehörigen Gebiete zur Schiffsführung auf allen Meeren zugelassen sind, steht die gleiche Befugniß auf allen Deutschen Kauffahrteischiffen zu, sobald sie 24 Monate lang auf Kauffahrteischiffen als Steuermann oder Schiffer gefahren haben.

Vgl. vorher zu §. 15.

18. Vom 1. Mai 1870. ab sind die bis dahin in den Preußischen Provinzen Preußen und Pommern mit beschränkter Befugniß zugelassenen Schiffer II. und III. Klasse zur Führung aller Deutschen Kauffahrteischiffe unter 250 Tonnen (zu 1000 Kilogramm) Tragfähigkeit in Europäischer Fahrt (§. 3.a.) befugt.

Zu den hier gedachten Schiffern gehören die auf Grund der Preußischen Prüfungs-Instruktion vom 15. Oktober 40 zugelassenen Seeschiffer II. Klasse. Pr. Min. 11. Juli 70. Wegen der Zeugnisse vgl. zu §. 15.

19. Vom 1. Mai 1870 ab sind die bis dahin in den Preußischen Provinzen Hannover und Schleswig-Holstein, in Lübeck und Hamburg zugelassenen Steuerleute, sowie die bis dahin in Oldenburg und Bremen

zugelassenen Obersteuerleute, sobald sie mindestens 24 Monate als Steuermann auf Kauffahrteischiffen gefahren haben, zur Führung aller Deutschen Kauffahrteischiffe in allen Meeren befugt.

Vgl. vorher zu §. 15.

§§. 20. 21, enthaltend Uebergangsbestimmungen, sind hier weggelassen.

---

## 8.

## Bekanntmachung, betreffend die Prüfung der Seeschiffer und Seesteuerleute auf Deutschen Kauffahrteischiffen.

Vom 30. Mai 1870.

(B.G.B. 70. 314.)

Auf Grund der Bestimmung im §. 31. der Gewerbeordnung für den Norddeutschen Bund vom 21. Juni v. J. (Bundesgesetzbl. S. 245.) in Verbindung mit §. 21. der Vorschriften über den Nachweis der Befähigung als Seeschiffer und Seesteuermann auf Deutschen Kauffahrteischiffen vom 25. September 1869. (Bundesgesetzbl. S. 660.) hat der Bundesrath die nachstehenden

Anordnungen über das Prüfungsverfahren und über die Zusammensetzung der Prüfungskommissionen

erlassen:

## 1. Anordnungen über die Prüfung der Seeschiffer und Seesteuerleute für große Fahrt.

1. Am Sitze jeder öffentlichen Navigationsschule wird von der Landesregierung eine Kommission eingesetzt, welche je nach der Bestimmung der Schule Steuermannsprüfungen, beziehungsweise Schifferprüfungen für große Fahrt abnimmt.

Jede dieser Kommissionen besteht aus fünf Mitgliedern, nämlich:

1) einem Vorsitzenden;

2) und 3) zwei an öffentlichen Navigationsschulen fungirenden Navigations-Lehrern, von denen bei der Abhaltung von Schifferprüfungen nur Einer der am Sitze der Prüfungskommission befindlichen Navigationsschule angehören darf;

4) und 5) zwei Seeschiffahrtskundigen, welche entweder Offiziere der Bundes-Kriegsmarine oder Schiffsführer auf großer Fahrt gewesen sind oder noch sind.

2. Die Prüfungskommissionen machen die Zeit, in welcher die Abhaltung der Prüfungen stattfindet, bekannt. Sie haben gleichzeitig hiervon dem vom Bundeskanzler ernannten Inspektor (§. 23.) Kenntniß zu geben.

3. Der Meldung zur Steuermannsprüfung müssen beigefügt werden:

a) der Geburtsschein;

b) glaubhafte Nachweisung über die Zurücklegung einer auf den Ablauf des 15. Lebensjahres folgenden, mindestens 33 monatlichen Fahrzeit zur See, von welcher mindestens 12 Monate entweder als Vollmatrose auf Segelschiffen der Handelsmarine oder als Matrose I. oder II. Klasse in der Bundes-Kriegsmarine zugebracht sind.

Der Meldung zur Schifferprüfung müssen beigefügt werden:

a) das Befähigungszeugniß zum Steuermann (§. 7. b. der Vorschriften vom 25. September 1869.). Sofern die Meldung auf die in den §§. 15. und 16. der Vorschriften enthaltenen Uebergangsbestimmungen gestützt wird, ist an Stelle des Befähigungszeugnisses als Steuermann der Nachweis der vor dem 1. Mai 1870. erfolgten Zulassung als Untersteuermann, Steuermann oder Obersteuermann, beziehungsweise der vor dem 1. Mai 1870. erfolgten Ablegung der Oldenburgischen oder Bremischen Untersteuermanns-Prüfung und der Zurücklegung der vorschriftsmäßigen Fahrzeit zu erbringen;

b) vollgültige Nachweise über eine auf die Zulassung als Steuermann (§. 7. und §. 15. der Vorschriften) folgende mindestens 24 monatliche Fahrzeit zur See in der Funktion als Steuermann auf Kauffahrteischiffen;

c) die schriftlichen Aufzeichnungen der während dieser Fahrzeit gemachten Beobachtungen und Berechnungen über Kurse und Distanzen, Breite und Länge.

Der Vorsitzende entscheidet — im Zweifelsfalle nach Anhörung noch anderer Mitglieder der Kommission — über die Zulassung und theilt das Ergebniß dem Antragsteller vor Beginn der schriftlichen Prüfung mit.

**4.** Die Prüfung erstreckt sich auf die in Anlage I., beziehungsweise Anlage II. genannten Gegenstände und zerfällt in

a) eine schriftliche,
b) eine praktische, und
c) eine mündliche Prüfung, von denen die beiden ersterwähnten der mündlichen Prüfung vorangehen.

Die §§. 5—15 enthalten Näheres über Verlauf und Aufgaben der Prüfung. Die nicht abgedruckten, die Aufgaben verzeichnenden Anlagen stimmen mit den entsprechenden Anlagen zu der Bekanntmachung des Bundeskanzlers betr. die Prüfung der Seeschiffer u. s. w. 25. Sept. 69 §§. 7. 9 überein, nur daß in letzteren nicht, wie hier, die für die schriftliche Prüfung bestimmten Aufgaben hervorgehoben sind.

**16.** Die Prüfungskommission fertigt die Prüfungszeugnisse aus und zwar:

a) für diejenigen, welche die Steuermannsprüfung beziehentlich die Schifferprüfung bestanden und die im §. 7. der „Vorschriften" unter a. bestimmte Fahrzeit zurückgelegt haben, nach Maaßgabe der Formulare unter A. und B.;
b) für diejenigen, welche die Steuermannsprüfung bestanden, aber die in §. 7. Litt. a. der „Vorschriften" bestimmte Fahrzeit noch nicht zurückgelegt haben, nach Maaßgabe des unter C. angehängten Formulars.

Die Formulare sind nicht abgedruckt. Die danach ausgestellten Zeugnisse bezeichnen einfach das Gesammtresultat der Prüfung und die daraus sich ergebende Berechtigung.

17. Auf Grund der in §. 16. unter a. gedachten Prüfungszeugnisse werden von der dazu ermächtigten Behörde die Befähigungszeugnisse (§. 31. der Gewerbeordnung vom 21. Juni 1869.) nach den Formularen unter D. und E. ausgefertigt.

Denjenigen, welche nur Prüfungszeugnisse nach der Vorschrift in §. 16. unter b. (Formular C.) erhalten haben, wird später, sofern sie sich über die erfolgte Zurücklegung der erforderlichen Fahrzeit gehörig und glaubhaft ausweisen, von der Behörde das Befähigungszeugniß nach dem Formulare unter D. ausgefertigt.

Steuerleute, welche auf Grund des §. 11. der „Vorschriften" als Führer von Segelschiffen unter 250 Tonnen Tragfähigkeit und von Dampfschiffen jeder Größe in Europäischer Fahrt zugelassen zu werden wünschen, haben die Zurücklegung einer auf die Zulassung als Steuermann folgenden mindestens 36 monatlichen Fahrzeit als Steuermann, von welcher mindestens 24 Monate als Einzelsteuermann zugebracht sein müssen, nachzuweisen. Auf Grund dieses Nachweises und des Befähigungszeugnisses als Steuermann wird denselben sodann von der Behörde ein weiteres Befähigungszeugniß nach dem Formulare F. ausgefertigt.

Die Formulare sind nicht abgedruckt. Es wird darin unter dem Reichswappen und dem Namen des Reichs einfach die dem Inhaber zustehende Befugniß ertheilt.

Vgl. Pr. Min. 11. Juli 70.

18. Solchen, welche nachweislich Gelegenheit haben, nach bestandener Steuermannsprüfung sofort als Steuermann angemustert zu werden, kann die Prüfungskommission ausnahmsweise das Prüfungszeugniß mit der Bemerkung ausstellen, daß solches für die nächste Reise beziehentlich Anmusterungsperiode die Stelle als Befähigungszeugniß vertritt.

19. Die weiteren Bestimmungen über die zur Ausstellung der Befähigungszeugnisse zuständige Behörde und über das Verfahren bei Ertheilung der Zeugnisse werden von der betreffenden Landesregierung erlassen.

§. 20 enthält Bestimmungen über die Wiederholung der Prüfung.

21. Die Prüfungsgebühren betragen, einschließlich des etwaigen Stempels, für die Steuermannsprüfung 5 Thlr. und für die Schifferprüfung zur großen Fahrt 10 Thlr. und müssen vor Beginn der schriftlichen Prüfung eingezahlt werden.

§. 22 ordnet die Protokollirung der Prüfung.

23. Zur Beaufsichtigung des Steuermanns- und Schifferprüfungswesens im Gebiete des Norddeutschen Bundes bestellt der Bundeskanzler nach Anhörung des Bundesraths-Ausschusses für Handel und Verkehr die erforderliche Anzahl Inspektoren.

Diese haben darauf zu achten, daß die in Bezug auf die Prüfungen erlassenen Vorschriften befolgt und daß überall gleichmäßige Anforderungen an die Prüflinge gestellt werden.

Sie sind insbesondere befugt:

1) den Prüfungen und den Verhandlungen der Prüfungskommissionen beizuwohnen und von den schriftlichen Arbeiten der Prüflinge Einsicht zu nehmen;
2) bei der mündlichen Prüfung einzelne Materien zu bezeichnen, aus welchen den Prüflingen Fragen vorzulegen sind;
3) gegen die Entscheidung der Prüfungskommission Einspruch zu erheben, falls diese den bestehenden Vorschriften zuwider einem Prüflinge das Prädikat: „Bestanden“ oder „mit Auszeichnung bestanden“ statt des Prädikats: „Nicht bestanden“ zu ertheilen beabsichtigt.

Gelingt es in einem solchen Falle nicht, eine Verständigung herbeizuführen, so hat der Inspektor sofort dem Bundeskanzler Bericht zu erstatten, welcher demnächst in der Sache endgültig entscheidet.

## 2. Anordnungen über die Prüfung der Seeschiffer für kleine Fahrt.

**1.** Am Sitze jeder öffentlichen Navigationsschule wird eine Kommission zur Abnahme der Schifferprüfungen für kleine Fahrt errichtet.

Jede solche Prüfungskommission besteht aus drei Mitgliedern, nämlich:

1) einem Vorsitzenden,
2) einem Navigationslehrer an einer öffentlichen Navigationsschule und

3) einem Seeschiffahrtskundigen.

Die Mitglieder werden von der Regierung des Staates, in welchem der Sitz der Kommission sich befindet, ernannt.

Ein Lehrer, welcher dem Prüflinge Behufs der Vorbereitung zur Prüfung Privatunterricht ertheilt hat, kann nicht Mitglied der Prüfungskommission sein.

**2.** Die Meldung zur Prüfung ist jederzeit zulässig. Sie geschieht bei dem Vorsitzenden der Prüfungskommission unter Beifügung des Geburtsscheines und vollgültiger Nachweise über die Zurücklegung einer auf den Ablauf des 15ten Lebensjahres folgenden, mindestens 60 monatlichen Fahrzeit zur See.

Der Vorsitzende der Kommission entscheidet — im Zweifelsfalle nach Anhörung der beiden anderen Mitglieder der Kommission — über die Zulassung, macht dem Prüfling darüber Eröffnung und setzt für den Fall der Zulassung den Prüfungstermin fest.

**3.** Die Prüfung erstreckt sich auf die in Anlage III. genannten Gegenstände (wobei unter den in Abschnitt D. Ziff. 1. 2. 3. und 5. dieser Anlage erwähnten Schiffen nur die auf kleiner Fahrt vorkommenden Seeschiffe zu verstehen sind) und zerfällt in

a) eine schriftliche,

b) eine praktische und

c) eine mündliche,

von denen die beiden ersterwähnten der mündlichen Prüfung vorangehen.

Die §§. 4—14 enthalten Näheres über Verlauf und Aufgaben

der Prüfung. Die nicht abgedruckte, die Aufgaben verzeichnende Anlage stimmt mit der entsprechenden Anlage zu der Bekanntmachung des Bundeskanzlers, betr. die Prüfung der Seeschiffer u. s. w., 25. Sept. 69 §. 5 überein, nur daß in letzterer nicht, wie hier, die für die schriftliche Prüfung bestimmten Aufgaben hervorgehoben sind.

15. Für jeden bestandenen Prüfling fertigt die Kommission nach dem Formular unter G. ein Prüfungszeugniß aus, auf dessen Grund sodann die zuständige Behörde das Befähigungszeugniß nach dem Formular unter H. ertheilt.

Die Formulare sind nicht abgedruckt. Ueber ihre Einrichtung vgl. oben zu 1. §§. 16. 17. Vgl. auch Pr. Min. 11. Juli 70.

§. 16 enthält Bestimmungen über die Wiederholung der Prüfung.

17. Die Prüfungsgebühren betragen einschließlich des etwaigen Stempels 5 Thlr. und müssen vor Beginn der schriftlichen Prüfung eingezahlt werden.

§. 18 ordnet die Protokollirung der Prüfung.

19. Wenn ein Seemann auf Grund der bestandenen Steuermannsprüfung als Schiffer auf kleiner Fahrt zugelassen zu werden wünscht, so hat er solches unter Vorlegung seines Befähigungszeugnisses als Steuermann, sowie vollgültiger Nachweise über die Zurücklegung einer auf den Ablauf des 15ten Lebensjahres folgenden mindestens 60 monatlichen Fahrzeit zur See bei dem Vorsitzenden einer der in §. 1. genannten Prüfungskommissionen zu beantragen.

Ueber den Antrag entscheidet der Vorsitzende, in Zweifelsfällen die Kommission nach Stimmenmehrheit.

Wird der Antrag für begründet erachtet, so wird

solches der zuständigen Behörde angezeigt, welche dann das Befähigungszeugniß nach dem Formular unter J. ausfertigt.

Die weiteren Bestimmungen über diese Behörde und über das Verfahren bei Ertheilung der Zeugnisse werden von der betreffenden Landesregierung erlassen.

Das Zeugnißformular ist nicht abgedruckt. Ueber seine Einrichtung vgl. oben zu 1. §. 17.

**20.** Den zur Beaufsichtigung des Steuermanns- und Schiffer-Prüfungswesens im Gebiete des Norddeutschen Bundes vom Bundeskanzler bestellten Inspektoren stehen die laut §. 23. der Anordnungen über die Prüfung der Seeschiffer und Seesteuerleute für große Fahrt ihnen zugewiesenen Befugnisse auch bezüglich der Schifferprüfungen für kleine Fahrt zu.

---

## 9.

## Bekanntmachung, betreffend die Prüfung der Maschinisten auf Seedampfschiffen der deutschen Handelsflotte.

Vom 30. Juni 1879.

(C.B. 79. 427.)

Auf Grund des Gesetzes, betreffend den Gewerbebetrieb der Maschinisten auf Seedampfschiffen, vom 11. Juni 1878 (Reichs-Gesetzbl. S. 109) in Verbindung mit §. 31 der Gewerbeordnung, hat der Bundesrath die nachstehenden

Vorschriften über den Nachweis der

**Befähigung und über das Verfahren bei den Prüfungen der Maschinisten auf deutschen Seedampfschiffen**
erlassen:

## I. Vorschriften über den Nachweis der Befähigung.

**1.** Die Zulassung als Maschinist auf Seedampfschiffen wird bedingt durch die Ablegung einer Prüfung in den Gegenständen, welche für Maschinisten dritter, zweiter und erster Klasse in den Anlagen I, II und III bezeichnet sind.

Anlagen sind nicht abgedruckt. Die Prüfungsgegenstände fallen für die 3. Klasse in das Gebiet der Sprachen und Technik, für die 2. Klasse außerdem in die Mathematik und Mechanik, für die 1. Klasse endlich noch in die Physik.

**2.** Ein Befähigungszeugniß für Maschinisten dritter Klasse berechtigt zur Leitung der Maschinen von Schleppdampfschiffen und von solchen Seedampfschiffen, deren Fahrten sich nicht über fünfzig Seemeilen von der Küste erstrecken.

Ein Befähigungszeugniß für Maschinisten zweiter Klasse berechtigt zur Leitung der Maschinen von Seedampfschiffen auf Europäischer Fahrt (Fahrt zwischen europäischen Häfen und Häfen des Mittelländischen, Schwarzen und Azowschen Meeres).

Ein Befähigungszeugniß für Maschinisten erster Klasse berechtigt zur Leitung der Maschinen von Seedampfschiffen auf großer Fahrt (Fahrt in allen Meeren).

3. Um zur Maschinistenprüfung dritter Klasse zugelassen zu werden, ist erforderlich

die Zurücklegung einer auf den Ablauf des fünfzehnten Lebensjahres folgenden mindestens 48 monatlichen Lehrzeit, entweder ganz im Maschinenpersonal von Dampfschiffen oder theilweise in solchem, theilweise in einer Maschinenwerkstatt. Von der Lehrzeit im Maschinenpersonal müssen mindestens 12 Monate an Bord in Fahrt befindlicher Dampfschiffe zugebracht sein.

Um zur Maschinistenprüfung zweiter Klasse zugelassen zu werden, ist erforderlich

die Zurücklegung einer auf den Ablauf des fünfzehnten Lebensjahres folgenden mindestens 60 monatlichen Lehrzeit in einer Maschinenwerkstatt oder im Maschinenpersonal von Seedampfschiffen. Von der Lehrzeit müssen mindestens 24 Monate in der Maschinenwerkstatt und mindestens 24 Monate in dem Maschinenpersonal in Fahrt befindlicher Seedampfschiffe zugebracht sein.

Um zur Maschinistenprüfung erster Klasse zugelassen zu werden, ist erforderlich

die Zurücklegung einer mindestens 24 monatlichen Dienstzeit als Maschinist zweiter Klasse auf in Fahrt befindlichen Seedampfschiffen.

4. Wer die Maschinistenprüfung zweiter Klasse nicht bestanden, aber im Laufe der Prüfung die für die Maschinisten dritter Klasse vorgeschriebenen Kenntnisse

nachgewiesen hat, kann auf Grund solcher Prüfung ein Befähigungszeugniß als Maschinist dritter Klasse erhalten.

5. Maschinisten, welche vor dem 1. Januar 1880 auf Fahrten im Sinne des §. 2 Dienste als Maschinisten gethan haben, erhalten ihren früheren Diensten entsprechende Befähigungszeugnisse von den zuständigen Verwaltungsbehörden, welchen der Nachweis über die früheren Dienste zu führen ist.

6. Den Maschinisten und Maschinen-Ingenieuren, welche im Dienst der Kaiserlichen Marine gestanden haben und ihre Befähigung durch Zeugnisse der zuständigen Kaiserlichen Marinebehörden nachweisen, steht die Befugniß zu, als Maschinisten auf deutschen Seedampfschiffen zu fahren, und zwar sind

ehemalige Ober-Maschinisten-Applikanten als Maschinisten dritter Klasse,

ehemalige Maschinistenmaate und Ober-Maschinistenmaate als Maschinisten zweiter Klasse,

und

ehemalige Maschinisten, Ober-Maschinisten und Maschinen-Ingenieure als Maschinisten erster Klasse

zuzulassen. Die Befähigungszeugnisse für dieselben sind von den zuständigen Verwaltungsbehörden auszufertigen.

7. Schleppdampfschiffe und solche Seedampfschiffe, deren Fahrten sich nicht über 50 Seemeilen von der Küste erstrecken, müssen mindestens einen Maschinisten dritter Klasse an Bord haben.

Seedampfschiffe auf europäischer Fahrt (. . .) müssen einen Maschinisten zweiter Klasse als leitenden Maschinisten und mindestens einen Maschinisten dritter Klasse an Bord haben.

Seedampfschiffe auf großer Fahrt (. . .) müssen einen Maschinisten erster Klasse als leitenden Maschinisten und mindestens einen Maschinisten zweiter Klasse an Bord haben.

An den punktirten Stellen finden sich im Text die eingeklammerten Worte des §. 2.

## II. Vorschriften über das Verfahren bei den Prüfungen.

8. Von den Landesregierungen werden Kommissionen zur Abnahme der Maschinistenprüfungen erster, zweiter und dritter Klasse eingesetzt. Jede solche Prüfungskommission besteht aus drei Mitgliedern . . .

Die näheren Bedingungen für die Mitgliedschaft sind nicht abgedruckt.

9. Die Prüfungskommissionen machen die Zeit, in welcher die Abhaltung der Prüfungen stattfindet, bekannt. Sie haben gleichzeitig hiervon dem vom Reichskanzler ernannten Inspektor (§. 29) Kenntniß zu geben. Jede Prüfungskommission muß alljährlich mindestens zwei Termine zur Abhaltung von Prüfungen anberaumen.

10. Der Meldung zur Maschinistenprüfung dritter Klasse müssen beigefügt werden:

a) der Geburtsschein,

b) glaubhafte Nachweisung über die im §. 3 Absatz 1 bezeichnete Lehr- und Fahrzeit.

Der Meldung zur Maschinistenprüfung zweiter Klasse müssen beigefügt werden:

a) der Geburtsschein,

b) vollgültige Nachweise über die im §. 3 Absatz 2 bezeichnete Lehr- und Fahrzeit.

Der Meldung zur Maschinistenprüfung erster Klasse müssen beigefügt werden:

a) das Befähigungszeugniß als Maschinist zweiter Klasse,

b) vollgültige Nachweise über eine mindestens 24 monatliche Dienstzeit als Maschinist zweiter Klasse auf in Fahrt befindlichen Seedampfschiffen.

Der Vorsitzende entscheidet — im Zweifelsfalle nach Anhörung der beiden anderen Mitglieder der Kommission — über die Zulassung und theilt das Ergebniß dem Antragsteller vor Beginn der Prüfung mit.

**11.** Die Prüfung erstreckt sich auf die in Anlage I beziehungsweise II und III genannten Gegenstände und zerfällt in

a) eine schriftliche,

b) eine praktische und

c) eine mündliche Prüfung,

von denen die beiden ersterwähnten der mündlichen Prüfung vorangehen.

§§. 12—22 bestimmen über Verlauf, Aufgaben und Wiederholung der Prüfung. Wegen der Anlage vgl. §. 1.

**23.** Die Prüfungskommission fertigt die Prüfungszeugnisse nach Maßgabe der Formulare A, B und C aus.

Die Formulare sind nicht abgedruckt. Die Einrichtung ist entsprechend wie bei den Schifferzeugnissen; vgl. oben zur Bekanntmachung betr. die Prüfung der Seeschiffer u. s. w. 30. Mai 70 §. 16.

**24.** Auf Grund der Prüfungszeugnisse (§. 23) werden von der zuständigen Verwaltungsbehörde die Befähigungszeugnisse (§. 31 der Gewerbeordnung) nach den Formularen D, E und F ausgefertigt.

Die Ausfertigung der Befähigungszeugnisse auf Grund der §§. 5 und 6 hat nach den Formularen G, H und J zu erfolgen.

Bei Aushändigung der Befähigungszeugnisse höherer Klassen sind diejenigen der niederen Klassen zurückzubehalten.

Formulare sind nicht abgedruckt. Die Einrichtung ist entsprechend wie bei den Schifferzeugnissen; vgl. oben zur Bekanntmachung betr. die Prüfung der Seeschiffer u. s. w. 30. Mai 70 §. 17.

**25.** Die weiteren Bestimmungen über die zur Ausstellung der Befähigungszeugnisse zuständige Behörde und über das Verfahren bei Ertheilung der Zeugnisse werden von der betreffenden Landesregierung erlassen.

§. 26 bestimmt über die Wiederholung und den Ausschluß von der Prüfung.

**27.** Die Prüfungsgebühren, einschließlich des etwaigen Stempels, betragen für die Prüfung zur dritten Klasse 10 Mark, für die Prüfung zur zweiten Klasse 15 Mark und für die Prüfung zur ersten Klasse 30 Mark, und müssen vor Beginn der Prüfung eingezahlt werden.

§. 28 ordnet die Protokollirung der Prüfung.

**29.** Zur Beaufsichtigung des Maschinisten-Prüfungswesens im Reichsgebiet bestellt der Reichskanzler nach Anhörung des Bundesraths-Ausschusses für Handel und Verkehr die erforderliche Anzahl Inspektoren.

Diese haben darauf zu achten, daß die in Bezug

auf die Prüfungen erlassenen Vorschriften befolgt, und daß überall gleichmäßige Anforderungen an die Prüflinge gestellt werden.

Abs. 3 u. 4 des §. 29 regeln die Befugnisse der Inspektoren näher.

**30.** Diese Vorschriften treten am 1. Januar 1880 in Kraft.

---

## 10.

## Bekanntmachung, betreffend die Beschäftigung von Arbeiterinnen und jugendlichen Arbeitern in Walz- und Hammerwerken.

Vom 23. April 1879.

(C.B. 79. 303.)

Auf Grund des §. 139. a. der Gewerbeordnung hat der Bundesrath nachstehende

Bestimmungen über die Beschäftigung von Arbeiterinnen und jugendlichen Arbeitern in Walz- und Hammerwerken erlassen:

I. Die Beschäftigung von Arbeiterinnen und jugendlichen Arbeitern in Walz- und Hammerwerken unterliegt folgenden Beschränkungen:

1. Arbeiterinnen dürfen bei dem unmittelbaren Betriebe der Werke nicht beschäftigt werden;
2. Kinder zwischen 12 und 14 Jahren dürfen in den Werken überhaupt nicht beschäftigt werden.

II. Für die Beschäftigung der jungen Leute männlichen Geschlechts treten die Beschränkungen des §. 136

der Gewerbeordnung mit folgenden Maßgaben außer Anwendung:

1. Vor Beginn der Beschäftigung ist dem Arbeitgeber für jeden Arbeiter ein ärztliches Zeugniß einzuhändigen, nach welchem die körperliche Entwickelung des Arbeiters eine Beschäftigung in dem Werke ohne Gefahr für die Gesundheit zuläßt. Der Arbeitgeber hat mit dem Zeugnisse nach §. 137 Absatz 3 der Gewerbeordnung zu verfahren.

2. Die Arbeitsschicht darf einschließlich der Pausen nicht länger als 12 Stunden, ausschließlich der Pausen nicht länger als 10 Stunden dauern. Unterbrechungen der Arbeit von weniger als 1/4 Stunde Dauer kommen auf die Pausen nicht in Anrechnung. Eine der Pausen muß mindestens 1/2 Stunde dauern und zwischen das Ende der 4. und den Anfang der 7. Arbeitsstunde fallen.

   Die Gesammtdauer der Beschäftigung darf innerhalb einer Woche ausschließlich der Pausen 60 Stunden betragen; davon dürfen innerhalb zweier Wochen in die Zeit von 6 Uhr Abends bis 6 Uhr Morgens nicht mehr als 60 Stunden fallen. Von letzterer Vorschrift ist vorübergehend eine Ausnahme gestattet, wenn dieselbe durch eine, im Interesse der Arbeiter erfolgende Aenderung in der Art des Schichtenwechsels bedingt wird.

3. Zwischen zwei Arbeitsschichten muß eine Ruhezeit von mindestens 12 Stunden liegen. Innerhalb der Ruhezeit ist eine Beschäftigung mit Nebenarbeiten nicht gestattet.

4. An Sonn- und Festtagen darf die Beschäftigung nicht in die Zeit von 6 Uhr Morgens bis 6 Uhr Abends fallen. In die Stunden vor und nach dieser Zeit darf an Sonntagen die Beschäftigung nur dann fallen, wenn vor Beginn oder nach Abschluß der Arbeitsschicht den jungen Leuten eine ununterbrochene Ruhezeit von mindestens 24 Stunden gesichert bleibt.

5. Während der Pausen für die Erwachsenen dürfen junge Leute nicht beschäftigt sein.

III. Die Bestimmungen des §. 138 der Gewerbeordnung finden in Walz- und Hammerwerken mit folgenden Maßgaben Anwendung:

1. Das in den Fabrikräumen auszuhängende Verzeichniß der jugendlichen Arbeiter ist in der Weise aufzustellen, daß die in derselben Schicht Beschäftigten je eine Abtheilung bilden.

2. In Räumen, in welchen junge Leute nach Maßgabe der Vorschriften unter II beschäftigt werden, muß neben der nach §. 138 Absatz 3 auszuhängenden Tafel eine zweite Tafel ausgehängt werden, welche in deutlicher Schrift die Bestimmungen unter I und II wiedergiebt.

Gemäß §. 139a G.O. sind diese Bestimmungen ebenso wie die

nachfolgenden unter dem 16. Juni 1879 dem Reichstag vorgelegt worden (R.T.D. 266). Eine Verhandlung darüber hat nicht stattgefunden.

---

## 11.

## Bekanntmachung, betreffend die Beschäftigung von Arbeiterinnen und jugendlichen Arbeitern in Glashütten.

### Vom 23. April 1879.

(C.B. 79. 304.)

Auf Grund des §. 139. a der Gewerbeordnung hat der Bundesrath nachstehende

Bestimmungen über die Beschäftigung von Arbeiterinnen und jugendlichen Arbeitern in Glashütten erlassen:

I. Die Beschäftigung von Arbeiterinnen und jugendlichen Arbeitern in Glashütten unterliegt folgenden Beschränkungen:

1. In solchen Räumen, in welchen vor dem Ofen (Schmelz-, Kühl-, Glüh-, Streckofen) gearbeitet wird, darf Arbeiterinnen überhaupt, und in solchen Räumen, in welchen eine außergewöhnlich hohe Wärme herrscht (Häfenkammern und dergleichen), darf jugendlichen Arbeiterinnen eine Beschäftigung nicht gewährt und der Aufenthalt nicht gestattet werden. Ausnahmen hiervon kann der Bundesrath zulassen.
2. Die Beschäftigung von jugendlichen Arbeitern

männlichen Geschlechts unter 14 Jahren (Knaben) ist nur gestattet, wenn mit Genehmigung der Schulaufsichtsbehörde eine Schuleinrichtung getroffen ist, welche den Knaben einen wöchentlichen Unterricht von mindestens 12 Stunden sichert und zwischen dem Ende der Arbeitszeit und dem Beginn des Unterrichts eine Ruhezeit von ausreichender Dauer, nach dem Ende einer Nachtschicht eine Ruhezeit von mindestens 7 Stunden freiläßt.

Knaben, welche zum Besuche der Volksschule verpflichtet sind, dürfen in Zukunft zur Beschäftigung nur angenommen werden, wenn vorher dem Arbeitgeber ein Zeugniß des zuständigen Schulaufsichtsbeamten eingehändigt ist, nach welchem die Knaben den Anforderungen der Schule vollständig genügen. Das Zeugniß ist halbjährlich zu erneuern; der Arbeitgeber hat mit demselben nach §. 137 Absatz 3 der Gewerbeordnung zu verfahren.

3. Mit Schleifarbeiten dürfen jugendliche Arbeiterinnen und Knaben nicht beschäftigt werden. In Tafelglashütten dürfen Knaben vor dem Schmelz- oder Streckofen oder mit dem Tragen der Walzen nicht beschäftigt werden, wenn die Hütten Walzen von mehr als 5 kg Gewicht herstellen.

II. In Glashütten mit ununterbrochenem Tag- und Nachtbetriebe und regelmäßig wechselnden Schichten treten die Beschränkungen des §. 136 der Gewerbeordnung für jugendliche Arbeiter männlichen Geschlechts (Knaben und junge Leute) mit folgenden Maßgaben außer Anwendung:

1. Die Beschäftigung der Knaben darf innerhalb 24 Stunden einschließlich der Pausen nicht länger als 6 Stunden dauern. Die Gesammtdauer darf innerhalb einer Woche einschließlich der Pausen nicht mehr als 36 Stunden betragen; davon dürfen innerhalb zweier Wochen in die Zeit von 6 Uhr Abends bis 6 Uhr Morgens nicht mehr als 36 Stunden fallen.
2. Die Arbeitsschicht der jungen Leute darf einschließlich der Pausen nicht länger als 12 Stunden, ausschließlich der Pausen nicht länger als 10 Stunden dauern. Unterbrechungen der Arbeit von weniger als 1/4 Stunde Dauer werden auf die Pausen nicht in Anrechnung gebracht; eine der Pausen muß mindestens 1/2 Stunde dauern.

   Die Gesammtdauer der Beschäftigung darf innerhalb einer Woche ausschließlich der Pausen 60 Stunden betragen; davon dürfen innerhalb zweier Wochen in die Zeit von 6 Uhr Abends bis 6 Uhr Morgens nicht mehr als 60 Stunden fallen.
3. Während der Pausen für die Erwachsenen dürfen jugendliche Arbeiter überhaupt nicht, während der Pausen für junge Leute dürfen Knaben nicht beschäftigt sein.

4. Zwischen 2 Arbeitsschichten muß eine Ruhezeit von mindestens 12 Stunden liegen.
5. An Sonn- und Festtagen darf die Beschäftigung nicht in die Zeit von 6 Uhr Morgens bis 6 Uhr Abends fallen. Die Vorschrift findet, wenn mehrere Festtage aufeinander folgen, nur auf den ersten Festtag Anwendung.

III. In Glashütten mit zeitweisen Betriebsunterbrechungen und mit Arbeitsschichten von unregelmäßiger Lage oder Dauer treten die Beschränkungen des §. 135 Absatz 2, 4 und §. 136 der Gewerbeordnung für jugendliche Arbeiter männlichen Geschlechts (Knaben und junge Leute) mit folgenden Maßgaben außer Anwendung:

1. Die Arbeitsschicht der Knaben darf nicht länger als die halbe Arbeitsschicht der Erwachsenen dauern. Die Beschäftigung darf nicht länger als 6 Stunden dauern, wenn zwischen den Arbeitsstunden nicht Pausen von zusammen mindestens einstündiger Dauer gewährt werden. Die Gesammtdauer darf innerhalb zweier Wochen einschließlich der Pausen nicht mehr als 72 Stunden betragen; von der Gesammtdauer darf in die Zeit von 6 Uhr Abends bis 6 Uhr Morgens nicht mehr als die Hälfte fallen.
2. Die Gesammtdauer der Beschäftigung darf für junge Leute innerhalb einer Woche ausschließlich der Pausen nicht mehr als 60 Stunden betragen. Die Dauer der Pausen muß für Schichten von

höchstens 10 Arbeitsstunden mindestens 1 Stunde, für Schichten mit längerer Arbeitszeit mindestens 1½ Stunde betragen. Unterbrechungen der Arbeit von weniger als ¼ Stunde Dauer werden auf die Pausen nicht in Anrechnung gebracht; eine der Pausen muß mindestens ½ Stunde dauern.

3. Zwischen 2 Arbeitsschichten muß eine Ruhezeit liegen. Bei Knaben muß dieselbe mindestens die Dauer einer vollen Arbeitsschicht der Erwachsenen, bei jungen Leuten mindestens die Dauer der zuletzt beendigten Schicht erreichen. Innerhalb der Ruhezeit ist eine Beschäftigung mit Nebenarbeiten für Knaben nicht gestattet. Für junge Leute ist sie gestattet, wenn dieselben vor Beginn oder nach dem Ende dieser Beschäftigung noch für eine Zeit von der Dauer der zuletzt beendigten Schicht ohne jede Beschäftigung bleiben. Die Dauer der Beschäftigung mit Nebenarbeiten kommt auf die Gesammtdauer der wöchentlichen Arbeitszeit in Anrechnung.

4. An Sonntagen darf die Beschäftigung nur einmal innerhalb zweier Wochen in die Zeit von 6 Uhr Morgens bis 6 Uhr Abends fallen.

5. Während der Pausen für die Erwachsenen dürfen jugendliche Arbeiter überhaupt nicht, während der Pausen für junge Leute dürfen Knaben nicht beschäftigt sein.

IV. Für Glashütten, welche von den unter II und III nachgelassenen Ausnahmen Gebrauch machen, finden die Bestimmungen des §. 138 der Gewerbeordnung mit folgenden Maßgaben Anwendung:

1. Das in den Fabrikräumen auszuhängende Verzeichniß der jugendlichen Arbeiter ist getrennt für Knaben und für junge Leute in der Weise aufzustellen, daß die in derselben Schicht Beschäftigten je eine Abtheilung bilden.
2. Das Verzeichniß braucht in Glashütten der unter II gedachten Art eine Angabe über die Pausen nicht zu enthalten. Statt dessen ist dem Verzeichnisse eine Tabelle beizufügen, in welche während jeder Arbeitsschicht Anfang und Ende der darin gewährten Pausen eingetragen wird. In Glashütten der unter III gedachten Art braucht das Verzeichniß eine Angabe über die Arbeitstage, die Arbeitszeit und die Pausen nicht zu enthalten. Statt dessen ist dem Verzeichnisse eine Tabelle nach dem anliegenden Muster beizufügen, in welche während jeder Arbeitsschicht die vorgesehenen Eintragungen bewirkt werden.

   Jede Tabelle muß mindestens über die letzten 14 Arbeitsschichten Auskunft geben. Der Name desjenigen, welcher die Eintragungen bewirkt, muß daraus zu ersehen sein.
3. In Räumen, in welchen jugendliche Arbeiter beschäftigt werden, muß neben der nach §. 138 Absatz 3 auszuhängenden Tafel eine zweite Tafel ausgehängt werden, welche in deutlicher Schrift,

außer den Bestimmungen unter I, für Glashütten der unter II gedachten Art die Bestimmungen unter II, für Glashütten der unter III gedachten Art die Bestimmungen unter III wiedergiebt.

Das unter IV., 2 erwähnte Muster ist nicht abgedruckt. Es weist nach, getrennt nach Knaben und jungen Leuten, für jede Schicht Tag und Stunde des Beginnes, der Unterbrechung durch Pausen und des Endes der Schicht.

Die Bestimmungen sind dem Reichstag vorgelegt; vgl. oben S. 232.

---

## 12.

## Bekanntmachung, betreffend die Beschäftigung jugendlicher Arbeiter in Spinnereien.

### Vom 20. Mai 1879.

(C.B. 79. 362.)

Auf Grund des §. 139.a. der Gewerbeordnung hat der Bundesrath nachstehende

Bestimmungen über die Beschäftigung jugendlicher Arbeiter in Spinnereien erlassen:

I. Jugendlichen Arbeitern darf in Hechelsälen, sowie in Räumen, in welchen Reißwölfe im Betriebe sind, während der Dauer des Betriebes eine Beschäftigung nicht gewährt und der Aufenthalt nicht gestattet werden.

II. Für junge Leute zwischen 14 und 16 Jahren, welche ausschließlich zur Hülfeleistung bei dem Betriebe der Spinnmaschinen verwendet werden, tritt die Beschränkung des §. 135 Absatz 4 der Gewerbeordnung mit folgenden Maßgaben außer Anwendung:

1. die tägliche Arbeitszeit darf 11 Stunden nicht überschreiten;
2. vor dem Beginn der Beschäftigung ist dem Arbeitgeber für jeden Arbeiter ein ärztliches Zeugniß einzuhändigen, nach welchem die körperliche Entwickelung des Arbeiters eine Beschäftigung bei dem Betriebe der Spinnmaschinen bis zu 11 Stunden täglich ohne Gefahr für die Gesundheit zuläßt;
3. der Arbeitgeber hat mit dem ärztlichen Zeugniß nach §. 137 Absatz 3 der Gewerbeordnung zu verfahren.

III. In den Räumen, in welchen jugendliche Arbeiter beschäftigt werden, muß neben der nach §. 138 Absatz 3 der Gewerbeordnung auszuhängenden Tafel eine zweite Tafel ausgehängt werden, welche die Bestimmungen unter I. und II. in deutlicher Schrift wiedergiebt.

Die Bestimmungen sind dem Reichstag vorgelegt; vgl. oben S. 232.

## 13.

# Bekanntmachung, betreffend die Beschäftigung jugendlicher Arbeiter auf Steinkohlenbergwerken.

### Vom 10. Juli 1881.

(C.B. 81. 275.)

Auf Grund des §. 139a der Gewerbeordnung hat der Bundesrath nachstehende

Bestimmungen über die Beschäftigung jugendlicher Arbeiter auf Steinkohlenbergwerken erlassen.

I. Auf Steinkohlenbergwerken, deren Betrieb auf eine doppelte tägliche Arbeitsschicht eingerichtet ist, treten die Beschränkungen des §. 136 Absatz 1 und 2 der Gewerbeordnung für diejenigen jugendlichen Arbeiter männlichen Geschlechts über 14 Jahre, welche über Tage mit den unmittelbar mit der Förderung der Kohlen zusammenhängenden Arbeiten beschäftigt sind, mit folgenden Maßgaben außer Anwendung.

1. die erste Schicht darf vor 5 Uhr Morgens nicht beginnen, die zweite Schicht nicht nach 10 Uhr Abends schließen, keine der beiden Schichten länger als 8 Stunden dauern.
2. Zwischen den Arbeitsstunden müssen den jugendlichen Arbeitern an jedem Arbeitstage Pausen von zusammen mindestens einstündiger Dauer gewährt werden; während der Pausen darf ihnen

eine Beschäftigung in dem Betriebe nicht gestattet werden.

3. Vor Beginn der Beschäftigung ist dem Arbeitgeber für jeden Arbeiter ein ärztliches Zeugniß darüber zuzustellen, daß die körperliche Entwickelung des Arbeiters eine Beschäftigung auf dem Werke ohne Gefahr für die Gesundheit zuläßt. Der Arbeitgeber hat mit dem Zeugniß nach §. 137 Absatz 3 der Gewerbeordnung zu verfahren.

II. In Räumen, in welchen jugendliche Arbeiter nach Maßgabe der Vorschriften unter I beschäftigt werden, muß neben der nach §. 138 Absatz 3 der Gewerbeordnung auszuhängenden Tafel eine zweite Tafel ausgehängt werden, welche in deutlicher Schrift die Bestimmungen unter I wiedergibt.

Eingang der Bestimmung unter I hat die jetzige Fassung erhalten durch Beschluß des Bundesraths, in der Bekanntmachung betr. die Beschäftigung jugendlicher Arbeiter auf Steinkohlenbergwerken 12. März 83 C.B. 63, und zwar auf Beschluß des Reichstags, welchem die Bestimmungen unter dem 18. Nov. 82 vorgelegt waren; R.T.D. 10. R.T.V. 975 ff. 1004.

# Register.

Die Zahlen bezeichnen die Seiten.

## A.

## B.



## D.



## E.



## F.



## G.

## M.



## N.



## O.



## P.



## R.

## S.



## T.



## U.



## V.



## W.

## Z.



C. Pätz'sche Buchdruckerei (Otto Hauthal) in Naumburg a/S.

12) **Strafprozeßordnung nebst Gerichtsverfassungsgesetz für das Deutsche Reich.** Von Dr. A. Dochow, ordentl. Professor in Halle a. d. S. Zweite vermehrte und verbesserte Auflage. Cartonnirt 1 Mark 60 Pf.

13) **Konkursordnung mit Einführungsgesetz, Nebengesetzen und Ergänzungen.** Von R. Sydow, Landrichter in Halle a. d. S. Zweite vermehrte Auflage. Cartonnirt 80 Pf.

14) **Gerichtsverfassungsgesetz für das Deutsche Reich.** Von R. Sydow, Landrichter in Halle a. d. S. Cartonnirt 60 Pf.

15) **Gerichtskostengesetz und Gebührenordnung für Gerichtsvollzieher nebst der Novelle** vom 29. Juni 1881. **Gebührenordnung für Zeugen und Sachverständige. Mit Kostentabellen.** Von R. Sydow, Landrichter in Halle a. d. S. Zweite vermehrte Auflage. Cartonnirt 80 Pf.

16) **Rechtsanwaltsordnung für das Deutsche Reich.** Von R. Sydow, Landrichter in Halle a. d. S. Cartonnirt 40 Pf.

17) **Gebührenordnung für Rechtsanwälte.** Von R. Sydow, Landrichter in Halle a. d. S. Cartonnirt 40 Pf.

18) **Das Deutsche Reichsgesetz über die Reichsstempelabgaben** vom 1. Juli 1881. Von Gaupp, Regierungsrath und Stempelfiskal in Berlin. Zweite vermehrte Auflage. Cartonnirt 1 Mark 20 Pf.

19) **Die Seegesetzgebung des Deutschen Reiches.** Von Dr. jur. W. E. Knitschky, Landgerichtsrath zu Rostock. Cartonnirt 3 Mark.

20) **Gesetz, betreffend die Krankenversicherung der Arbeiter.** Vom 15. Juni 1883 von E. von Woedtke, Regierungsrath. Cartonnirt circa 1 Mark (unter der Presse).

---

Die

# Civilprozeßordnung

für das Deutsche Reich

**nebst den auf den Civilprozeß bezüglichen Bestimmungen des Gerichtsverfassungsgesetzes und den Einführungsgesetzen**

erläutert von

**Dr. J. Struckmann,** Geh. Ob.-Justizrath u. Landgerichts-Präsident. und **R. Koch,** Kais. Geh. Ob.-Finanzrath, Reichsbankjustitiarius u. Mitglied d. Reichsbankdirektoriums.

**Vierte, vermehrte und verbesserte Auflage.**

Lex. 8°. 24 Mark. Gebunden 26 Mark.

---

FSC
www.fsc.org
MIX
Papier | Fördert gute Waldnutzung
FSC® C083411

Kolibri 360 GmbH
Ferdinand-Jühlke-Straße 7
99095 Erfurt, Deutschland
produktsicherheit@kolibri360.de